历史的原稿

晚清旧事的全新观察

马勇 著

文化发展出版社
Cultural Development Press
·北京·

图书在版编目（CIP）数据

历史的原稿 ：晚清旧事的全新观察 / 马勇著 .
北京 ：文化发展出版社，2025. 8. — ISBN 978-7-5142-4721-3

Ⅰ. K252.09

中国国家版本馆 CIP 数据核字第 2025QP3611 号

历史的原稿：晚清旧事的全新观察

马 勇 著

责任编辑：朱 晴　　出版统筹：周 彤
责任校对：侯 娜　　特约策划：邓湘佳 余 晟
责任印制：邓辉明　　封面设计：刘树栋
出版发行：文化发展出版社（北京市翠微路 2 号 邮编：100036）
网 址：www.wenhuafazhan.com
经 销：全国新华书店
印 刷：河北朗祥印刷有限公司

开 本：880mm × 1230mm 1/32
字 数：252 千字
印 张：11
版 次：2025 年 8 月第 1 版
印 次：2025 年 8 月第 1 次印刷

定 价：88.00 元
I S B N：978-7-5142-4721-3

目录
CONTENTS

一 第一章 一

换个角度看历史

大清王朝的闭塞与开放

乾隆大帝的“上国心态”

乾隆晚年，中国经济不仅是历史上的巅峰状态，在世界经济构成中也至关重要，举足轻重。但是中国经济的基本结构还是农业经济，能够让全世界白银流入中国，一是中国传统“老三样”——茶叶、丝绸和瓷器；二是中国人简朴的生活方式，大部分人没有温饱之外的消费。换言之，康乾盛世在某种程度上说是老百姓省吃俭用积累起来的。

传统的中国农业经济没有办法接纳西方更多的工业品，在中国市场无法扩大的情况下中英贸易问题越来越大，开放市场，自由通商，成为英国商人的普遍要求，这就是马戛尔尼使团访华的直接原因。

其实，从后世立场看，中国如果在那个时候顺势接受英国人的建议开放市场，自由通商，凭借中国强大的经济实力，应该会比较轻松地完成产业升级，消费转型，也能比较容易地与西方新发生的经济形态同步。

然而，这种期待都被当年的经济繁荣蒙蔽了，经济繁荣没有成为社会转型的助力，反而衍生、强化了乾隆皇帝的“上国心态”。

根据英国政府指示，马戛尔尼此行肩负着如下使命。

第一，向中国政府表达贸易关切，要求中国进一步提供贸易方便，扩大英国工业品市场份额。

第二，为中英贸易稳步推进，请求中国政府在靠近优质茶叶产区提供一个或两个“居留地”，由英国负责建立警察、司法制度，直接管理到中国从事贸易的英国人；假如中国政府不能满足此项要求，希望中国政府切实改革“十三行”制度，消除弊端，增加透明度。

第三，要求中国政府同意互派外交使节，驻扎彼此首都。

当然，马戛尔尼使团也为中国皇帝准备了丰厚的礼物。

经过九个月的海上旅行，1793年6月20日清晨六点，马戛尔尼使团四艘轮船浩浩荡荡抵达澳门外海停泊，随行副使斯当东勋爵迅即奉命登岸与东印度公司专员接洽。

两天后，斯当东回到船上，向马戛尔尼报告在澳门所获情报，知道中国政府得知马戛尔尼使团将来消息后，文武官员均表满意，乾隆帝以为“己身克享遐龄，以古稀天子之身，至政幕将闭之候，而犹得一远国如吾英吉利者，使臣万里东来，共敦睦谊，则其毕生之威名荣誉，至是而益增”。乾隆帝通令各海口留心探听，凡有英使船只经过处，给予必要方便、帮助和礼遇。

斯当东打探来的情报是不准确的。清政府确实早就知道英国政府将派员前来中国，但他们对英国政府的用意几乎做了完全相反的猜测。这也是马戛尔尼使团失败的根本原因。

中国政府确实在几个月之前就通过洋商知道英使将来，但中国人没有弄明白英使来华使命。根据过往经验，中国人以为英使来华，就像诸番邦朝贡一样，因而乾隆帝指示沿海各海口给予必要协助，“即将该贡使及贡物等项派委妥员迅速护送进京，毋得稍有迟误”。乾隆帝关怀所在还是朝贡及贡物，这也注定了马戛尔尼的使命无法达成。

另外，清政府对想象中的“新附”番邦心怀戒惧。乾隆帝历次指示不断提醒沿海各省督抚加强戒备，当英使贡船进港时，先期派委大员，多带员弁兵丁，列营站队，“务必旗帜鲜明，甲杖精粹，同时要不动声色，密加查察防范，以肃观瞻而昭体制”。这显然是“天朝上国”心态的自然流露，无形中为马戛尔尼使团完成任务设置了障碍。

中国的期待与马戛尔尼的使命相差太远，但是这个时候，中英双方并不真切知道对方底牌，尤其是中方根本不知道英国人此行主要任务在通商，在建交。这两件大事，对于中方，对于乾隆大帝来说，闻所未闻。

◎ 马戛尔尼使团觐见乾隆皇帝

马戛尔尼使团在澳门逗留了几天之后起程驰往浙江舟山，稍事休整继续北上，7月25日抵达天津大沽口外抛锚停泊。中国方面负责接待的长芦盐政徵瑞迅即派遣天津道乔人杰等前往迎接，并送去大量牛羊、米面、果蔬、茶酒，传旨颁赏。乾隆帝根据徵瑞的报告，再次指示在接待中要做到“不卑不亢，以符体制而示怀柔”。至此，清廷上下依然将英国使团视为一支专程前往北京朝贡的队伍，毫无近代意义上的国家交往想法。因此，中国方面的关怀所在不是询问、了解英国人为何而来，而是见面伊始查看“表文”，以及贡品礼单。

使团提交的礼品清单有天体仪、地球仪、座钟、气象仪、毛瑟枪、连珠枪、铜炮、榴弹炮及军舰模型等。这些礼品，为英国最近百年创造，尤其是作为欧洲第一海军强国，礼品中的枪炮、军舰模型，以及天文地理仪器等，应该说还是很有价值的。

然而，作为“天朝上国”，乾隆帝看到清单后似乎有点失望，他在随后的指示中强调，英国人的礼品清单俱不免张大其词，由此可知英国人境界不高，“自为独得之秘，以夸耀其制造至精奇”，其实不过尔尔，“天朝原亦有之”。

乾隆皇帝未见其人而先失望，马戛尔尼使团完成使命的机会越来越小。

“睁眼看世界”解

在讨论近代中国开端时，我们久已习惯用“睁眼看世界”去赞美林则徐、魏源等那一代稍具世界眼光的人。林则徐在抵抗西方军事侵略的同时，还注意组织人翻译西方资料，向国人讲述西方政治、经济和文化，终于使国人逐步建立了一个有关世界的认识；至于魏源，他的《海国图志》抛弃了传统中国夷夏之辨文化理念，抛弃天圆地方、中国中心的地理理念，为愚昧、封闭中的中国人描绘出一个初步的世界图景，传布了五大洲、四大洋等世界历史地理知识，传播了近代科学文明，使国人知道有西方、有世界、有与中国不一样但也并不逊色的别样文化，也终于使中国人走上向西方学习的道路。这些传统说法有对的地方，但也有不够准确或不够严谨的方面，大致上说只是一种想象的中国历史观。

◎《海国图志》作者、林则徐的好友魏源

说这个说法有其对的方面，是因为从那之后，中国确实不管是愿意还是不愿意，都必须踏上世界化的道路；说这个说法不够严谨、不够严密，主要是因为不太合乎中国历史实际。

远古时期中国人究竟是怎样与世界、与域外文明交往的，我们不太清楚了，但我们从战国时期邹衍所描述的大九州、小九州推测，远古时期的中国人与域外文明并不是想象中的那样隔绝。至于到了后来，不论是齐鲁沿海还是闽粤沿海，中国人漂洋过海谋生活似乎并不是什么不可思议的天方夜谭。秦始皇时期有江湖术士出海求仙药，也有中国人与罗马帝国交往的记载。所以说中国人不知道世界，直至1840年之后才知道世界，只是对中国历史的一种想象，是为了渲染中国从封闭走上开放而故意设置的一种话语场景，并非历史真实。

秦汉时期与域外文明有着广泛的交往交流，唐代与域外文明的往来依然令人神往，元代中国人在剽悍的蒙古人的率领下远征欧洲，更是世界文明史上的一件大事。到了明代，郑和下西洋是中国人主动了解世界，与世界交往；而利玛窦等西方传教士不远万里来到中国传教，更是中西文明跨越时空的对话，徐光启那一代对传来的西方文明极为重视，集中人力、财力翻译西方典籍，补充了中国文明中所缺失的东西。根据后来《四库全书》的著录，明清之际翻译过来的西方文献，已有许多被乾嘉诸老视为中国文明的当然部分，被收录在《四库全书》中。

中西文明之间的这一次重逢，并没有因为明清易代而完全中断，康熙朝发生的中西历法优劣论争以及由此而引发的政治变动，足以表明在清廷，传教士如汤若望不仅影响巨大，而且与康熙大帝有着很不寻常的关系，他们从各方面深刻影响着清廷的政治决策。

文明的交往只是中西交往的一部分，并非全部，中国与外部世界其实很早以前就有民间、官方的贸易往来，官方的贸易往来很早的时候就有远离京师的广州一口通商。这段历史至少应该从唐代说起，被规范为官方贸易，绝对不会迟于康熙时期。

中外之间的贸易往来在清朝前期呈上升趋势，这是因为英国的工业革命造成了巨大的产能过剩，西方在某种程度上是向中国这个巨大的市场倾销工业品。只是中国的市场发育实在迟缓，一时无法接纳西方过量的工业品，因而到了乾隆末年，中外之间的贸易形成巨大逆差：中国的茶叶、瓷器等初级产品逐步成为西方人的日常用品，不可须臾或缺。而庞大的中国市场对于西方的洋布、洋油，以及一切带有“洋”的东西都是可有可无：有，会为生活增加色彩；无，生活也能照旧过下去。

巨大的贸易逆差引起西方资本家的高度关切，英国政府于1893

年派出一个庞大代表团前往中国，试图进行贸易谈判，试图通过中国政府开放市场去平衡双方的贸易逆差。然而中国毕竟自古以来以农立国，千百年来重农抑商已经融入统治者的骨子里。统治者对西洋奇技淫巧并不拒绝，但他们“代表”人民拒绝这些东西，认为人民不需要。

乾隆朝错过用谈判化解中西贸易不平衡的机会，这当然并不构成西方资本家从事“罪恶鸦片贸易”的任何理由。只是历史就这样发展着，在随后不到半个世纪的时间里，鸦片泛滥中国，中国已无可用之兵，国家已无可用之饷。罪恶的鸦片贸易近乎摧毁了整个中国，这就是1840年鸦片战争的起源。

中国在鸦片战争中被打败了，中国被迫同意割让香港，同意五口通商。从此以后，中国被迫踏上世界化的轨道。从这个意义上说，林则徐、魏源这一代中国人确实将中国带上了世界，确实算得上是睁眼看世界的中国人，只是过去很多年对他们睁眼看世界的解读过于狭隘，以为在那之前的中国对于世界茫然无知。中国人在那之前就知道外部世界，林则徐、魏源的伟大，是告诉中国人“睁眼看世界”，看看中国与世界的差距有多大，激励中国人发愤图强，迎头赶上，也只有从这个意义上才能理解魏源“师夷之长技以制夷”的意义。

科举：一项被误解的制度

16世纪晚期，意大利神甫利玛窦不远万里，漂洋过海来到中国，成为第一个真正进入中国的西方人。他在中国生活了近三十年，对中国文明有比较细致的观察，其看法深刻影响了西方人。他认为，中国的制度可能有很多问题，但其科举制保证了政治权力掌握在知识阶层手里，类似柏拉图“哲学家治理”的“理想国”。

只有取得博士或硕士学位的人才能参与国家的政府工作；由于大臣和皇帝本人的关怀，这类候选人并不缺乏。因此被委任公职的人要靠经过考验的知识、审慎和干练来加以巩固，不管他是第一次任职还是在政治生活的活动中已经很有经验。

无独有偶，距利玛窦来中国的两百多年后，英国使团马戛尔尼、斯当东等也深切感受到了科举制的意义，认为这样的制度既维持了社会公平，同时也保证政府有足够的经过知识训练的官员。

在中国，大致可分为三类人：第一类是读书人，官吏都由这类人产生；第二类是农民；第三类是各种工匠，其中包括商人。关于读书人的考试，全国会试在北京，录取者给予最高学位。读书人所学的东西是一些修身治国的道理，加进去中国的历史常识。在北京会试录取的人由皇帝委派官职，这些人组成全国重要的官府衙门。一个如此美好的制度，为什么在20世纪初就轰然坍塌了呢？

群众举荐与组织考察相结合

正如今天许多研究者评价民主制度时所说的那样，民主制度并不是人类历史上最好的制度，但可以肯定的是，民主制度是人类到目前为止最不坏的制度。对于人类历史而言，制度总是动态的，没有最好，只有更好。科举制对于中国，大概就属于这样的情形。

秦汉以后的历史，就是打天下、坐江山、丢失江山这样一个周而复始的循环过程。历朝历代或以暴力，或以禅让获得政权，军功贵族成为王朝政治的主角，但治理天下从一开始就不是军功贵族所能玩得转的。秦王朝尝试着起用一些读书人辅佐，但为时太短，并没有形成一个稳定制度。刘邦夺得天下后，其智囊陆生“时时前说称诗书。高帝骂之，曰：乃公居马上而得之，安事诗书？陆生曰：居马上得之，宁可以马上治之乎？且汤武逆取而以顺守之，文武并用，长久之术也”。

从革命走向建设，是汉初政治发展的必然。高帝十一年（公元前196年），下诏求贤，要求各郡守劝勉辖区贤士积极应召，以待擢用；举荐不力者免官。高祖这一发明，文帝继续享用。文帝二年（公元前178年）、十五年（公元前165年），两度下诏“举贤良方正能直言极谏者”，并就时政问题命题策问，从中发现可用之才。这就是后世“察举制度”的前身。

察举作为一种制度，是在汉武帝时期确立下来的。据《汉书·武帝纪》：“建元元年（公元前140年）冬十月，诏丞相、御史、列侯、中二千石、二千石、诸侯相举贤良方正直言极谏之士。丞相卫绾奏：所举贤良，或治申、商、韩非、苏秦、张仪之言，乱国政，请皆罢，奏可。”

这次所举贤良并没有真的全部作废，董仲舒此次不仅“天人三策”留名青史，而且获得了汉武帝信任，“对既毕，天子以仲舒为江都相，事易王。易王，帝兄，素骄，好勇。仲舒以礼谊匡正，王敬重焉”。

元光元年（公元前134年）冬十一月，“初令郡国举孝廉各一人”。师古曰：“孝谓善事父母者，廉谓清洁有廉隅者。”同年五月，又诏举贤良，于是董仲舒、公孙弘等出焉。至此，察举制度成为治国理政人才选拔的主要方式。

所谓察举，用今天的话说，就是考察、举荐。察是从上至下，是领导考察；举是从下到上，是群众推荐。作为一项制度，察举也在实践中不断完善、不断规范。一是随着儒家地位上升，儒术渐渐成为取士的重要标准；二是察举内容不仅有能，而且须有德行、学问、法令、谋略等方面；三是将察举分为岁举、诏举两类，岁举为常科，每年进行。科目有孝廉、秀才。察孝廉的对象是地方上六百石以下官员和通晓儒家经书的儒生，他们被提名后由郡国每年向中央推荐，其出路一般是到中央政府任郎官。孝廉的名额有限制，东汉和帝时规定凡满二十万人的郡国每年举一人，不满二十万人的每两年举一人，不满十万人的每三年举一人。举孝廉是察举常科的主要科目，是入仕的正途。所谓诏举，就是由皇帝下诏察举人才，是临时性特科，人数不限，时间不定。

无论是岁举还是诏举，这些被选中的贤良文学之士到了中央，还必须经过一定的考试程序才能获得任命。考试的办法主要有对策和射策两种。对策就是命题作文，射策就是抽签考试。凡属诏举上来的，一般由天子直接面试，大多问些皇上目前最关心的事情。

应该承认，领导考察与群众推荐相结合的察举制在实行的几百年中也为汉王朝选拔了大量有用的人才，是中国政治从军功贵族制走向文人治理的重要步骤。中国社会之所以长时期稳定，甚至“超稳定”，一个最重要的原因，就是统治者比较早地明白王朝的所有权不能完全等同于经营权。刘姓的天下固然必须坚持，但经营打理天下事务，还必须扩大统治基础，从各方面吸纳有用之才。

以群众推荐、组织考察相结合的察举制度确实选拔了许许多多的有用人才。如公孙弘，假如没有这个察举制度，他怎么可能从一个放牧人出任丞相并封侯？察举制度为人才脱颖而出提供了一种可能，这并不是与生俱来的坏制度。

然而，如同所有事物一样，水久生虫，器久则坏，法久则弊。察举制度到了东汉晚期，已经衍生出一系列问题。不论是组织考察，还是民间品评，都被深度介入了人际关系，于是曹魏政权推出“九品中正”规范式考评，试图以官方力量阻遏用人弊端。无奈，基于察举基础的九品中正依然无法根除利益勾兑，特别是世家大族、豪门名士、门阀势力逐渐垄断了原本自发自然的舆论环境，他们利用不对称的权力架构，操人主之威福，夺天朝之权势，任意品评，败坏吏治，天下汹汹，但争品位，不闻推让，结果“上品无寒门，下品无势族”。九品中正成了不中不正，既得利益集团整体接班，不仅垄断了一切资源，更重要的是破坏了社会上下阶层的流动。

分数面前人人平等

察举制发展到九品中正，严重压抑寒士进取之途，使统治集团无法获得新鲜力量，统治有效性、合法性受到挑战。隋建国，即废中正，不再给士人划分品级，只需参照“志行修谨”“清平干济”两科进行考察，分别荐进。

炀帝即位，改革加速，大业三年（607年）令各级文武分孝悌、德行、节义、学业、文才等十科举荐人才；又二年，将十科合并为四科，试图制定人才选拔的客观标准。

隋朝没有在这方面建构起完整的体系，但其趋向深刻启发了唐初精英。唐高祖武德四年（621年），令诸州举行人才选拔考试，报名资格是明于理体、为乡里所称。资格认定后由本县考试，州长重覆。其合格者，由各州每年十月向中央推荐，谓之举进士，经考试合格者，皆称进士。这就将进士作为一个重要的科目规定下来，并明确每年十月到中央考试，明确州县地方考试只是预试，相当于后来的乡试，只有到中央的正式考试，才是国家大考。第二年，唐中央政府明确士人自愿报名，投牒自应，而不必再经过任何官府或官吏的举荐，使下层寒士获得了进入上层的机会。

唐朝设置的考试科目分为常科、制科两类，每年举行的称常科，由皇帝下诏临时举行的考试称制科。常科科目有秀才、明经、进士、俊士、明法、明字、明算等五十多种，称为“分别科目，举送人才”。这就是科举最准确的含义及其由来。

明经、进士两科，在唐朝最初只是试策，考试的内容为经义或时务。后来，这两科内容、名目虽有变化，但其精神仍是进士重诗赋，明经重帖经、墨义。

所谓帖经，就是将儒家经书任揭一页，将左右两边蒙上，中间只开一行，再用纸帖盖三字，令试者填充。墨义是对经文的字句作简单的笔试。帖经与墨义，只要熟读儒家经典和唐朝的官方注释就可中试，诗赋则需要具有文学才能。死记硬背比较容易，而文学才能毕竟需要某种天赋，所以重诗赋的进士科比较难，而以儒家义理为主的明经科相对较易。

科举制经宋明两代不断完善，逐渐定型，日趋规范。这项制度，不仅满足了王朝政治的人才需求，而且极大激励了士大夫阶层的情绪、向心力。据不完全统计，在实行科举制的一千三百多年中，进士总数接近十万人，举人、秀才以百万计。

事实证明，在分数面前人人平等的科举考试，极大地增加了社会的流动性，“朝为田舍郎，暮登天子堂”，十万进士、百万举人，相当一部分来自社会底层。这是那个时代的社会公正。

科举体制为唐宋以来的各朝各代输送了大批名臣能相、国之栋梁。我们今天许多人对文人从政以为意外，好像中国政治从来就是武人操控，这是不对的。至少从宋代以后，中国政治基本上就是文人的舞台，士大夫阶层的重要职业就是通过科举考试，进入政治，掌控政治。所谓中国社会的“超稳定”结构，18世纪之前西方人对中国政治秩序的赞美，主要是因为科举制为王朝输送了取之不尽的有教养、有学识的人才。

作为“天朝上国”，中国文明对周边具有相当大的影响力，科举制被日本、越南、朝鲜等地长时期采用。据一些学者的研究，19世纪中期从英国开始的文官制度，也有相当部分来自科举制的“制度移植”。当然，作为一项制度，科举制在最充满活力的时候也潜伏着危机，这个制度本身几乎一直处在改革、调整的状态。

◎ 古代科举中由皇帝主持的殿试

一是内容的改革。自隋唐至明清，科举考试的内容有很大的变化，尽管在主旨上没有脱离儒家思想的主导，但在细目上，在学术资源上，前后期明显不同。后期，由于中国社会意识形态的调整，程朱理学成为科举考试的指导思想，朱熹的注释，成为考试的标准答案。

二是考试手段，特别是防作弊的手段，不断改进。考试，从来都是考官、考生的博弈过程。考场作弊，是人类的天性，防作弊也就成为科举考试的一个重要内容。读旧时小说，说了很多作弊的技巧，反过来，也说明科举考试为了维护社会公正，确实致力于防作弊，对于作弊者也毫不留情地予以打击。

在科举考试中，最受今人诟病的莫过于“八股文”。这项制度形成于明朝成化年间，其主旨原本是为了考试的标准化、规范化。所谓“八股”，通俗的说法类似今日中学作文教育中的分段，即每篇文章均按照一定格式、字数，由破题、承题、起讲、入手、起股、中股、后股、束股八个部分组成。

破题规定用两句话点明题意，即将题目之义破开。其实用今天的语言来解释，就是点题。也就是说，在开篇就必须用简略的文字点明题意，让读者知道你这篇文章要讲的主要内容是什么，且规定点明题意只能用两句话，这两句话是概括题意、解释题意，但不能直说题意，要留有悬念。破题是八股文最重要的一个环节，破题好坏直接影响后面的表达。有一篇题为《子曰》的八股文，其破题的两句话是："匹夫而为天下法，一言而为天下师。"前一句破"子"字，后一句破"曰"字。这是比较标准的破题。

承题是承接破题的意义而说明紧要之点，是对主题的进一步补充，具有"副标题"的功能，具有承上启下的作用，三句、五句皆可。

起讲为议论的开始，首二字多用"意谓""若曰""以为""且夫""常思"为开端引出下文，以圣贤口气开始议论，较为深入说明文章的用意所在，但最多不能超过十句。

入手为起讲后入手处。这些是八股的前半部分。

接着的起股、中股、后股、束股这四大部分才是八股文的正式议论，以中股为全篇重心。在这四股中，每股又都有两股排比对偶文字，所以又称起二比、中二比、后二大比、末二小比。有的研究者说或称提比、小比、中比、后比；或说是提比、中比、后比、束比。比者，对也，是全篇正式的议论。这样，四股当中，每股都有两段比偶文字，句子的长短、字的繁简，都要相对，合计共八股，所以称为八股文。换句话说，在这四段文字中，要求尽量使用排比句，要讲究词性相对、平仄相对。由此不难想象，一句诗找出可对之句，似乎并不太难，难的是这长篇大论都要讲究排比，讲究词性，讲究平仄，讲究韵律，这确实不是那么容易。在一定意义上可以说，八股文是融经义、策论、诗赋为一体的考试格式，所讲究的是文辞和格式。

明朝规定科举考试中的四书义不得少于两百字，多则不限。到了清乾隆年间，规定每篇不得超过七百字。批评者总是认为八股文不仅体制僵硬，而且要代圣贤立言，于是八股文大都是一些半通不通的文字，毫无文采和气势可言。清初学者徐大椿的《道情》描写八股文的害处时说：

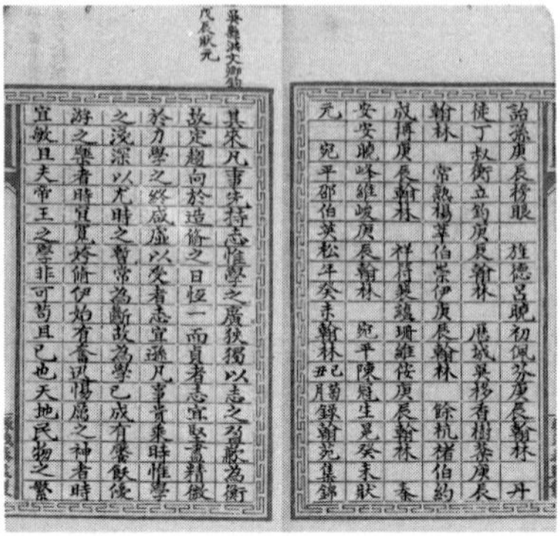

◎ 同治七年（1868年）状元洪钧的八股文作品

读书人，最不济，背时文，烂如泥。国家本为求才计，谁知道便作了欺人技。两句破题，三句承题，摇头摆尾，便道是圣门高第。可知道三通、四史是何等文章？汉祖、唐宗是哪一朝皇帝？案头放高头讲章，店里买新科利器，读得来肩背高低、口角唏嘘！甘蔗渣儿嚼了又嚼，有何滋味？辜负光阴，白白昏迷一世。就叫他骗得高官，也是百姓朝廷的晦气！

这个批评对于八股末流可谓切中时弊，因为随着科举制度日趋规范，命题自然越来越有规律可循，于是一些不良补习老师不是要求士子认真读书、结合实际充分理解儒家经典微言大义，而是凭借自己的经验和聪明猜题、押题，结果正如顾炎武所批评的那样：士子连儒家经典都不要读了，只记其可以出题之篇及几十篇范文而已。这与现在高考语文特别是作文弊病有很大相似性。也正是从这个意义上说，八股取士束缚人的灵性、创造性。

八股文后来的弊病当然不是制度创设者的原初本意，这个制度的设立主要还是出于通过考试的规范化、客观化，从而使考试更公平公正的考虑，因为只有在规定的字数内、时间单位内，才能考察众多考生的差异。这就像体育竞赛一样，所有竞赛者必须遵循同一规则，没有例外。

而且作文评估从来都是阅读者主观色彩最浓的一门课，如果不对文章结构进行细密解析，阅卷者势必仁者见仁，智者见智。所以这个制度创设所要达到的目的，就是在一定的规制内创新，犹如画圣吴道子“画人物，如以灯取影，逆来顺往，旁见侧出，横斜平直，各相乘除，得自然之数，不差毫末，出新意于法度之中，寄妙理于豪放之外，所谓游刃余地，运斤成风，盖古今一人而已”。严格规则下照样可以创新，关键还看个人知识、涵养、造化。

时移世易：落后的原罪

科举制满足了农业文明、帝制时代的基本需求，如果没有外部因素的介入，科举制、八股取士的制度肯定还会不断完善，推陈出新。然而，历史发展总有出人意表者。就在科举、八股日臻成熟的时候，欧洲的变化深刻影响了中国，以八股取士为核心的科举制终于走到了尽头。

西方的新变化在最初进入中国的时候并没有对科举体制构成压力，相反，西方人反而认为科举制是中国对世界文明的一大贡献，因而将这个制度引向西方，使其成为后来西方文官体制中的一个重要因素。认为科举制有问题，主要发生在1860年中国开始向西方学习之后。实事求是地说，虽然中国在那时经过两次鸦片战争打击终于开始学习西方，但是中国知识精英、政治精英从骨子里并不认同中国文明整体性落后于西方。那时的中国精英普遍认为中西之间的差异只在于中国停留在农业文明阶段，缺少工业文明、商业文明，更缺少科学技术，因而那时的中国人在失败之后依然信心满满，相信“中体西用”，相信缺什么补什么，中国一定可以很快追上西方的步伐。

中国人当然有理由相信自己的文明，有针对性地学习西方、补上最缺的那些东西也不算错。1862年，恭亲王、曾国藩、李鸿章在北京设立同文馆，其隶属于总理衙门，并聘请总税务司英国人赫德管理馆务，几年后由美国传教士丁韪良担任总教习达四分之一世纪之久。在同文馆任职的中外教习有傅兰雅、马士、李善兰、徐寿等。同文馆俨然成为中国学习西方近代科学的重镇或大本营。

同文馆在存在的四十余年间，培养了一大批通晓近代科学的专业人才，但同文馆体制忽略了一个重大问题：没有像日本明治维新时期那样从整体上建构一个现代教育体系，因而导致科举制与近代科学不接榫。学科学的人没有参加科举考试就无法获得功名，没有功名，就没有办法进入体制；继续埋首科举考试的人不懂科学，甚至不懂时务，所学非所用，尽管获得了功名，但对体制，对社会，简直就是废人。为弥补这些缺陷，冯桂芬提出“改科举”“改会试”“广取士”“停武试”等一揽子科举改革方案，意欲让科举选出的人才合乎社会需要。冯桂芬也注意到了近代科学技术专业人才如何与科举体制相互衔接的问题，建议：“特设一科，以待能者。宜于通商各口拨款设船炮局，聘夷人数名，招内地善运思者从受其法，以授众匠，工成与夷制无辨者，赏给举人，一体会试；出夷制之上者，赏给进士，一体殿试。廪其匠倍蓰，勿令他适。”

◎ 晚清时代在同文馆学习外语的学生

清政府也注意到了这些问题，毕竟同文馆毕业生渐多，留学归来者也开始出现。1874年，李鸿章遵照清廷指示，提出一个科举变通方案：

臣愚以为科目即不能骤变，时文即不能遽废，而小楷试帖，太蹈虚饰，甚非作养人才之道。似应于考试功令稍加变通，另开洋务进取一格，以资造就。现在京师既设同文馆，江省亦选幼童出洋学习，似已辟西学门径，而士大夫趋向犹未尽属者何哉？以用人进取之途全不在此故也。拟请嗣后凡有海防省份，均宜设立洋学局，择通晓时务大员主持其事。分为格致、测算、舆图、火轮、机器、兵法、炮法、化学、电气学数门，此皆有切于民生日用军器制作之原。外国以之黜陟人才，故心思日出而不穷。华人聪明才力，本无不逮西人之处，但未得其法，未入其门，盖无以鼓励作新之耳。如有志趣思议，于各种略同一二者，选收入局，延西人之博学而精者为之师友，按照所学深浅，酌给薪水，俾得研究精明，再试以事，或分派船厂炮局，或充补防营员弁，如有成效，分别文武，照军务保举章程，奏降升阶，授以滨海沿江实缺，与正途出身无异。若始勤终怠，立于罢革。其京城同文馆、上海广方言馆习算学生，及出洋子弟学成回国，皆可分调入局教习，并酌量派往各机器局、各兵船差遣。

李鸿章想到了科举改制，想到了新人才的出路，唯独没有想到的是像日本那样，建构一个全新的教育体制。因而等到甲午战败，知识精英迅即将失败的根源归结为科举，归结为中国没有新教育。严复说：

八股取士，使天下消磨岁月于无用之地，堕坏志节于冥昧之中，长人虚骄，昏人神智，上不足以辅国家，下不足以资事畜。破坏人才，国随贫弱。此之不除，徒补苴罅漏，张皇幽眇，无益也；虽练军实，讲通商，亦无益也。

梁启超写道：

难者曰：中国之法，非不变也。中兴以后，讲求洋务，三十余年，创行新政，不一而足。然屡见败衄，莫克振救。若是乎新法之果无益于人国也？释之曰：前此之言变者，非真能变也。即吾向者所谓补苴罅漏，弥缝蚁穴，飘摇一至，同归死亡，而于去陈用新，改弦更张之道，未始有合也。……吾今为一言以蔽之，曰变法之本，在育人才；人才之兴，在开学校；学校之立，在变科举。而一切要其大成，在变官制。

梁启超的看法对，又不对。对，是他看到中国之所以在中兴之后不堪一击，主要是因为中国没有开学校；不对，是他接着强调“学校之立，在变科举”，认为学校是科举的延伸，科举是学校的前身。梁启超的这个看法对中国教育史、科举史的研究，都是误导。

当然，梁启超这个看法并不是他一人所独有，自曾国藩、李鸿章、冯桂芬以来，相当多的中国人均把科举与学校画等号。其实，仔细想想，这个看法大错特错。科举对教育确实具有引领示范功能，科举考什么，士子一定去学什么。但是帝制时代的中国，学在民间，政府并没有垄断基础教育。至于宋代之后各地涌现的诸多书院，不外乎科举考试的复读基地，而且是集中封闭的复读基地，多聘请名师予以辅导。而科举，始终是朝廷选拔人才的方式，是人事制度、文官制度，而不是教育制度。正是基于如此认识，尽管改科举、废科举的呼声不断高涨，但清廷在甲午战败后的反省，就是像日本那样在全国推广来自西方的新教育，而不是改变教育体制。1898年“戊戌变法”第一号文件《明定国是诏》写道：

数年以来，中外臣工，讲求时务，多主变法自强。迩者诏书数下，如开特科，裁冗兵，改武科制度，立大小学堂，皆经再三审定，筹之至熟，甫议施行。惟是风气尚未大开，论说莫衷一是，或托于老成忧国，以为旧章必应墨守，新法必当摈除，众喙哓哓，空言无补。试问今日时局如此，国势如此，若仍以不练之兵，有限之饷，士无实学，工无良师，强弱相形，贫富悬绝，岂真能制梃以挞坚甲利兵乎？朕惟国是不定，则号令不行，极其流弊，必至门户纷争，互相水火，徒蹈宋明积习，于时政毫无裨益。即以中国大经大法而论，五帝三王不相沿袭，譬之冬裘夏葛，势不两存。用特明白宣示，嗣后中外大小诸臣，自王公以及士庶，各宜努力向上，发愤为雄，以圣贤义理之学植其根本，又须博采西学之切于时务者，实力讲求，以救空疏迂谬之弊。专心致志，精益求精，毋徒袭其皮毛，毋竞腾其口说，总期化无用为有用，以成通经济变之才。京师大学堂为各行省之倡，尤应首先举办，著军机大臣、总理各国事务王大臣会同妥速议奏，所有翰林院编检、各部院司员、大门侍卫、候补候选道府州县以下官、大员子弟、八旗世职、各省武职后裔，其愿入学堂者，均准其入学肄业，以期人材辈出，共济时艰，不得敷衍因循，循私援引，致负朝廷谆谆告诫之至意。

这道谕旨一是宣布创办京师大学堂，作为新知识教育基地，也作为全国新教育的示范；二是宣布调整科举考试的内容，“以圣贤义理之学植其根本，又须博采西学之切于时务者，实力讲求，以救空疏迂谬之弊”。由此可见，在光绪帝的意识中，尽管科举制存在诸多问题，但新教育与旧教育并行不悖，科举考试必须改进，但并没有废除的意思。

显然，康有为并没有理解皇上的意思。十天后（6月16日），他与光绪帝有如此对话：

康：今日之患，在吾民智不开，故虽多而不可用，而民智不开之故，皆以八股试士为之。学八股者，不读秦汉以后之书，更不考地球各国之事，然可以通籍累至大官。今群臣济济，然无以应事变者，皆由八股致大位之故。故台辽之割，不割于朝廷，而割于八股；二万万之款，不赔于朝廷，而赔于八股；胶州、旅大、威海、广州湾之割，不割于朝廷，而割于八股。

上曰：然，西人皆为有用之学，而吾中国皆为无用之学，故致此。

康对曰：上既知八股之害，废之可乎？

上曰可。

对曰：上既以为可废，请上自下明诏，勿交部议。若交部议，部臣必驳矣。

上曰可。

八股取士关涉千千万万读书人的前途，立废八股是不可能的，因为当年考生一直在八股复习中用功，政府如果说废就废，显然无视这些士子的利益了，所以清廷决定采取渐进办法。6月23日，光绪帝宣布废除八股取士，要求乡会试及生童岁科各试不再使用《四书》命题，一律改试策论，但同时宣布这一改革并不从当年始，而是三年后逐渐推行，以此为考生留有足够的调整时间。

至于改革后如何拟定详细章程，湖广总督张之洞、湖南巡抚陈宝箴接受皇上的委托，慎重研议，提出了一个新章程。新章程只是稍微改变八股取士的面目，并没有如康有为等人所要求的那样废弃八股取士。但，新方案的好处是逐渐变革，在保留旧形式的前提下逐步变化其内容，这样自然比较容易被士子接受，也比较好地照顾了他们的利益，不至于引起社会动荡。这个方案既迎合了潮流，又照顾到了习惯，是一个新旧两宜的折中选择，使激烈的新旧冲突得以平息。

新教育必须获得发展，科举制必须改进。这是1898年中国政治改革的共识。然而历史的吊诡在于，那年秋天一场未遂政变打乱了既定计划，京师大学堂的创建没有启动。直至义和团运动结束，新政重启，新教育重新起步，清廷责成各行省普立学堂，并令新进士悉就学堂肄业。然而各地对清廷学堂、科举并存的思路并不理解，大率观望迁延，否则敷衍塞责，或因循而未立，或立矣而未备。这是什么原因呢？ 1903年3月，袁世凯、张之洞有一个细致分析：

推究其故，则曰经费不足也，师范难求也；二者固然，要不足为患也。其患之深切著明，足以为学校之敌而阻碍之者，实莫甚于科举。盖学校所以培才，科举所以抡才；使科举与学校一贯，则学校将不劝自兴；使学校与科举分途，则学校终有名无实。何者？利禄之途，众所争趋；繁重之业，人所畏阻。学校之成期有定，必累年而后成才；科举之诡弊相仍，可侥幸而期获售。虽废去八股试帖，改试策论经义，然文字终凭一日之长，空言究非实诣可比。设有年少博植之辈，未尝学问，小有聪明，或泛览翻译之新书，或涉猎远近之报纸，亦能侈口而谈经济，挟策以干功名。而宿学耆儒，皓首穷经，笃守旧说者，反不能与之角胜，坐视其速成以去。人见其得之易也，群相率为剽窃抄袭之学，而不肯身入学堂，备历艰辛，盖谓入学堂亦不过为得科举地耳。今不入学堂，而亦能得科举，且入学堂反不能如此之骤得科举，又孰肯舍近而图远，避易而求难。

袁、张的结论是：

是科举一日不废，即学校一日不能大兴；将士子永远无实在之学问，国家永远无救时之人才；中国永远不能进于富强，即永远不能争衡于各国。

他们建议，即便科举不能骤废，亦当斟酌变通，分科递减。务期科举逐渐而尽废，学校栉比而林立，上以革数百年相沿之弊政，下以培亿兆辈有用之人才。

袁世凯、张之洞逐年递减科举的建议并没有很快见效，各省学堂仍未能多设，经费固然是一个重要原因，而科举未停，天下士林谓朝廷之意并未专重学堂。科举若不变通裁减，则人情不免观望，学堂兴起就仍然只是一个期待。为此故，张百熙、荣庆、张之洞于1904年年初再上奏折，建议“递减科举注重学堂”。

这个建议获得清廷认可，批准谕旨以为“学堂、科举合为一途，系为士皆实学，学皆实用起见”，因而批准自丙午科（1906年）为始，将乡会试中额及各省学额按照所陈逐科递减。俟各省学堂一律办齐，确著成效，再将科举学额分别停止，以后归学堂考试。按照这个建议，科举制已经走到了尽头，但还不是立即结束。直至1905年8月31日，袁世凯、赵尔巽、张之洞联衔奏请“立停科举以推广学校”，理由还是那些理由，只是不再留有过渡期：

臣等默观大局，熟察时趋，觉现在危迫情形更甚昔日。竭力振作，实同一刻千金。而科举一日不停，士人皆有侥幸得第之心，以分其砥砺实修之志。民间更相率观望，私立学堂者绝少，又断非公家财力所能普及，学堂决无大兴之望。就目前而论，纵使科举立废，学堂遍设，亦必须二十余年后，始得多士之用。强邻环伺，讵能我待。近数年来，各国盼我维新，劝我变法，每疑我拘牵旧习，讥我首鼠两端，群怀不信之心，未改轻侮之意。转瞬日俄和议一定，中国大局益危，斯时必有殊常之举动，方足化群疑而消积侮。科举素为外人诟病，学堂最为新政大端。一旦毅然决然舍其旧而新是谋，则风声所树，观听一倾，群且刮目相看，推诚相与。而中国士子之留学外洋者亦知进身之路，归重学堂一途，益将励志潜修，不为邪说浮言所惑，显收有用之才俊，隐戢不虞之诡谋。所关甚宏，收效甚巨。

如此好处，清廷还有什么好犹豫的呢？两天后（9月2日），皇上有旨，准自丙午年即第二年，所有乡会试一律停止。各省岁科考试亦即停止，并令学务大臣迅速颁发各种教科书，以定指归而宏造就。运行了一千三百年的科举制至此寿终正寝，成为历史陈迹。

废科举是近代中国一个重大事件，给那些不通新学一心科举的士子带来严重不适。但说废科举阻断了青年士子晋升之路，并进而引发对体制的抗争，引发辛亥革命，这样的说法就夸大了事实。事实是，一部分年轻读书人早已准备出洋留学，或进入新学堂；对新知识没有感觉的“举贡生员”，清政府并没有听之任之，让他们流落社会，而是“分别量予出路”。

后宫不是这样的

置人于死地的谋略，瞬间取人性命的毒药，数不清的陷害，道不明的争斗，这不是某场著名战役的内容，而是如今火热荧屏和网络的宫斗剧和宫斗小说为人们描述的后宫生活。从《金枝欲孽》到《美人天下》，再到火热的网络作家流潋紫的《甄嬛传》《后宫如懿传》，一场场后宫争斗似乎永远难以完结。那么在真实的历史上，后宫之中也是如此血雨腥风、充满斗争和算计吗？

皇后——贤惠还是恶毒？

小说场景：《甄嬛传》中，看似善良贤惠的皇后，却是皇宫中最恶毒的人，为了排除异己，她设计重重阴谋，陷害和自己对立的妃子，为了地位就连自己的亲姐姐和亲侄子都不放过，都要设计害死。

提问：皇后向来被认为是要母仪天下的人，历代皇帝在选择皇后的时候，都要选择贤惠淑良的女子，而在很多宫斗小说中，皇后往往才是所有策划的幕后指使者，真实历史中的皇后会这样吗？

马勇解疑：这要从中国文明和中国伦理讲起，历朝历代的皇后都是一国的国母，她们的职责就是母仪天下，做天下女子的榜样，比如历史上的朱元璋的马皇后，李世民的长孙皇后等都是不得了的。其实皇宫和现在的家庭是一样的，男的是家庭之主，处理外面的事情，女的在家里处理家庭事务，如果皇后整天把后宫搞得乌烟瘴气，那就是失职。就拿大家都比较熟悉的慈禧来说，我们从很多作品中看到她就是这样一个满是阴谋的人，其实从李鸿章和曾国藩笔下的慈禧太后看，慈禧基本上是一个没有缺点的人，不管是她会掩饰还是真的，只要在后宫之主这样的位置上，她们就会这样近乎严苛地要求自己。小说中想象的成分太多。

◎ 乾隆帝的第一任皇后孝贤纯皇后富察氏

毒计——后宫常用毒计害别人？

小说场景：《后宫如懿传》中，后妃们为了争夺皇帝的宠爱，受宠的妃子经常会被其他人用毒计陷害，在后宫中不会一些计谋，不会使几条毒计，似乎就没办法活下去。

提问：在后宫中，妃子们真的是争斗不断，整天互相陷害吗？

马勇解疑：我刚才谈到了，在后宫中皇后的职责是母仪天下的，而妃子们的作用则是生儿育女。她们会有冲突和矛盾，但这绝对不是生活的常态。

皇帝——可以装成太监到处跑？

电视剧场景：《宫2》中，皇帝化装成小太监，满皇宫跑，于是结识了一个善良的小宫女，两人慢慢产生感情，终于皇帝显露身份，小宫女被册封为妃子。

提问：这个桥段让很多人觉得不可思议，在古代，皇帝可能会这样做吗？

马勇解疑：这是绝对不可能的，皇帝是需要24小时被保护的，他的身边时时刻刻都有侍卫大臣保护，就算皇帝睡觉也要有人在视线看得到的地方看着。而且在古代，皇帝是有《起居注》的，史官是24小时跟随着皇帝，随时记录其活动的，所以这样的情况更没可能发生。

美貌——皇帝最爱是美女？

小说场景：《甄嬛传》中，参加选秀的秀女因为出身低微而被其他秀女羞辱，进宫之后也备受歧视。而为了获得宠爱，让自己保持美貌又是妃子们毕生的事业。

◎ 道光皇帝第二任皇后孝慎成皇后佟佳氏常服像

提问：皇帝选妃美貌和出身哪个更重要些？

马勇解疑：最看重的是政治出身和

政治忠诚，其次是要贤惠，要有文化，最后是要年轻漂亮。我们现在看光绪的隆裕，都会觉得隆裕长得实在不怎么样，怎么会成为皇后、太后？其实这就体现了政治忠诚，隆裕是慈禧的亲侄女。她小时候就被慈禧接到身边培养，有意识地培养各种能力，和光绪结婚后，就一直在皇帝和皇太后的身边陪伴着。而要一天到晚陪伴在这些人身边，就一定要有政治上的忠诚和敏感。因此在古代选妃，最重要的是政治的忠诚，至于美貌要求不会太高。

毒药——后宫下毒很容易？

小说场景：《甄嬛传》后宫戏中最常用的手段就是下毒，各种下毒的手段层出不穷。

提问：在皇宫中毒药真的这么容易弄到，而且这么容易给别人下毒吗？

马勇解疑：下毒在后宫哪是这么容易的事情，在安保严密的后宫，毒药本身就是不能轻易取得的，而且为了保护皇帝的安全，怎么可能很容易就让人弄到毒药，还这么随意地就让人下毒害人呢。

雍正——他是什么样的人？

电视剧场景：《宫》《步步惊心》《甄嬛传》描写的都是雍正的爱情故事，观众在看完这些宫斗戏后都笑称，雍正太忙了，同一时间和那么多女孩谈恋爱。

提问：雍正是什么样的人？好色吗？多疑吗？

马勇解疑：历史上雍正的形象还是不错的，他是一个很勤勉的皇帝，哪会有时间整天忙着和姑娘们谈恋爱，那是瞎扯呢。清朝的皇帝只有最后一个宣统皇帝教养比较差，那是因为清朝就快灭亡了，他没有受到过良好的教育，其他皇帝从小接受良好的教育，至少在公众面前形象还是可以的。

史学家的担心——害怕小说成为历史

提问：现在很多人看完这些宫斗剧，觉得这就是历史，对此你怎么看？

马勇：这些作品把中国的历史扭曲了，电视剧里很多都是假的，但是观众看得时间长了，就慢慢习惯了，慢慢地习以为常，就觉得是真的了，反而有时候史学家说的一些真的情况他们觉得是假的，这让我很担心。

大清皇族今安在

被辛亥革命直接改变了命运的首先是清廷皇族。他们本是天朝贵胄，国家统治集团，但辛亥革命之后，他们只能退出历史舞台，忘情于江湖，寄情于山水，或者逐渐摆脱了皇族的身份束缚，更姓易名，过着平民生活。

溥仪与载沣

按皇室优待条例，民国政权同意大清皇帝辞位之后，尊号仍存不废，而且就住在北京的宫中，因此进入民国之后的中国，有一道亮丽的风景：民国政治家或在议会中进行和平辩论，或在疆场上继续厮杀，唯在北京那片紫禁城中，宣统帝溥仪依然在那里称孤道寡，继续宣统纪年，仍有内务府、宗人府、慎刑司等机构，许多遗老也依然以受到皇上的封赏为荣誉。民国政府也在很长一段时间对清廷给予礼遇和尊重，无奈溥仪不甘寂寞，1917年他在张勋挟持下宣布复辟，仅12天就被再造共和的英雄段祺瑞给赶下台。以此理由，冯玉祥于1924年11月将废帝溥仪赶出紫禁城，一个王朝就这样凄惨终结。

溥仪后来还主动或被动介入一些政治运动，1932年被日本人扶持就任“伪满洲国”执政元首；1945年被苏联红军抓获，被定性为战犯，在苏联被监禁了5年；1950年被押解回国，在抚顺战犯管理所被改造了10年；1959年年底被特赦，恢复公民权利，被安置在中国科学院北京植物园工作；1967年因尿毒症病逝。溥仪一生结过四次婚，有五个女人，但由于身体原因，溥仪并没有留下后代。大清皇族中最重要的一支就这样无疾而终。

宣统小皇帝是因为光绪帝无所出而过继即位的，隆裕皇太后去世后，光绪帝这一支其实也就结束了，剩下血脉最近的皇族当然是光绪帝的弟弟，即宣统帝的父亲摄政王载沣。

1908年11月，光绪帝和慈禧太后在一天之内相继去世，他们在弥留之际将大清国交给了载沣和隆裕皇太后。载沣的儿子溥仪继位为宣统帝，而王朝的实际权力由载沣以摄政王监国的名义代为处理。根据慈禧太后和光绪帝的安排，隆裕皇太后拥有最后否决权，而摄政王监国拥有日常事务处置权。

武昌起义爆发后，载沣在各方面压力下请辞摄政王监国，以醇亲王名义退归藩邸。清帝退位后，载沣更为低调，从不参与复辟活动，只求民国政府遵守皇室优待条例，以保全清皇室的完整与安全。所以他不愿参与张勋复辟，也反对溥仪后来跟着日本人混。

与政治上的低调不同，载沣在生活上还是比较“潮”的。他是清朝遗老遗少中最先剪去辫子，最先穿西装、用电话电灯、用汽车的人，他为此受到一些守旧者的抱怨或谩骂，但皇族后裔受他的影响，许多人的思想发生了积极改变，从原来五谷不分、四体不勤的贵族逐渐变成融入社会的人。

载沣儿子一系

载沣自1928年起幽居于天津，后来迁居东北，1951年年初病逝。载沣有三个福晋，生有四个儿子、七个女儿，长子溥仪、次子溥杰、三子溥倛、四子溥任；长女韫媖、次女韫和、三女韫颖、四女韫娴、五女韫馨、六女韫娱、七女韫欢。

溥杰生于1907年，为溥仪的同母弟。或许因为是皇族，溥杰虽然成长于政治动荡年代，但仍多才多艺，精习书法、诗词，为海内外知名书法大家，自成一体。其少年时代留学日本陆军士官学校，1935年回东北，任“伪满洲国”宫内府侍从武官；1945年二战结束，被苏联俘获；1950年被移交回国，关押在抚顺战犯管理所，1960年获特赦；20世纪80年代任全国人大常务委员会委员等。

按照乃兄溥仪的规划，溥杰应该与一个满洲女子结婚，以保持皇族血统纯正，但这一点并没有实现。1937年，溥杰与日本皇族姻亲、嵯峨家的女儿结婚，生有两个女儿。长女慧生因感情问题于1957年自杀于日本。次女嫮生于1941年出生，现居日本，其夫是福永健治，他们共育有五个子女。

溥倛是载沣第三子，于1915年出生，三岁时早夭。

◎ 清亡后载沣与子女的合影

载沣第四子溥任，又名金友之。生于1918年，自幼习旧学，1947年在其父载沣的支持下，利用醇亲王府旧宅开办了一所学校，自任校长；1949年后将学校捐给政府，自己以教师身份继续为这所学校服务，直至1988年退职；后从事清史研究，著述甚多。溥任有两次婚姻，第一任妻子金毓庭1971年病逝，育有三子二女，长子金毓嶂，次子金毓鋆，三子金毓岚；长女金毓琨，次女金毓珵。1975年，鳏居的溥任与张茂滢结婚。张茂滢出身名门，其祖父为张翼，张翼因开平矿权纠纷而成为近代史上的著名人物。

金毓嶂算是载沣的长孙，生于1942年，1968年毕业于北京地质学院，分配至青海省地矿局第二地质队工作。1985年回京，后担任北京市政协常委等。金毓嶂有一个女儿金鑫，生于1976年，大学毕业后从事电子产品方面的工作。

金毓鋆也是专业人才出身，为北京工业大学环境科学、大气污染治理方面的专家。

金毓岚为中学语文教师，教书只是他的副业，他的人生兴趣据自述是收藏，藏有大量字画、瓷器、文房四宝等。

载沣女儿一系

载沣的大女儿韫媖，生于1908年，成人后嫁给郭布罗·润良为妻，1925年不幸患上急性阑尾炎，因家人不信西医，耽误诊治而不幸病逝。

二女儿韫和生于1911年，哥哥溥仪为她挑中的夫君，就是溥仪的师傅郑孝胥的孙子——郑广元。他们一直跟随溥仪在东北生活，二战结束后，二女儿一家狼狈逃回北平。1949年后，郑广元就业于北京邮政局，任建筑师，后为全国政协文史资料委员会委员。二女儿当上幼儿园负责人，1973年退休，2001年去世。

三女儿韫颖的婚姻由其父母包办，嫁给了婉容的弟弟润麒。韫颖后来当上了北京市东城区政协常委，其夫君为全国政协委员。

四女儿韫娴由溥仪做主嫁给了其同学赵琪。赵琪在1949年前后去了台湾，他们在长达34年的时间里没有任何联系。1982年，赵琪方才有机会回到北京团聚。

五女儿韫馨由兄妹介绍，与万嘉熙结婚。万嘉熙为清廷故臣万绳之子。万嘉熙1949年之后被安排在北京翻译所工作，1972年病逝。五女儿自食其力，在西直门义和饭店当出纳，1973年退休，1998年去世。

六女儿韫娱生于1920年，自幼爱好绘画，且有机会临摹宋元名画，对清代恽南田的没骨花卉尤为欣赏，后专攻恽派技法，有所创造，自成一系，设色淡雅，富有生意。她于1982年病逝。

七女儿韫欢生于1921年，她自己走出了另外一条路。七女儿先是在竞业学校当办事员，后为教师。她还是皇府中第一个自由恋爱的公主，其夫君乔宏志为中学老师，于1960年心脏病突发病逝。七女儿后为崇文区（2010年撤销，与东城区合并）政协常委，2005年去世。

庆亲王一系

清廷皇族自1911年之后，比较重要的另外一支应该算庆亲王一系。庆亲王虽然是皇族中比较远的一支，但在晚清政局中具有非常重要的作用，他是恭亲王之后最有权势的王爷，也是最具国际视野的人物，深得慈禧太后和光绪帝的信任。

庚子国变后，庆亲王继续掌管大清国的外交。几年后，当光绪帝即将大行时，这个庆亲王又被指派去视察皇陵修建工程，等庆亲王出差归来，小皇上又即位了，一切都结束了。

庆亲王被排除在皇族重大决策之外，然而或许庆亲王真的是一个实力派，所以清廷对他的任用好像并不歧视。摄政王筹组第一届责任内阁时，还是很坦然地将庆亲王推到前台，出任内阁总理大臣。不过，蹊跷的是，庆亲王对这个信任似乎有所保留，他除了一再请辞，还在后来的御前会议上坦然建议朝廷接受南方要求，主动退位，赞成共和，化被动为主动，为朝廷赢得体面尊严和实在利益。清帝退位，大局已定，庆亲王避居天津租界当寓公，于1917年病逝。

庆亲王一生共有七个福晋，生了六个儿子。三子、四子、六子早殁。稍有出息的就是长子载振、次子载搏及五子载抡。载振生于1876年，1902年出使英、法、美等国，翌年赴日考察第五届劝业博览会。归国后奏请设商部，任尚书。商部后更名为农工商部，载振仍任尚书。此时载振不过三十岁，可谓少年得志。或许因为其风头太健，所以到了1907年，闹出了与女伶杨翠喜的绯闻，被迫辞职。辛亥革命后他居天津为寓公，远离政治，偶尔从事一些金融商业活动，于1947年年底病逝。

载振的大弟弟为载搏，生于1887年，封镇国将军，与其兄载振一样，也是一个喜欢拈花惹草的主。五弟载抡，其妻子为山东巡抚孙宝琦的女儿。

载泽及善耆一系

辛亥革命后清宗室中值得一说的还有载泽。载泽生于1876年，后袭辅国公，进镇国公，加贝子衔。娶慈禧太后二弟桂祥长女静荣为妻，而静荣的妹妹就是光绪帝的皇后，也就是宣统时代的隆裕皇太后。

当清廷开始政治改革时，载泽正当盛年，是出洋考察宪政的五大臣之一，态度积极，贡献良多，以宗室重臣身份上奏宣布立宪密折，对后来的仿行立宪、预备立宪影响甚大。宣统元年（1909年）任筹办海军大臣，翌年任纂拟宪法大臣。皇族内阁成立时，任度支大臣。

从载泽的政治立场看，他在晚清属于倾向于改革的开明皇族，但在武昌起义发生后，载泽的态度发生了非常大的变化，坚决反对向南方革命党让步，力主杀袁世凯以谢天下。所以到了民国，载泽不是一般的政治反对派，而是暗中参与宗社党的活动。待张勋复辟，载泽更是深度介入。晚年穷困潦倒，郁郁而终。

与镇国公载泽经历相似、结局相似的皇族还有肃亲王善耆。善耆生于1866年，在晚清政治变革中也是比较积极的王爷，参与创建了近代中国的警察制度，赞成立宪，甚至出面赦免了试图刺杀摄政王的汪精卫死刑，但他坚决反对清帝逊位，所以当历史进入民国，善耆并不死心，以宗社党重要领袖的身份策动叛乱，鼓吹满蒙独立，甚至期待在日本人的帮助下使清帝复辟。

◎ 纂拟宪法大臣载泽

◎ 川岛芳子父亲、肃亲王善耆

或许基于这种考虑，善耆将自己的女儿金璧辉过继给了日本人川岛浪速，金璧辉的日本名字就是川岛芳子。川岛芳子是后来最有名的日本特务，参与了皇姑屯事件、九一八事变、一·二八事变、“伪满洲国”独立等一系列重大活动，1948年被枪毙。

川岛芳子只是善耆38个子女中的一个，其他的子女，后来也都被善耆严格管束，不许他们做中国的官，也不许他们为中国的民，所以这些孩子除了三个儿子分别去了英国、德国、比利时三国外，其余的都进入日本人的学校，因而也就与日本有关联，“伪满洲国”时，善耆第七子金璧东任“黑龙江省省长”等高官，善耆一支也就成为溥仪的基本队伍。

晚清皇族中的著名人物还有很多，像载涛、毓朗、载洵、铁良、良弼、溥伦、绍昌、那桐、荫昌、寿耆等人在那时都很活跃，各人思想倾向也不一致，他们在辛亥革命后所走的路也不太相同，大致上说，有以遗老遗少身份坐吃山空的，有以复辟清朝为职志继续奋斗的，有忘情于江湖、寄情于山水不再过问世事的，更多的则逐渐解脱了皇族的身份束缚，更姓易名，过着平民生活。

晚清司法改革

在晚清司法改革运动中，沈家本、伍廷芳是两位最值得注意的专家型人物，正是他们的智慧、知识、贡献，方才使中国司法体制能够在很短的时间里转向现代，构建一个全新体制。

列强的建议、各位封疆大吏的敦促，使清廷很快意识到司法改革的必要性，因而在1902年5月13日任命刑部右侍郎沈家本、四品京堂候补伍廷芳负责修法，责成他们将一切现行律例，按照交涉情形，参酌各国法律，悉心考订，妥为拟议，务期中外通行，有裨治理。

朝廷这个判断本身就已承认中国传统法律中有与国际规则脱轨的内容，已不能适应于国际规则。所谓参酌各国法律，其实就是要将中国现行法律制度根本改造，使之与国际接轨，与世界同步，通行中外。

沈家本与伍廷芳，一中一西，是当时中国最有名也最有成绩的法学专家。沈家本出生于律学世家，他的父亲长时期任职刑部，是受人尊重的法律权威。沈家本早年孜孜不倦于科举考试，同时也在其父影响下钻研法律问题，精通中国古典法律，著有《历代刑法考》等专门著作，是中国传统律学向现代法学转变的关键人物，当然，也是中国法律现代化的重要先驱者之一。

伍廷芳的出身与沈家本大相径庭，他祖籍广东新会，生于新加坡，后留学英国攻读法学，获大律师资格，为近代中国第一个法学博士，也是香港立法局第一位华人议员，后被李鸿章招揽幕中。伍廷芳对东西各国近代政治制度、司法体制高度认同，对东西各国法律条文以至其立法背景格外娴熟。自19世纪80年代起，他先后追随李鸿章参与中法谈判、中日谈判，1896年被清政府任命为驻美国、西班牙和秘鲁三国公使。伍廷芳是当时中国极为罕见的法律人才，以他对东西方法律制度的理解，由他协助沈家本修订法律，其价值趋向不言而喻。

◎ 晚清司法改革的主持人，近代中国第一个法学博士伍廷芳

对清廷而言，修订法律或许只是一个权宜之计，只是对列强的应付，只是使中国法律更好地与西方接轨，不至于直接冲突，屡屡吃亏。然而当沈家本、伍廷芳等人对大清王朝现行法律条文进行全面梳理之后，发现问题相当复杂，他们深切认识到所谓独树一帜的中华法系确实到了非改不可的程度。在他们看来，这种改革，不可能是一种在原有基础上的小修小补，而必须通过对原有法律的清理，参照东西各国现行法律条文，另起炉灶，重建中国现代法律体制。

经过几年的精心准备，沈家本等人主持的重要机构——“修订法律馆”于1904年5月15日正式开张，这个普普通通的机构在袁世凯等督抚大力支持下，高薪聘请日本法律专家参与中国新法律条文的制定。在日本专家的帮助下，“修订法律馆”在短短几年时间里，对大清帝国现行法律进行了全面清理，对未来可能需要的法律法案进行了系统规划，尽最大可能翻译和研究东西方各国法律，酌定名词，考辨文义，以东西各国法律为参照，大规模、大幅度对中国法律中与东西各国法律相抵触的内容、不适应的内容进行删减、修改，主要参照日本的法律建构，重新规范了中国的法律制度。

中国当时之所以愿意参照日本的法律体系重构自己的法律架构，一方面是因为中国和日本语言文字上比较容易沟通，另一方面是因为日本这个民族在法律制度方面先走了一步。日本通过脱亚入欧已经在东亚建立了一个名副其实的西方国家，即便在法律制度这个层面上，日本人也已经将许多西方各国行之有效的法律条款译成日文，通过“日化”重建了日本的法律制度。中国此时通过日本这个媒介，自然可以收到事半功倍的效果。在日本法律专家帮助下，沈家本等参照东西各国法律体系，大刀阔斧地删减、重建中国的法律体制，经过几年时间的努力奋斗，大致建立起了一个现代法律体系和司法制度，一些重要的、必备的法律法规也都在那几年匆匆完成。这些新制定的法律法规为新政时期和此后的市场经济、自由经济和现代社会的运转提供了法律依据和制度支援，比如《奖励公司章程》《商标注册试办章程》《商人通例》《公司法》《破产律》《各级审判厅试办章程》《法官考试细则》《集会结社律》等，都是当时迫切需要的法律法规，也在后来的政治实践和现代社会运作中发挥了非常好的作用。

不过，对晚清十年乃至后来数十年中国政治法律制度发生重大影响和启示的，可能还是沈家本等人参照东西方各国现行法律制定的几部根本大法，比如《大清刑事民事诉讼法》《大清新刑律》《民律草案》等，这几部根本大法分别在程序法和实体法领域为后来的法律现代化奠定了良好基础，开了一个很好的先例。

《大清新刑律》抛弃传统诸法合体的旧制，规范为一部单纯的刑法典，废除中国传统法律中的旧名词旧概念，诸如“笞、杖、徒、流、死”等五刑终于被规范为死刑、无期徒刑、有期徒刑、拘留和罚金，附加刑有剥夺公权和没收，确定了死刑的唯一原则，彻底废除了旧律中繁杂的死罪名目。此外，还有在西方各国习以为常的禁止刑讯、实行陪审和律师制度、改良监狱等，也都在那个时候逐步进入中国的法律体系。凡此，均使大清国的法律制度大踏步前进，大致能够满足中国与世界各国的交往需求，即像清廷最初所要求的那样，与东西方各国正常交流而无滞碍。

清末新政法律体制改革，虽然还有很多不尽如人意的地方，虽然许多新法典并没有得到完善，且大部分没有得到执行，但这场改革本身确实是中国法制史上前所未有的革命，是中华法系第一次低下头来吸收东西方各国法律优长，重造中华法系，为此后中国法律的走向规定了大致的路线图。即便大清国后来成为历史陈迹，大清王朝新政时期制定的法律制度也依然被标榜为“民主共和”的中华民国所继承。这出乎所有人的预料，同时也表明新政时期制定的法律法规实际上已不再反映传统中国的社会状态，实际上终结了自秦汉以来传承了两千年之久的中国固有法律体系。这些法律法规参照近代中国社会的实际变动和发展，全面引进了西方法律的大框架大格局，因而这样的法律体系不再反映中国的过去，而是对未来新社会新制度有很高很殷切的期待，为新社会新制度的发生埋下了种子。

资政院：中国式悲剧

晚清洋务新政之所以能够在不太长的时间里获得很大成绩，主要是因为清政府采纳了行政主导的一权独大，有效调动了国家资源。然而经过甲午一战，行政一权独大的弊病尽显，于是此后十多年的晚清政治改革，如果用一句话概括，就是怎样建立一个君主主导下的权力分享和制衡的合理体制。

非常态过渡机构

甲午战争前，一些聪明的政治家和知识人就知道西方富强的根本并不是坚船利炮。坚船利炮只是西方富强的一个标志，富强的根本在其政治架构，在其权力的分享与制衡。不论是君主制，还是民主制，一权独大都不是好事。议会一权独大容易形成议会专制，影响行政效率；但如果行政权独大，拥有绝对的权力，就容易导致腐败，导致决策特别是中长期决策失误。所以在甲午战争后不久，分权制衡的思想在朝野各界自然萌生，至1898年又经胶州湾事件的刺激而蔚然成为一股巨大潮流。

对于君主主导或领导下的权力分享，清政府或许真的没有做好心理准备，所以面对各方呼吁，恭亲王在最后的政治交代中竟然是告诫光绪帝和慈禧太后：不要听信那个广东举人（指康有为）的话，那个人的邪恶用心就是废我军机、谋我大清。于是那场以重建政治架构为诉求的维新运动草草收场，权力分享与制衡的体制依然无望。

又过了六七年，至日俄战争结束，立宪的“小日本”战胜未立宪的“大俄国”，极大震动了“我大清”。见贤思齐，朝野上下很快就重建政治架构达成共识，君主立宪呼之欲出。1906年9月，朝廷宣布启动预备立宪进程，其目标就是仿照日本明治维新构建君主立宪体制。所谓君主立宪，其实就是在君主之下组建一个相互制衡的权力分享机制，不再让行政权独大。按照当时的设计，分享这个行政权的就是重建的一个立法机构。

专门的立法机构在中国历史上不曾出现过。在改革刚刚起步时，清政府还是很谨慎地分成两步走：第一步先建立一个准议会机构——资政院，经过几年实践，积累一定经验后，正式组建民选国会，成为君主立宪政治架构中的一个重要机关。1907年9月20日，慈禧太后发布懿旨，以为立宪政体取决于公论，上下议院实为行政之本。然而碍于国情，中国上下议院一时未能成立，亟宜筹设资政院以为立议院基础。

根据懿旨，资政院就是从君主专制向君主立宪政治体制过渡的中间形态，它具有议会的性质与功能，但又不是完全议会，依然会受到某种行政权力的约束。从设立资政院的本意说，这个稳妥的态度当然是可取的，但这种不上不下、不伦不类的“准议会”在实践中却弄得上下不讨好，左右都抱怨，即便是最期待议会政治的立宪党人，到了后来也认为这样的资政院非废除不可。

立法与行政的冲突

由于资政院从一开始就定位为过渡形态，因而也就埋下了失败的种子。清政府不是按照君主主导下三权分立的原则重构中央权力系统，而是因陋就简，改先前存在的督办政务处为资政院，功能定位为博采群言，这与真正意义上的议会相差太远。

◎ 清末资政院

至于资政院人员构成，清政府依然沿袭“双轨制”，资政院创院总裁由清宗室溥伦与汉大臣孙家鼐出任。至于议员，也分成两拨，一拨钦选，另一拨民选，各一百人。所谓钦选，当然不是由皇帝一人说了算，而是由朝廷即满洲贵族统治集团圈定，其中又细分为宗室、外藩王公、硕学通儒、纳税大户以及中央各部院行政长官转任；至于民选部分，指定由各省咨议局选出。由于新疆咨议局尚未开办，故新疆应选的两个名额阙如，由各省咨议局选举并经各省督抚推荐上来的民选议员共计九十八人，据此，钦选议员也取对等原则，减少了两人。两者相加，资政院创院时的议员总数为一百九十六人，另外还要加上两个总裁和一个秘书长。

经过认真筹备，创院总裁溥伦和孙家鼐于1908年7月8日向朝廷奏报资政院院章草案，资政院构成及功能定位方才敲定。7月22日，清政府颁布《各省咨议局章程》和《咨议局议员选举章程》，这为资政院议员选举迈出了关键一步，这也是中国历史上从来没有发生过的事情。又过了一个月，8月27日即农历八月初一，清政府颁布《钦定宪法大纲》，同时宣布立宪筹备清单，细列每年需要筹办的各项事情，明定九年后召开国会，进入君主立宪新时代。九年后也就是1917年，也是后来袁世凯帝制复辟失败的第二年。

遗憾的是，这些宣布不到三个月，光绪帝便于11月14日不幸驾崩。奇怪的是，不到二十四小时，慈禧太后也随大行皇帝而去。中国政治走向由此发生巨大改变。

两宫去世前，安排光绪帝的弟弟载沣和光绪帝的未亡人隆裕皇太后接班，载沣的儿子也就是光绪帝的侄子溥仪继承大位。从血缘及各方面条件来说，这是一个理想组合，只是与光绪帝—慈禧太后的组合比起来，载沣—隆裕皇太后的这个组合稍显弱势，缺少威权、决断与果敢。

摄政王载沣的弱势为后来的政治变故埋下了伏笔。仅就资政院来说，假如在慈禧太后和光绪帝的强势领导下，资政院的过渡形态会得到扶持，资政院会逐步过渡为君主领导下的三极之一。现在不同了，弱势领导层无法遏制行政权独大的内阁总理大臣庆亲王，庆亲王为军机首席，位高权重一言九鼎，资政院只是行政权的一个陪衬，充其量不过是一个表决工具、举手工具，一个为行政背书的橡皮图章而已。

在光绪时代，立宪党人对资政院充满憧憬，原本指望通过资政院分享权力，从议政到参政，就像东洋立宪各国一样，职业政治家应该源自议会，而不是相反。现在一切好像都变了味，这不能不引起资政院的反弹，不能不引起行政与立法间的冲突。

资政院总裁孙家鼐是晚清政治史上的明白人，甲午战争前倡言衅不可启，力主妥协；甲午战争后，倡导改革，主持官书局，创办大学堂。至于溥伦，更是晚清王爷中一个具有海外经历的人物，1904年率清国代表团出席在美国举行的世界博览会，对于中美外交起到了相当重要的作用，回国后又受到朝廷重用。由这样两个身份特殊、能力不错的人主持资政院，又有那么一大批敢做敢言的民选议员做后盾，行政与立法的冲突在所难免。资政院欲学东西洋立宪各国监督遏制行政权，不愿将资政院沦为有名无实的行政附庸；行政中枢为了效率，遵从习惯根本无法接受这种监督，更不要说遏制了。在过去两千年历史上，行政权由皇帝授权，只受皇帝约束，从来没有被皇帝之外的第三者监督与遏制。还有一点值得观察的是，行政中枢主导者庆亲王为军机大臣，且年长溥伦三十岁，经验丰富、人脉充沛，摄政王载沣在很多时候也要礼让三分，何况溥伦？所以当时如果将他们两人的位置予以对换，让庆亲王出任资政院总裁，由溥伦出任内阁总理大臣，这对于重构一个良性的分权体制或许有好处，即便一度形成资政院专制，也势必有助于一个良性的分权体制的形成。

溥伦与庆亲王的分量太不对等了，而年轻气盛的溥伦又总是仗着议员们的支持，处处与行政为难，执意与行政过不去。资政院开院后第一次常会，他们就发起一个军机大臣弹劾案，公开表达资政院对军机处的不信任。在讨论政府预算时，议员们更是像模像样，非常专业地挑剔财政收入与支出的毛病。这一系列行动让行政中枢情何以堪？

行政中枢的尴尬与恼怒是自然的，而资政院穷追猛打，要求军机大臣特别是首席庆亲王到院接受质询，给予说明。庆亲王等人何曾见过这等事情，他们何曾想到创设资政院的目的就是监督自己为难自己，就是消耗行政效率，就是每天吵嘴？

沦为鸡肋

清政府创设资政院为君主立宪的过渡形态是真诚的，只是由于强势朝廷不再，没有办法平衡过渡期行政与立法的冲突，行政权独大无法解决，资政院也就成了一块鸡肋：食之无味，弃之可惜。

资政院的功能效果不如设想的美好，然而两宫去世后内外环境的变化又迫切需要中国有个议会机构予以对应。1908年之后，日本、俄国等加大对东三省的觊觎蚕食，因为这一外交危机，立宪党人干脆下决心抛弃资政院这块鸡肋，呼吁朝廷修改九年预备立宪规划，尽早召集正式国会。

立宪党人认为，在正式国会构架中，不存在钦选与民选的差异，各议员一律竞选上来，他们对政治的责任心一定不一样。即便正式国会还有宗室、王公大臣出身的人，但由于他们也要经过选民的考验，他们的看法也一定会更合乎民情民意，有助于国家发展。在立宪党人看来，先前的九年共识太长了，已经长到无法容忍的地步。在这个过渡期，由于资政院不是完全的民意机构，无法代表民意，无力监督政府。中国如果执意不走上君主立宪道路就算了，要想走上这条路，就必须提前召集正式国会，最大限度地集中国民智慧。

立宪党人的思路是对的，只是他们把话说得太直白，这种说法不就是要求分权吗，不就是希望用和平手段攫取大清的江山吗？朝廷内的反对派由此认定这些立宪党人连孙文那些革命党人还不如，人家革命党要夺取大清江山，还舍得牺牲性命，真刀真枪地干，这些立宪党人凭着一张嘴皮子就想谋“我大清”，是可忍孰不可忍！

从历史主义的观点来看，这些猜疑无疑是错的。君宪主义者期望召集正式国会，只是期望用真正的民意机关去约束政府，限制行政权独大，并没有妨碍君主的任何主观意图。当然，在立宪党人的政治理念中，他们或许对君主与皇族有明显的区隔，他们愿意接受一个开明的君主，不愿接受一个贵族统治集团的整体专政。所以当忧心忡忡的朝廷推出一个皇族内阁以反制立宪党人的“不轨”时，立宪党人很快觉醒，他们认识到跪着请求变革是一个不可能完成的历史使命。

清末新政的方方面面

构架现代新教育

我们知道，被中断的1898年政治改革是从教育领域开始的，那年6月11日颁发的新政诏书，其实只是宣布创立京师大学堂，以此作为新知识教育的基地，期望新教育体制逐步建立之后再废除或革新旧的教育体制、选拔体制，即以八股取士的科举制度。

改革旧有的科举制度是那时基本的社会共识，因为法久必弊，经过几百年的发展，科举制度已经从一种比较有活力的公平公开公正的人才选拔制度走向堕落，科场舞弊层出不穷，科举考试内容的规范化原本有利于人才选拔标准的客观化，减少主观性，然而当这种规范化走到极端，就是学非所用，用非所学。随着近代社会主题的变迁，以儒家经典为主要内容的考试科目显然与社会需求严重脱节，所以几十年来对科举制度尤其是八股取士制度的不满之声不绝于耳。

规范化的八股考试走向极致，也就是衰落的开始。八股考试类似现在高考中的标准化作文考试，是名师归纳出的怎样应对命题作文的办法，这种办法在最初阶段对考生理解题意确有好处，弄到后来就有万变不离其宗的教条主义的嫌疑，使原本充满活力与个性的命题作文成为规范化的文字游戏。这就是八股考试之所以在近代中国遭到激烈批评的根本原因。

科举制度需要改革，八股取士可能真的需要废除，只是在没有其他更合理更科学的考试制度出现之前，以公平公开公正为主要诉求的科举考试制度可能还有其合理性和存在的依据，贸然废除这个沿袭上千年的人才选拔制度，显然是一种不智之举，更是堵塞了一代年轻读书人的出路。所以，清廷主政者尽管看到了科举制度的弊病，但也只能进行修补式的改革，先是以特科的办法招收选拔那些偏才、怪才和奇才，然后再考虑参照西方的现代教育制度重建中国的教育制度、考试制度，只是这些新制度最终取代中国旧有的制度可能会是一个漫长的过程，要经过一代人、至少是若干年的过渡。

◎ 清末的新式学堂

清廷的政策设计应该说是可取的、可行的，只是已经获取功名的康有为总觉得这是发起政治改革的突破口，于是他通过各种各样的关系、渠道向清廷最高层，向社会施加影响，期待清廷以一纸诏书一夜之间宣布废除这一历史悠久的教育制度，至于替代方式、废除的后果，似乎康有为都没有仔细地考虑。

康有为激进的改革方案不仅理所当然地遭到激烈反对，更重要的是由这个废八股改科举的政策讨论还引发出戊戌年经久不衰的新旧党争，引发了官场大地震。后来虽有张之洞、陈宝箴中庸调和的科举新章被清廷接受，但是由于政治变动走向“后改革时代”，这一渐进改革方案其实并没有实行。

现在，新政终于开始了，陈宝箴虽然在1898年出局了，但那个由张之洞参与制定的渐进改革方案还是被重新提起。所以新政的第一招与1898年政治改革的第一招一样，还是从教育领域做起，还是从克服科举制度的弊病，怎样引进西方新教育，重建中国教育制度入手。在“江楚会奏变法三折”上报清廷之前，或者说当清廷宣布开始新政后，张之洞、刘坤一和两广总督陶模等力主改革的督抚大臣都本能地想起改革步骤，想到改革入手处。

新任两广总督陶模出身于社会下层，自学成才，文宗桐城，素来不喜八股文章，具有强烈的维新变法思想，1896年任新疆巡抚时就向朝廷建议停捐例，汰冗员，破除旗兵积习，禁止士大夫吸食鸦片，设立算学、艺学等教育课程，废武科考试，变练兵操法，选拔勋旧弟子游学各国，培植工艺等。1900年，陶模调任两广总督后，主张维新，主张变革。清廷新政诏书发布后，陶模率先响应，于1901年

2月与广东巡抚德寿联衔复奏，请求清廷以变通科举为新政入手处，认为为政之要首在得人，取人之方不外学校科举。他们仔细辨析了古今中外人才选拔制度的利弊得失，建议恢复三代之制，以学校取代科举，责成各地广设学校，在学有成，予以承认，此后不论何项出身，不分旗汉，不得学校教育文凭者，不得授以实官。如此，则所取皆实学，所学皆实用。学校既兴，人才自出，吏治民生，军政财政，渐可得人。其商学、农学、工学、化学、医学等，亦皆听任民间自立，给予适当的政策支持和鼓励，学成各就所学用之。建议朝廷采取稳妥方式，逐渐将科举取士制度废除。

兴学校、废科举的建议几年前就提出来过，只是因为一些原因未及实行，现在陶模和德寿将这一方案重新提出，无疑比较容易获得朝野各界的广泛认同。直隶布政使周馥、四川总督奎俊、湖广总督张之洞，在此前后都有类似的思考。

3月31日，张之洞在与刘坤一电商怎样回应新政诏书时，也明确将“科举改章”作为新政九条要事中的一项，并明确设定从这个相对容易的地方寻求突破。由此，张之洞很自然地想到几年前奉旨拟就的科举改革方案，认为当年那个改革因为政治变动未及实行，现在应该提上日程了。于是他在6月2日与刘坤一联衔致电西安行在转奏朝廷，请酌量变通科举。

在此后他与刘坤一联衔会奏的变法三折中，张之洞力主将“兴学堂废科举”作为第一折，认为此乃中国摆脱贫弱，走向富强、走向世界的关键。折中强调，中国不贫于财而贫于人才，不弱于兵而弱于志气。人才之贫由于见闻不广，学业不实；志气之弱由于苟安者无履危救亡之远谋，自足者无发愤好学之果力。保邦治国，没有人是不行的。中国由盛到衰其实就是人才枯竭的结果，而要想由衰转盛，重建辉煌，就只能从人才培养起步。根据这个设想，张之洞、刘坤一参考古今，会通文武，就教育体制改革提出四点建议。

一是设立文武学堂。奏折考察了科举制度的历史演变，承认科举制度在承平之世也确曾为国家选拔出有用之才，只是到了近代，国蹙患深，才乏文敝，如果不能适应历史形势的转移改弦易辙，就很难使国家摆脱困境，为之注入活力。奏折参照近代西方教育制度和教育精神，拟定了一套比较可行的学堂办法，重建中国教育体制和学校序列。根据张之洞、刘坤一的建议，全国的新式学校教育序列共分三个层次。第一个层次就是全国州县普遍设立小学校及高等小学校，招收八岁以上的适龄学生，学制七年。这其实就是现在的小学低年级和高年级。第二个层次是在府级行政区设立中学，招收高等小学校毕业的学生，学制三年。这其实就相当于现在的初级中学和高级中学。第三个层次是在省城设立高等学校一所，招收各府中学毕业生。省城高等学校应该参酌东西学制分为七项专门：一经学，二史学，三格致学，四政治学，五兵学，六农学，七工学。另设农、工、商、矿四项专门学校各一所。这些学校的学生学制三年，三年后学成会试，取中者可入仕为官，其成绩格外优异者可保送至京城专设的文武大学堂继续深造。

张之洞、刘坤一的这个学制设计参考了西方近代教育制度，也吸取了近代以来中国新教育的实践经验，其中的许多主张在1898年之前的几年就不断有人提出，只是那时条件不甚具备，无法进入实践而已。

二是酌改文科。张之洞、刘坤一在奏折中认为，科举一事，为自强求才之首务。时局艰危至此，断不能不酌量变通。改章大指，总以讲求有用之学，永远不废经书为宗旨。具体改革方案，大致回到张之洞1898年与陈宝箴奉旨拟就的方案，大略分三场考试，各有去取，以期由粗入精。头场试中国政治、历史，二场试各国政治、地理、武备、农工、算法之类，三场试四书五经经义，经义也就是论说。改章之始，士林必须宽期肄习，至少要有一年的缓冲期，以便学子精心讲求，从容复习，从而考出好成绩真本事。他们建议在新式教育尚未普及的情况下，暂时应以科举考试与学校教育并行不悖，等待新教育逐渐发展，人数渐多，逐年递减科举取士的名额，逐年增加学校教育的录取名额，最终完成从科举向新教育的稳步过渡。

三是建议停罢武科。这个主张在戊戌年被多次提及并讨论，主旨就是废除冷兵器时代的武科考试。

四是奖励游学。建议朝廷逐步放开学生出洋留学的限制，鼓励学生赴东西洋学习近代科学和各种专门知识，尽快制定学成回国人员的使用政策。这个建议也是戊戌年教育改革中曾经提及并执行过的，只不过由于后来的政治变动而中断了。

张之洞、刘坤一这些废科举兴学校的建议代表朝野社会各界的共同心声，因而很容易获得清廷认同，也很容易进入实践。8月29日，清廷接受了张之洞、刘坤一的建议，宣布自明年（1902年）始，改革文科并废止武科。文科乡会试改革参照张之洞等人的建议，分三场进行，第一场考中国政治历史论五篇，第二场考各国政治艺学策五道，第三场考四书义两篇及五经义一篇，并明确规定不准使用八股文，亦不再以书法定高下。1903年3月13日，袁世凯、张之洞奏请朝廷递减科举名额，以免影响新教育的发展。1904年1月13日，清廷颁布按十年三科内减尽科举，以回应张之洞及袁世凯的建议。至1905年9月2日，受日俄战争的结果刺激，直隶总督袁世凯、盛京将军赵尔巽、湖广总督张之洞、两江总督周馥、两广总督岑春煊及湖南巡抚端方等奏请立停科举，以便推广学堂，咸趋实学。清廷诏准自1906年丙午科为始，所有乡会试一律停止，各省岁科考试亦即停止，并令学务大臣迅速办发各种教科书，以顶指归而宏造就。责成各省督抚实力统筹，严饬府厅州县赶紧于乡城各处遍设蒙小学堂。实行千年的科举制度一夜之间寿终正寝，且波澜不惊，耐人寻味。

与废科举相配套的是兴学校，或者反过来说，废除科举制度之所以波澜不惊，主要还是因为新教育的发展在制度上为读书人的前途提供了基本保障。根据张之洞等人的建议，清廷于1901年9月14日命各省所有书院于省城改设大学堂，各府及直隶州改设中学堂，并多设蒙养学堂。紧接着，清政府又命将八旗等官学改设小学堂、中学堂，恢复几年前创办而后来中断的中西学堂等。清政府不断重申一定要加快推广新教育的步伐，要求各地不得以任何理由敷衍观望。在制度层面，清政府颁布有学堂章程，为新教育提供了比较切实的法律保障。

新教育体系中的最高学府自1898年起就规定为京师大学堂，只是后来由于政治变动，京师大学堂的筹备并没有突破性的进展。义和团战争时，京师大学堂也受到严重破坏，各项筹备举步维艰，实际上陷入停滞状态。新政开始后，清廷于1902年1月10日选派张百熙为京师大学堂管学大臣，令其切实整顿，造就人才。在张百熙的主持下，京师大学堂的整顿进展神速，相继聘请吴汝纶为总教习，张鹤龄为副总教习，于式枚为总办，李家驹、赵从蕃为副总办，大学堂的行政效率大为提高，接收了同文馆，创设了译书局，并且很快开设预备科及速成科。1902年12月17日，速成科正式开学，这标志着京师大学堂经过几年折腾终于重新回到正轨。这个速成科分仕学馆和师范馆，顾名思义，设立师范馆当然是为了培养师资，而仕学馆的功能其实就是后来的干部在职培训。为了配合新政的推行，清政府规定自明年（1903年）会试始，凡授职修撰、编修及改庶吉士与部属中书用者，必须先入京师大学堂分门肄业，取得文凭。这不仅从制度上保证了京师大学堂的生源，而且有助于管理队伍的优化。因义和团战争而遭到严重破坏的京师大学堂又一次获得了新的发展机会。

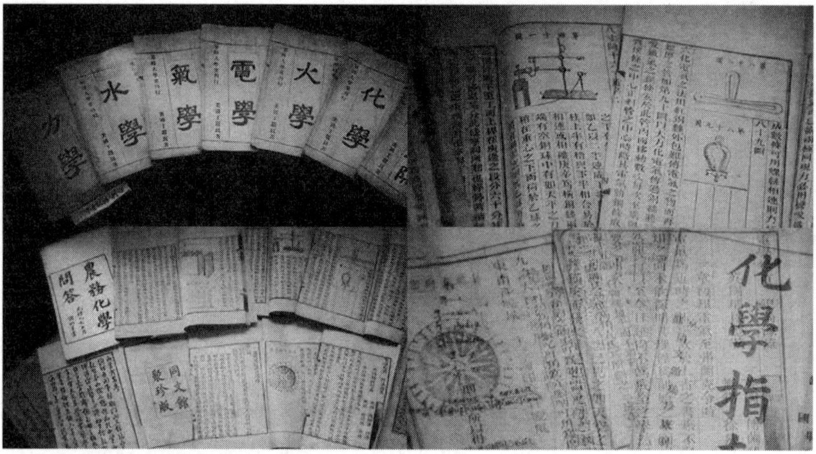

◎ 晚清学生使用的新式课本教材

新政期间的新教育还有一个重要内容，就是各种各样技术学校、师范学校的创办。各地差不多都创办了农务、工艺各类学堂，还有许多师范学校，如张之洞1902年动议创办三江师范学堂，就是那个时代非常重要的事件。

出洋留学在近代中国已有很久远的历史，只是时断时续，且缺乏制度保障。新政开始后，江南、四川和湖北等地督抚主动在自己职权范围内选派学生出洋留学，清政府也开始考虑怎样鼓励和支持出洋留学，怎样为留学生的权益提供制度保障。1903年10月，清政府根据张之洞的建议，颁布《奖励游学毕业生章程》，详细规定留学生归来后的各种待遇和地位，大约获得外国学士文凭者，可以考虑给予进士出身；得博士学位者，可以给予翰林出身。清政府的这些鼓励政策很快取得了实际效果，到东西洋特别是到东邻日本留学在这个时期出现了高潮，根据不完全统计，至1907年，留日学生总数就有一万五千人之多。这些留日学生以法政专业为主，这就为后来中国的政治变动留下了许多机会和可能。

现代军事体制的重建

新政的另一重要举措是进行军事改革，这一点也是举国达成共识没有异议的。

大清王朝的军事改革始自1894年甲午战争期间，战场上的节节败退使大清国领导人意识到不是中国的武器不如人，而是中国军队的建制、指挥系统，乃至军事动员等方面存在着严重问题，于是稍后开始的维新运动便从改变大清国的军事体制入手，裁汰绿营，添练新军。比较有名的是袁世凯经过特别准许开始在小站练兵，甚至聘请德国军事教练，参照德国军队建制、方法整军经武，应该说还是取得了一定的成效。然而由于1898年秋天的政治风波，这些改革基本中断。庚子事变后，怎样进行军事的改革又被再度提起。

军事改革，首先是从废除武科考试入手。废除武科考试的呼声由来已久，早在1895年，荣禄就首先建议废止武科考试，认为这种沿袭几百年的考试制度存在很多流弊，除了大刀长矛等冷兵器与坚船利炮的热兵器之间存在代差外，武科举选拔出来的人才在思想观念、行为举止、知识构成诸多方面都没有办法适应现代战争。要想在现代战争中打得赢，就必须参照西方国家的经验重构中国的军事体制，训练新式军人，未来新式军人绝不能来自武科考试，而应由各省的武备学堂培养。

与荣禄具有同样看法的，还有在天津最先聘请德国人来华练兵的胡燏棻，以及新疆巡抚陶模等人，他们都在那一年向清廷提了类似建议。只是朝廷中的守旧力量太过强大，武科考试依然继续进行。到了1901年，张之洞、刘坤一等封疆大吏旧话重提，他们在联衔会奏中的一个重要建议，就是停罢武科。他们的理由，也还是荣禄、胡燏棻、陶模当年的那些理由，即冷兵器根本无法对阵热兵器，这还在其次。更大的问题是武科考试选拔将官时要默写武经，那真是典型的纸上谈兵。即便如此，那些考生也没几个能做到，大率皆系他人代笔。文字尚且如此，何论韬略？所以自有武科考试以来，真正在战场上建立功勋的将官，根本没有武科考试出身的人。武科考试出身的将官，不过是一群恃符豪霸、健讼佐斗、抗官扰民的大小流氓而已，既于国家无益，实于治理有害。

封疆大吏、明智之士的执着建议终于感动了朝廷，清廷于1901年8月29日发布上谕，宣布废止包括武生童考试在内的全部武科考试。唐中期创制的武举制度经过长达一千二百年的发展，终于寿终正寝，走进了历史。

1903年清政府下令组建中央练兵处，统筹全国军队的训练，禁止各省自行训练军队，并制定军官训练制度，规定军官晋升的资历、条件和办法，使中国军队的建制、军官训练等大致上与西方国家保持了一致。

中国的军事体制改革迈出了坚实的步伐，其中最明显的是新建陆军的编练。新建陆军起源于袁世凯的小站练兵，这是中国军队特别是陆军真正走向现代的开始。新建陆军在组织构架上完全参照西法，设督练处即新军总部，下设参谋营务处、督操营务处，以及洋务局、粮饷局、军械局、转运局、军医局等机关，具体负责各项事务，专人专责，体现了近代军队的专业化、科学化特征。

袁世凯的新建陆军已经具有近代军队的基本特征，只是人数太少，仅具示范效应，而且其北洋六镇，说到底还具有很浓厚的私人武装的特征，还不是近代国家的武装力量。1905年，清政府下令将北洋六镇改组为新建陆军，在中央设置军咨处和陆军部，负责新建陆军的统领，军队国家化至此终于迈出关键性的一步，新建陆军与旧式军阀私人武装有了很大区别。

按照清政府的规定，新建陆军似乎要实行义务兵役制，年满二十岁至二十五岁的适龄青年都必须服正规役三年及预备役两年，这一方面扩大了兵源，改变了兵员构成；另一方面也有助于军队正规化、专业化，有利于军人地位的提升和待遇的提高。清政府计划在十年内训练出三十六镇五十万人的正规军。后因种种原因，至1911年只编练成十四镇不到二十万人。

◎ 晚清的新建陆军，各方面已经向西方军事强国看齐

新建陆军在编练成军，甲午海战中全军覆灭的海军怎样恢复这个问题又一次提到清政府面前。中国拥有漫长的海岸线，有非常大的海洋权益需要保护，中国不可能永远不要海军，更不可能因为甲午战争中的惨败而与海军永远绝缘。其实自甲午战争后，重建海军的计划被多次提起，都因各种原因没有贯彻下去、变成事实。1902年，北洋水师帮统领萨镇冰提出复兴海军的四点建议：一是派海军士官留学日本，二是在江阴设立水师学堂，三是以马尾船厂为基础设置战舰修理

基地，四是于烟台及福州设立海军镇守府。

1908年，陆军部提调姚锡光提出《筹海军刍议》，建议按照“急就”和“分年”两个步骤重建海军。所谓“急就”就是以现有的南洋、北洋、湖广等舰队共二十八艘战舰合编为巡洋及巡江舰队，以应对海防、江防的急切需要。所谓“分年”，就是建议在十年或更长时间内整体规划，购置或建造十八艘至三十艘不同级别不同用途的战舰，建造相应的军港、船坞，设置学堂，训练海军人才。

◎ 海军大臣载洵赴德国造船厂考察

同一年，直隶总督兼北洋大臣杨士骧责成海军前辈严复起草振兴海军计划，严复在这个计划中提出购置军舰、恢复并整顿水师学堂、重建军港、重建海军体制、加强海军训练等规划。第二年，清政府设立“筹办海军事务处”，正式启动重建海军计划。1910年，“筹办海军事务处”正式更名为海军部，一个有别于新建陆军的专门军种终于筹组成功。

根据《辛丑条约》的规定，列强对中国实行武器禁运，一切外国先进的武器弹药，根本无法通过正常途径进口，中国军队面临非常严峻的问题，先前进口的一些武器设施逐步老化而无法更新，中国军队不仅无法应对对外战争，即便是对付内部的骚乱，都是有其心而无其力。为了克服这方面的困难，清政府只好采取自力更生的办法，在先前数十年洋务新政的基础上，在汉阳、上海及广州设立三大兵工厂，自己动手解决军事装备的更新换代问题。至1910年，中国人自己管理经营和拥有自主知识产权的军事工业已经能够生产供应全国军队所需的山炮、弹药、连发来复枪及机关枪等。

自由经济的充分发展

与先前数次改革一样，清政府这次推动的新政改革，其实也是以经济建设为中心，将恢复经济、振兴经济作为挽救大清王朝意识形态和政治统治危机的手段，希望通过各方面的改革，重建大清王朝经济体制，巩固大清王朝的政治统治。这是新政的本质，不必怀疑。

义和团战争结束后，《辛丑条约》规定中国必须向列强支付巨额赔款。实事求是地说，这些赔款虽然不至于压垮中国经济，但其巨大压力还是非常明显的。清政府财政上的严重亏空不仅使列强对于获取赔款信心不足，也对清朝的政治统治构成了严重威胁。这在新政酝酿之初各地督抚的奏折和朝廷上谕中，都有流露。

新政开始后，清政府推动的一个重要改革就是振兴商务，奖励实业。而这一点其实如同其他改革一样，都是重回1898年政治改革的老路，当然是回到一条正确的老路上。

为了振兴商务，奖励实业，清政府于1903年9月7日设立商部，以载振为尚书，伍廷芳、陈璧为左右侍郎。

商部成立后恪守本职，倡导商业振兴，鼓励官民商绅创办工商企业，制定出一系列工商业规章和奖励实业的办法，诸如钦定大清商法、商会章程、铁路简明章程、奖励华商公司章程、矿务章程、公司注册章程、试办银行章程等，这些章程允许、鼓励、刺激自由经济充分发展，奖励一切兴办工商企业的行为，鼓励组织商会团体，鼓励商人在条件成熟时走上自治。这些政策不仅使全民经商成为可能，而且有利于经济恢复、振兴，有利于国家财政从根本上好转。在某种程度上可以说，新政时期是中国自由经济发展的黄金时代，自由经济在中国经济构成中占有越来越大的比例，以致能够在某种程度上左右和影响中国的政治走向，激起政治上的守旧势力设法出台许多政策进行打压，并最终引起自由经济与国有经济的大冲撞、大决战。不过，这都是后话。

新政时期对自由经济的鼓励支持，不仅挽救了因义和团战争和辛丑赔款而接近崩溃的国民经济，更重要的是将中国经济拖上了世界一体化的轨道，中国经济已在很大程度上与世界经济接轨、同步。清政府颁布的《奏定商会简明章程》《商人通例》《公司律》等都有相应的法律规定，这就为自由经济的正常发展提供了制度保证。国民创办或退出企业已经到了非常自由的状态，与西方成熟的自由经济社会已经毫无差别，原先的经营批准制在新的法律制度保护下开始向登记制、备案制过渡。官办企业的垄断领域越来越少，政府越来越倾向做一个政策的制定者、保护者，充当裁判员的角色（不再下球场与球员一起踢球，既当裁判员，又是运动员），不再与民争利。所有领域，包括工商、交通和金融，一律向所有资本开放，所有资本均享有同股同权的国民待遇。

随着自由经济的发展，中国人的财产观念也在变化。现代财产所有权的理念逐渐在中国人的思维中占有上风，合法的私有财产神圣不可侵犯，而且财产的所有权逐步由传统时代的以家族、家庭为本位的财产所有权向个人拥有绝对不可侵犯的财产权利过渡。

个人财产神圣不可侵犯观念的确立为自由经济的发展奠定了一个良好的观念基础和制度基础。经济发展的决定性因素无疑是制度，制度可以束缚社会经济的发展，制度也能促进社会经济突飞猛进，制度就是政治，只要政治上、制度上有办法，经济上就会有办法，这是所有国家的发展经验。良好的制度就是良好的投资环境，就是投资的保障，就是信心。根据一个未经证实的统计，新政期间中国民族资本工业发展速度达到年均百分之十五，比第一次世界大战期间列强无暇东顾时所谓的民族资本“黄金岁月”还要高些，这表明当时的国内外资本尤其是中国国内的民间资本对政治的信心指数还是比较高的，它们相信在中国的投资一定能够获得比较理想的回报。自由的市场经济制度、法律制度，都为资本的进入、转出及再投资提供了便利，而中国广阔的未经充分开发的国内市场，更是中国商人空前信心的来源。

改革又到困难时

清政府1901年启动的新政，应该是真诚的，因为当时所面临的困难局面是真实存在的，不改革就是等死，与其等死，不如寻找出路。新政改革就是要在政治上为大清王朝寻找出一条出路，因此这次改革并不存在着虚伪和欺骗。不过也必须看到，近代以来几乎每一次改革，其直接动因都是外部危机，一旦这个外部危机得以化解，改革的动力就必然消失，至少也是减弱，因此近代中国每一次改革都无法按照既定目标持续下去，总是给人一种浅尝辄止的印象。

在新政起步初期，清廷规划的改革应该说是全方位的，既有经济体制、军事体制、法律体制、教育体制方面的改革，也有行政体制乃至政治体制方面的改革。改革的底线当然是改进、改善、加强和巩固大清王朝的政治统治，更准确地说是保证满洲贵族统治集团的领导地位不动摇，满洲贵族的利益获得保障。在清廷最初的规划中，改革只要能够做到这一点，就不存在禁区，不存在不能触及的领域。所以，新政诏书发布不久，不待各省督抚大员表态，清廷就于4月21日下发了一道令各省督抚甚至是那些比较开明的东南各省督抚感到震惊的命令，就是成立以庆亲王奕劻为首的“督办政务处”，作为筹办、规划和推行新政的专门机构，任命李鸿章、荣禄、昆冈、王文韶、鹿传霖等为督办政务大臣，命刘坤一、张之洞遥为参与，稍后又增补袁世凯为参与政务大臣。

如果我们熟悉1898年的中国故事，我们一定不难发现这个“督办政务处”与康有为当年建议的在内廷设立的专门议政机构有异曲同工之妙，只是那一次没有结果，而这一次真的设立起来了。按照上谕的规范，督办政务处为议政机构，负责处理各地官员关于“变通政治，力图自强”的各种建议，务在体察时势，抉择精当，分别可行不可行，并考察其行之力与不力。从这个意义上说，督办政务处就是新政的总参谋部、智囊团，是各种新政信息的“统汇之区”、分析机构，各位督办政务大臣就是要对一切因革事宜，务当和衷商榷，悉心详议，并负责起草新政各项改革措施和改革方案，次第奏闻，然后由朝廷决断是否采纳，怎样进行。从这些规范看，新政从一开始就没有设置什么禁区。

朝廷没有对政治改革设置禁区，当然也并不意味着可以随意变更政治制度，政治改革的底线是不能动摇满洲贵族的政治统治，这在当时是不需随时提醒的政治纪律，在规范的官场中不会有谁不懂规矩随意违反。所以我们不能说清廷没有进行政治改革，只是清廷的政治改革在满洲贵族们看来可能已经走得很远，但在反对者看来，在后人看来，其实可能还称不上政治改革，充其量只是“行政体制改革”而已。

行政体制改革在清朝中晚期一直在进行，19世纪60年代设置的总理各国事务衙门就是这种改革最典型的反映。只是这个新设置的总理各国事务衙门仅仅经过短暂的四十年，到义和团战争爆发，就被列强视为没有效率的官僚衙门，各国公使对总理各国事务衙门在1900年的表现非常不满，在随后的政治谈判中多次建议清廷遵循国际惯例，废除这个颇具中国特色的不伦不类的机构，改设外务部，置于六部之首，主管外交事务。1901年7月24日，清政府终于接受这个建议，下令撤销总理各国事务衙门，于传统的六部之外，设置外务部，大清王朝的行政改革至此拉开了序幕，在多米诺骨牌效应下，在中国已有差不多千年历史的六部行政架构很快就变得不成样子，这在某种程度上实现了康有为在1898年所提出的行政改革要求，裁冗署、裁冗员，创设新机构，成为1901年之后的大趋势。

1902年2月24日，清政府下令裁撤河东河道总督，其事务改归河南巡抚兼办；3月6日，下令将詹事府归并翰林院，并裁撤通政使司；1903年9月7日，下令设立商部，以载振为尚书，伍廷芳、陈璧为左右侍郎。1904年12月12日，清政府下令裁撤湖北、云南巡抚两缺，由湖广总督、云贵总督兼管。1905年9月4日，下令裁撤奉天府尹，改由巡抚兼管。10月8日，清廷下令设巡警部，以署兵部左侍郎徐世昌为尚书。12月6日，下令设立学部，以荣庆为尚书，熙瑛、严修为侍郎，并以国子监归并学部。凡此旧机构的裁撤，大都是在1898年提起而没有办到的，而新机构的设置则将原先的六部行政架构基本废除，使中国的行政体制与东西各国大体一致。

除了对中央行政进行大刀阔斧的改革，清政府还对地方行政进行了大幅度的改革和试验，其政治目标是促成地方逐步走向自治。

新政在行政体制方面的改革是有意义的，只是行政体制改革无论如何不能代替政治体制改革，其本身毕竟不是政治体制改革。随着国内外形势的不断好转，清政府的改革动力逐步消解，至1904年，中国究竟应该怎样继续进行改革，中国的改革目标究竟是什么，实际上清廷对这些问题又产生了困惑。向前走无疑要进行政治体制方面的根本变动，清廷和整个满洲贵族阶层准备好了吗？这是个疑问。改革原本应该进入深水区，不料却在制度层面出现了困难。

清末官制改革的启示

自从中国进入帝制，由于“家国一体”的特殊结构，没有一个王朝不想着江山永固、社稷永存，就像秦始皇当年所期待的那样，一世二世以至永远，万岁万岁万万岁。但到帝制终结，没有一个王朝实现目标。原因何在？清末官制改革提供了一个令人深省的注释。

皇权边界

中国历史上的王朝，从秦朝开始，运气好的，不过数百年；运气不好的，几十年，十几年，甚至更短。过去的研究，一直比较倾向从统治方略进行检讨，比如政治包容、经济形势、阶级关系、周边冲突等。这些当然都是王朝兴衰的原因，但从世界范围看，这些因素均非根本。

王朝兴衰存亡依据在于能否建构一个富有弹性的权力架构，能否将所有权、经营权分开，皇权不再事必躬亲，也就不再犯错。皇帝只是国家主权象征，是国民向心力所在。王朝日常事务交给专业经理人团队去打理，效果好的，多干些时日；效果不好的，可以随时撤换。这就是近代西方带给中国的宪政理念。清末官制改革，具有多重面相，但为皇权划定一个边界，则是这场改革最值得注意的内容。

从大历史看，清末官制改革，无疑是“三千年未有之大变局”中的一个历史节点，所要回应的是传统中国转为现代国家究竟应有怎样的制度设施。这场试验虽然因为后来的政治突变而不彰，但后世中国政治设施，或多或少都可从清末官制改革中找到其萌芽形态。清承明制，在大的制度设施上，清朝建立后大致维持了明王朝架构，皇权为王朝最高权力，皇帝口衔天宪，拥有不可怀疑的至上权威。正如所有“家天下”君主所认识到的一样，江山社稷是他们祖上打下来的，因而他们具有强烈的“江山意识”，“朕即天下”。

普天之下，莫非王土；率土之滨，莫非王臣。天下者为我的天下，国家者为我的国家，没有任何人会看着自己的天下国家一天天坏下去而无动于衷。所以即便从自私观点看，清末官制改革为势所必至，不得不改。因而尽管遇到阻力，但最高权力层清楚这是大清王朝起死回生关键一招，只能成功，不许失败。

假如不是西方因素进入中国，清朝的政治架构完全足以应对帝国所面对的局面，何况清廷自身在过往历史中也在不断调整。清初政治架构中并没有军机处，但因为实际需要，军机处后来却成为清廷处理政务最具效率的机构。

在清王朝原有政治架构中也没有总理各国事务衙门，但随着洋务新政兴起，总理各国事务衙门也成为晚清几十年来一个重要的跨部院协调机构，曾发挥过重要作用。清末官制改革主要是因为随着中国几十年的社会经济成长，新的社会阶级出现了，利益格局、权力格局都面临着调整。1898年政治改革曾有过官制改革动议，只是那时新社会阶级还不够成熟，势力太小，因而官制改革也随着政治变革的中止而没有了下文。

经过1898年后几年的蹉跎，义和团运动让清廷最高统治层惊醒。又经过日俄战争刺激，最高层对国际大势有了新的认识。1905年8月31日，袁世凯、赵尔巽、张之洞联衔具奏：

近数年来，各国盼我维新，劝我变法，每疑我拘牵旧习，讥我首鼠两端，群怀不信之心，未改轻侮之意。转瞬日俄和议一定，中国大局益危，斯时必有殊常之举动，方足化群疑而消积侮。

外部危机、各国期待，成为清廷政治改革不得不进行的外部因素。1905年开始的政治变革有许多内容，但就其实质，不外乎优化体制，提高效率，因而官制改革便成为宪政改革最重要的内容。1906年9月1日发布的“预备仿行宪政”谕旨说：

我朝自开国以来，列圣相承，谟烈昭垂，无不因时损益，著为宪典。

现在各国交通，政治法度，借由彼此相因之势，而我国政令积久相仍，日处阽险，忧患迫切，非广求智识，更订法制，上无以承祖宗缔造之心，下无以慰臣庶治平之望，是以前派大臣赴各国考察政治。现载泽等回国陈奏，皆以国势不振，实由于上下相睽，内外隔阂，官不知所以保民，民不知所以卫国。

而各国所以富强者，实由于实行宪法，取决公论，君民一体，呼吸相通，博采众长，明定权限，以及筹备财用，经画政务，无不公之于黎庶。又兼各国相师，变通尽利，政通民和，有由来矣。

时处今日，惟有及时详晰甄核，仿行宪政，大权统于朝廷，庶政公诸舆论，以立国家万年有道之基。但目前规制未备，民智未开，若操切从事，涂饰空文，何以对国民而昭大信。

故廓清积弊，明定责成，必从官制入手，亟应先将官制分别议定，次第更张，并将各项法律详慎厘定，而又广兴教育，清理财政，整饬武备，普设巡警，使绅民明悉国政，以预备立宪基础。

政治改革转化为行政体制改革，而行政体制改革的焦点，就是重新厘定各方面权责，甚至要为皇权划定一个边界："大权统于朝廷，庶政公诸舆论。"

清廷宣布"预备仿行宪政"第二天（9月2日），按计划成立"编纂官制馆"，特派镇国公载泽及世续、那桐、荣庆、载振、奎俊、铁良、张百熙、戴鸿慈、葛宝华、徐世昌、陆润庠、寿耆、袁世凯等酌古准今，上稽大清王朝法度之精，旁采列邦规制之善，屏除成见，折中至当，悉心妥订，共同编纂一套适合现实需要的新官制。又命端方、张之洞、升允、锡良、周馥、岑春煊等选派司道大员来京随同参议。加派庆亲王奕劻、孙家鼐、瞿鸿禨总司核定，候旨遵行，以昭郑重。

以责任政府为皇权分忧

又过了两天，9月4日，官制编纂大臣第一次会议在颐和园举行。会议决定官制改革分两步走：第一，先编纂行政、司法各制，其他领域暂且不去触动；第二，妥筹新机构以便安置被裁撤冗员。应该说，官制改革起步以稳妥、稳健为原则。

9月6日，设编纂官制馆于恭王府之朗润园，以孙宝琦、杨士琦为提调，金邦平、张一麐、汪荣宝、曹汝霖为起草委员；陆宗舆、邓邦述、熙彦、吴廷燮、郭曾炘、黄瑞祖、周树模、钱能训等为各课委员，参与具体政策讨论；六部及财政处、练兵处等亦派员参与相关政策制定。

1906年政治改革固然有外部因素、各国期待，但就其基本思路而言，此时改革是近代以来最稳妥、准备最充分的一次。五大臣出洋考察各国政治长达一年，尽管与日本明治维新初期重臣游历西方仍有很大差距，但毕竟中国具有“后发优势”，只要诚心学习东西洋，就不需要从头摸索。

东西洋成熟经验很容易消化，何况许多制度、规章，根本就不需要另起炉灶，直接移植即可。因此，此次改革远比想象的容易得多。9月18日，编纂官制大臣载泽等上“厘定官制宗旨”折，建议从五个方面入手重建中央官制：

一、此次厘定官制，遵旨为立宪预备，应参仿君主立宪国官制厘定。

二、厘定官制因旧制精义浸失，名实不符，或事无专责致先推诿，或人无专事致多废弛。故此次厘定要旨，总使官无尸位，事有专司，以期名副责成，尽心职守。

三、立宪国通例，俱分立法、行政、司法为三权，各不相侵，互相维持，用意最善。三权分立而君主大权统之。现在议院遽难成立，先从行政、司法厘定，当采君主立宪国制度，以仰合大权统于朝廷的谕旨。

四、钦差官、阁部大臣、京卿以上各官，作为特简官；各阁院所属三四品人员，作为清简官；各阁院所属五品至七品人员，作为奏补官，八九品人员，作为委用官。

五、厘定官制后，原衙门人员不无更动，或致闲散，拟在京另设集贤、资政各院，妥筹位置，分别量才录用，仍优予俸禄。

载泽等人提出的官制改革原则似曾相识，比如特简官、清简官、奏补官、委用官区分，集贤、资政各院设置，都与1898年政治变革时康有为、张元济等人建议相仿佛。唯一不同的是，1898年改革比较粗疏，而这一次改革显然有了足够的思想准备，先易后难，稳步推进，并不企求一次性解决所有问题。

1906年官制改革最大困难不是机构调整、冗员裁减，而是给皇权划定一个边界，让皇权担当帝国所有者重责，但不再具体处理帝国日常事务。官制编纂者根据孟德斯鸠三权分立原则，竭力主张废除军机处，成立责任政府，将行政权、司法权分开，让皇权退于象征性地位。

据袁世凯幕僚张一麐回忆：

考察政治大臣回国时，一时舆论靡不希望立宪。南通张季直致书项城，以大久保相期，而自居于小室信夫。一日，余入见力言各国潮流均趋重宪政，吾国若不改革，恐无以自列于国际地位。且满汉之见深入人心。若实行内阁制度，皇室退处于无权，可消隐患。但非有大力者主持，未易达到目的。项城谓中国人民教育未能普及，程度幼稚，若以专制治之，易于就范。立宪之后，权在人民，恐画虎不成，发生种种流弊。余力言专制之不可久恃，民气之不可遏抑。反复辩论，竟不为动，且问余至此尚有何说。余曰公既有成见，尚复何词？退而悒悒。乃越宿，又召余入见，嘱将预备立宪各款作说帖以进，与昨日所言似出两人，颇为惊异，对曰昨日陈者只为救时之策，至其条目，则须与学习政治、法律之专家研究之。退而纠合金邦平、黎渊、李士伟诸君分条讨论，缮成说帖。后见北洋与考察诸大臣会衔奏请预备立宪稿，即余等所拟，未易一字。且知项城先与余辩论之词，实已胸有成竹，而故为相反之论，以作行文之波澜耳。

为皇权划出一个边界，是为了让皇权永存，大清万岁。这是官制编纂者的基本共识。因而，官制编纂大臣庆亲王奕劻等按计划于11月2日（九月十六）提交的新官制方案中关于中央政府的部分，就是合并军机处、内阁，基于宪政原则，合组一个全新的中央政府。

查立宪国官制通例，中央政府即以各部行政长官会合而成。盖一国之政至为殷繁，非有分司之官以各任其责，则丛脞必多。而庶政之行尤贵划一，非有合议之地以互通其情，则分歧可虑。故分之则为各部，合之则为内阁，出则为各部长官，而入则为内阁政务大臣，此现拟内阁官制之所由来也。内阁既总集群卿协商要政，而万机所出一秉圣裁，不可无承宣之人为之枢纽，故设总理大臣一人以资表率。总理大臣之称，初不仿于日本，我朝雍正、乾隆间，固尝有之。采邻国之良规，即以复圣朝之旧制，称名至顺，取则非遥。总理大臣既秉承圣谟，平章庶政，而维新伊始，机务尤繁，不可无分任之人为之参赞，必援立宪各国首辅一人之例，尚非其时，故设左右副大臣各一人宏辅弼。且夫君主神圣不可侵犯，各国宪法之通义，善则归君，过则归己，昔我先正之格言，是以发纵指示之权操诸君上，而承旨施行之责端在臣工，故内阁各大臣不可以不负责任。人有专事，事有专司，无兼营并骛之虞，乃有趋事赴功之效，故内阁各大臣不可以兼充繁重差缺。犹虑其权太重也，则有集贤院以备咨询，有资政院以持公论，有都察院以任弹劾，有审计院以查滥费，有行政裁判院以待控诉。凡此五院，直隶朝廷，不为内阁所节制，而转足以监内阁，皆所以巩固大权，预防流弊。

这就是此次官制改革设立责任政府的大致情形、理由，其内容与1911年发布的责任内阁章程极为相似，是中国政治现代化非走不可的一条路。皇权没有明晰的边界，就没有现代政治，也就没有什么江山永固。

错失良机

今人往往以自己的局限认识古人，因而想象不到古人对“三权分立”的狂热。

据张一麐说：

自预备立宪之书上奏，先从编纂官制入手，而轩然大波起矣。先是，京朝士大夫皆以为北洋权重，时有弹章。迨编纂官制局设于海淀之朗润园，孙宝琦、杨士琦为提调，周树模副之，编纂员十余人，皆各部院调入者。余与金君邦平从项城入都，故亦与焉。各员多东西洋毕业生，抱定孟德斯鸠三权分立宗旨，立法机关即议院，资政院及各省咨议局章程，皆当时所草（辛亥革命皆以咨议局为发端）。对于司法独立说帖尤多，行政官以分其政权。舌剑唇枪，互不相下。官制中议裁吏、礼二部，尤中当道之忌。自都察院以至各部，或上奏，或驳议，指斥倡议立宪之人，甚至谓编纂各员谋为不轨。同事某君自京来淀告余，曰外间汹汹，恐酿大政变，至有身赍川资预备届时出险者，其严重可知。北洋旧人如唐君绍仪、梁君敦彦，力劝项城出京，乃乘彰德大操，以钦派阅军为名，自京往彰德。南北两军，以北洋与两湖新军为攻守假想敌，余因发胃病，仅于第三日走排一往观光，事毕仍随节回津。

原本平和的官制改革，却因倡导三权分立而受到各方围攻，甚至酿成暴力事件。

这一方面表明“东西洋毕业生”对君主立宪的认知及追求，另一方面表明权贵集团维护君主专制体制的势力仍不可小觑。

还在讨论官制改革方案时，翰林院侍读学士柯劭忞于9月27日上了一份奏折，强调：

朝廷变法，多采取于日本，然我国家之政体则有与日本迥不相同者，日本收幕府之权，革封建之制，不得不更张旧弊，以尊主而庇民。然其改定官制，效法泰西，犹迟至数年之久，屡遣大臣考察欧美各国，而后次第举行，盖更张之不易如此。国家官制本沿二千余年之规则，又经列圣因时损益，垂为成宪。值今日之时势，或添设以分繁剧之任，或裁汰以省虚縻之款，亦补偏救弊之要著。然欲一切更张，仅凭载泽等五人往返不及一年之调查，事太重大，期太仓卒，窃恐鲁莽操切之弊，均所不免，异日滞碍难行，悔将何及。且宪法之大端，一曰尊主权，一曰顺舆情。若政府之权太重，督抚之权太专，则主权将替。州县以下分设乡官，举措一乖，不肖绅衿倚势鱼肉，则舆情必壅。今中国上下议院不能骤开，即官制不能全仿外国，此诚宜周详慎重者也。盖更张之事，固当参用各国之成法，亦当以本国之政体民情为根据，方能由保存而进于开化。

柯劭忞的要旨，就是反对照搬东西洋已有经验，东西洋无论怎样成功，都不能代替中国的实践、摸索，因为柯劭忞所抱持的一个历万世而不变的理由，即国情不同，任何改革都必须“以本国之政体民情为根据”。

类似柯劭忞这样的建议还有不少，他们的共同特点就是担心改革走得太远，架空皇权，损害满洲人的利益。这些建议，从好的方面看，有适度保守的姿态对冲过于激进的改革方案，大致总能让改革在一个稳中有进而不失控的状态中进行。近代中国不是不改革，而是每遇改革，总有一些激进主义者不断加码，结果欲速则不达。事后反省，激进主义在一定程度上确实影响了中国进步，是好心办了不太好的事。

但是回到1906年官制改革，袁世凯等一批具有现代宪政意识的改革者力主废军机处，成立责任政府，将皇权从责权不分的旧体制中解放出来，这无疑是孟德斯鸠“三权分立”原则的中国化，是将混沌不清的王朝政治规范化。

然而袁世凯等人“三权分立”、责任政府的建议引起各方面激烈争论，相当一部分皇族、贵族认为如此改革最终必将剥夺爱新觉罗家族乃至整个满洲贵族特权阶级对王朝政治的垄断。他们所要的不是江山永固，社稷永存，而是他们这些权贵者对权力的最现实最直接的垄断、掌控。

针对“三权分立”、责任政府的主张，满洲贵族出身的铁良提出反对建议，一方面反对撤销军机处，反对设立责任政府，另一方面提出设陆军部统辖全国军队，不仅欲将军权集中于中央，控制在他们这些贵族子弟手里，而且还想尽一切办法削弱、剥夺非军功贵族官员的权力，限制官吏兼差。

虽然他们的这些主张与宪政改革大方向背道而驰，但他们的理由却是为了皇权，为了清帝国。这在监察御史刘汝骥9月30日上的一个奏折里说得很明白：

臣窃见载泽密陈大计折内，有君主无责任一语，臣百思之而不得其解，已窃窃疑之。继闻厘定官制大臣，有设总理大臣一人之议，是置丞相也。是避丞相之名，而其权且十倍于丞相也。欧美之伯理玺天德译为大总统，抑何弗直名之为总统乎，其谁与划此策者，臣窃期期以为不可。

刘汝骥认为，军机处设立是制度史的一个创举，“我朝受命之初，有议政王之设矣，然入则比肩长跽，出则同寅协恭，非一人所得专擅也。嗣去议政虚衔而立军机处，非独任其权也，盖犹是司出纳备顾问，义取迅速而已”。军机处是皇帝直接掌控的工作小组，随时与皇帝一起工作，其效率至上，为制度史上所罕见。这是事实。刘汝骥另外一个担心，是责任政府设立，总理大臣垄断权力，“把持朝局，紊乱朝纲，盈廷诺诺，惟总理大臣一人之意志是向，且群以伊、周颂之，天下事尚可问乎？窃钩者诛，窃国者侯；假王者烹，直王者赏”。

对比之下，维持皇权的拳拳忠心，自然比较容易赢得最高统治者赏识，没有哪个统治者愿意自动削弱权力，自愿接受外在约束。这是人性使然。慈禧太后收到了庆亲王奕劻等官制编纂大臣提交的改革方案，也看到了铁良、刘汝骥、柯劭忞等人的反对建议，向来干脆、决断的慈禧太后后退了，她在随后的批复中，不仅发布了一个“五不议”的禁令，将军机处、内务府、八旗、翰林院、太监等五项改革无限期压后，而且实质上拒绝了为君主权力厘定一个边界，反对将清帝国所有权、经营权分开，依然要让皇权无处不在，让满洲贵族继续垄断清帝国的一切：“军机处为行政总汇，雍正年间本由内阁分设，取其近接内廷，每日入值承旨，办事较为密速，相承至今，尚无流弊，自毋庸复改。内阁、军机处一切规制，著照旧行。”

一个原本可能让清帝国万岁的机会，竟然被聪明一世的慈禧太后一念之差错过了。

慈禧太后在关键时刻阻止了清帝国的宪政转型，但她无论如何想不到仅仅两年时间，她与光绪帝便在不到二十四小时内相继去世。她更想不到的是，在他们母子去世不到三年，清帝国还是被逼上了宪政改革之路，而且还是从建立责任政府开始。可惜的是，1911年的责任政府演变成了皇族内阁、权贵内阁，其十三名阁员中竟然有九人出身于皇室或满洲贵族，这些“太子党”并非没有能力，并非均为草包饭桶，但在政治改革即将实行宪政的时候，权贵阶层对权力的垄断无疑激起了众怒。多少年来，研究者差不多认为这就是晚清政治变革失败的根源，是大清王朝退出历史的起点。

然而，也有人注意到1911年改革失误并引发新军反叛，主要是因为清廷此时失去具有权威的领导人，摄政王载沣、隆裕皇太后的“叔嫂组合”没有办法与慈禧太后、光绪帝的“母子组合”相比。假如慈禧太后、光绪帝继续秉政，皇族内阁的事情或许不会发生。即便发生，也不至于引发灭顶之灾。毕竟慈禧太后、光绪帝具有非凡的毅力、意志，具有掌控复杂局面的超常能力。假如慈禧太后泉下有知，她会后悔1906年阻止责任政府成立吗？

1906年的慈禧太后留下了军机处的高效、迅捷，但忽略了宪政国家的皇权边界，仍然将皇权置于权力要冲，皇帝亲临一线，事必躬裁。至高无上的皇帝貌似勤政，实则为帝国政治留下了巨大漏洞。一旦发生重大政治危机，皇帝除了退位，王朝除了终结，还有什么办法可想呢？

袁世凯“有密未告”

按照过去流行的看法，1898年“戊戌变法”之所以演变成“戊戌政变”，光绪帝之所以泣血瀛台、幽禁十年；康有为、梁启超等之所以流亡海外十几年；谭嗣同、康广仁、林旭、杨锐、刘光第和杨深秀六君子之所以壮志未酬，血洒菜市口，皆缘于袁世凯叛变。在指控者看来，他们的计划只有袁世凯知道。袁世凯是维新罪人，是光绪帝的仇敌，所以即使过了十年也有摄政王载沣替乃兄报仇，将袁世凯开缺。这一系列因果报应环环相扣，不由得不信。遗憾的是，这些只是传言，不是历史。

不速之客

1898年9月18日，夜幕沉沉，新任军机章京谭嗣同独身一人步履匆匆，前往位于王府井大街北头报房胡同的法华寺，拜访投宿在那里的袁世凯。

袁世凯是甲午战争后体制内炙手可热的维新人物，三年天津小站练兵成效显著，功名显赫，刚刚被朝廷任命为兵部侍郎，相当于后来的国防部副部长。袁世凯此次北京之行就是为了这件事，是朝廷循任职惯例安排谈话。昨天（9月17日）上午，袁世凯已经在颐和园觐见了皇帝，皇帝夸他兵练得好，军事学堂办得也好，叮嘱袁世凯继续努力，甚至还说可以与顶头上司、北洋大臣兼直隶总督荣禄各办各事。

皇帝的格外关照让袁世凯很亢奋。9月18日，依然留在北京等待更具体安排的袁世凯见缝插针相继拜访了李鸿章和庆亲王。李鸿章是袁世凯的老上司，有伯乐之恩，如果没有李鸿章早年欣赏、提携，不可能有袁世凯的今天；庆亲王是恭亲王之后满洲贵族领袖，是朝廷此时大小事务的总管家。袁世凯与李鸿章就当时日趋紧张的军事形势交换看法，分析英国多艘军舰在大沽口外巡弋究竟出于什么目的。至于庆亲王，袁世凯在庆王府等到傍晚也没有见到，据说庆亲王留在颐和园参与军机，大约也是与英国军舰动向有关。

疲惫的袁世凯刚回到这个临时寓所，就收到荣禄派人送来的急件，叮嘱袁世凯留心英国军舰异动，让袁世凯尽快归队。由于袁世凯已经奉旨定于9月20日请训，不便立即离开北京回天津。袁世凯请幕僚起草了一个奏折说明缘由，请军机处变通安排在明天（9月19日）请训。

当袁世凯与幕僚正在秉烛起草奏折时，忽闻门外有人声。很快有人持名片来报，说是新任军机章京谭嗣同大人有公来见，不候传请，谭嗣同已至会客室。

对于谭嗣同，袁世凯当然相当了解。知道谭大人既是康有为密友，也为今上近臣，而且谭嗣同在维新阵营中是有思想、有见解、有担当的，坐而言，起而行，黑白通吃。袁世凯凭经验估计，谭嗣同不请自来，行色匆匆，绝对不是简单道贺，也不是一般性寒暄，必有要事相商，于是停笔出迎。

围园劫后

见面之后当然少不了一番寒暄，谭嗣同对袁世凯荣升兵部侍郎表示祝贺，但不容袁世凯回话，谭嗣同立即表示有密语相告。袁世凯稍感诧异，即请入内室，屏退仆役，各自略表久仰及相见恨晚等意。谭嗣同以面相之法恭维袁世凯有大将格局，又不容袁世凯客套，转而忽问袁公的请训时间是不是后天。

袁世凯告诉谭嗣同，原本安排请训谢恩的时间是后天，只是现在突然接到天津方面的电报，知英国军舰数艘在大沽口海面巡弋，正在准备具折明日请训，请训后即回天津。听了袁世凯的说明，谭嗣同迅即引入正题，正色道："外侮不足忧，大可忧者，内患耳。"

谭嗣同的说法激起了袁世凯的注意，急询其故，谭嗣同说："袁公此次受到破格提拔，必将有以图报。皇上现在面临大难，非公莫能救。"袁世凯闻言失色，急忙辩白："袁某世受国恩，本应力图报称，况己身又受不次之赏，敢不肝脑涂地，图报天恩？但不知皇上难在何处？"

听了袁世凯的表态，谭嗣同还算满意，于是直截了当告诉袁世凯，根据他们所掌握的情况，袁公的顶头上司、直隶总督兼北洋大臣荣禄最近向皇太后献策，将行废立之谋，皇上面临巨大危险。袁公作为荣禄亲信，难道毫无觉察？袁世凯说，在军营的时候，袁某也常与荣大人晤谈。察其词意，忠君爱国，从来没有操纵废立之类的阴谋。谭大人所说闻所未闻，恐怕道听途说，不足为训。

对于袁世凯的解释，谭嗣同将信将疑。但是为了说服袁世凯，谭嗣同还是按照先前与康有为等人商定的思路，挑拨袁世凯与荣禄的关系，让袁世凯与荣禄决裂，为我所用。谭嗣同说：“袁公固然是光明磊落的人物，但荣禄此人极其狡诈，他表面上对袁公信任有加，甚至让别人都觉得对你不错。其实，根据我们所掌握的情况，荣禄在内心深处对袁公猜疑、防范甚多。一个最简单的例证，袁公辛苦这么多年，劳苦功高，成就显著，中外钦佩，但去年袁公仅仅晋升了一级，这是什么原因？说白了，就是荣禄故意抑制你。”

在接下来的谈话中，谭嗣同告诉袁世凯，南海康有为先生对你一直不错，曾在皇上面前保荐过你，但皇上表示曾听皇太后提及你，只是荣禄常常说袁世凯飞扬跋扈，不可重用。皇上对此也很纳闷，认为袁世凯办事甚为明白，但为什么总有人说他不可重用呢。谭嗣同以天子近臣的身份告诉袁世凯，你袁世凯这一次被破格提升，不知皇上为你费了多大劲。谭嗣同当然不是要和袁世凯侃大山，他的目的就是要袁世凯设法救皇上。问题在于，袁世凯根本不相信荣禄要谋反弑君，不相信政治高层会发生这样的非常政变。袁世凯的犹疑不决逼着谭嗣同拿出真凭实据，好像谭嗣同也早已想到了这一点。谭嗣同遂从衣兜拿出一张纸片，但见上面写着：

荣禄谋废立弑君，大逆不道，若不速除，上位不能保，即性命亦不能保。袁世凯初五请训，请面付朱谕一道，令其带本部兵赴津，见荣某，出朱谕宣读，立即正法。即以袁某代为直督，传谕僚属，张挂告示，布告荣某大逆罪状，即封禁电报局、铁路，迅速载袁某部兵入京，派一半围颐和园，一半守宫，大事可定。如不听臣策，即死在上前。

很显然，这张纸片是谭嗣同写给皇上的报告，至于是否送上去，皇上是否有批复，谭嗣同并没有说。久经沙场的袁世凯应该说见过世面，但这张小纸条看得他大汗淋漓心惊肉跳。袁世凯心中暗想，此类据兵谋反的主意，才是真正的大逆不道、罪大恶极。他不禁反问谭嗣同：谭大人建议派兵包围颐和园，意欲何为？

谭嗣同说，慈禧太后是最大的祸首与罪魁，不除此老朽，国不能保，政不能改，皇上无权，一切都无从进行。不过，这件事不需劳袁公大驾，自有谭某另外安排，袁公不必过问。

剑拔弩张

慈禧太后是当时中国实际上的最高领导者，谭嗣同等人竟然准备对慈禧太后动手，这件事实在是非同小可。袁世凯深知，多年训练与影响，慈禧太后的地位不仅在内外大臣心目中至高无上，即便是一般士兵，也对皇太后怀有无限崇拜与景仰，以这种军队去捕杀皇太后，根本就不能成功。袁世凯坦率告诉谭嗣同：皇太后听政三十余年，迭平大难，深得人心。袁某带兵，常以忠义为训诫，如令以作乱，必不可行。

谭嗣同对袁世凯的担忧不以为意，他自信地告诉袁世凯："我雇有好汉数十人，并电湖南召集好将多人，不日可到，去此老朽，在我而已，无须用公。但要公以二事：诛荣某、围颐和园耳。如不许我，即死在公前。公之性命在我手，我之性命亦在公手。今晚必须定议，我即诣宫请旨办理。"

既然谭嗣同把话说到这个份上，袁世凯已无退路可言。但毕竟此事太过于重大，除了恐惧之外，也必须冷静面对。久经沙场、见过世面的袁世凯并没有被谭嗣同逼到死角，他从容告诉谭嗣同："此事关系太重，断非草率所能定。今晚即杀我，亦决不能定。且谭大人今晚请旨，上亦未必允准。"谭嗣同告诉袁世凯："袁公不必担心，谭某自有挟制之法，必不能不准。后天早上袁公请训谢恩时定有朱谕一道面交袁公。"

据袁世凯事后描述，由于当时他看到谭嗣同气势凛然，话锋凌厉，然谭嗣同毕竟是天子近臣，又不知有何来历，如此时明白拒绝，肯定翻脸，谭嗣同或许真敢"即死在"这儿，至于还会发生什么事情，袁世凯想都不敢想。他此时唯一能做的，就是设法推宕，不节外生枝，不过度激怒谭嗣同。袁世凯的推宕理由是：天津为各国聚处之地，若忽杀直隶总督，中外官民必大讧，国势即瓜分。且北洋有宋庆、董福祥、聂士成各军四五万人，淮练各军又有七十多营，京内旗兵亦不下数万，袁某统领的新军不过七千人，出兵至多六千，如何能办此事？恐在外一动兵，而京内必即设防，还没有等到袁某领兵开拔，皇上可能就将陷入危险境地。

谭嗣同似乎意识到袁世凯的推宕之意，他直截了当告诉袁世凯，这些理由都不成立，前提是袁公必须以迅雷不及掩耳之势令对方措手不及。待袁公动手，即将朱谕分发诸军，布告天下，照会各国，看谁还敢乱动？

确实，如果真照谭嗣同的设想这样做，谁敢反对？这又将袁世凯逼到死角。袁世凯眉头一皱计上心来，他说："本军粮械子弹均在天津营内，小站存者极少，必须先将粮弹领运足用，方可用兵。"

对于袁世凯的实际困难，谭嗣同也略表同情。他说："可请皇上先将朱谕交给存收，俟布置妥当，一面密告我日期，一面动手。"从这段话分析，谭嗣同等人虽然在预案中意识到政局可能会发生转变，但似乎并没有恶化到必须立即发动，似乎还有从容准备的时间。

谭嗣同的建议又引起袁世凯新的疑虑，他说："我袁某万不敢惜死，恐或泄露，必将累及皇上，臣子死有余辜，一经纸笔，便不慎密，切不可先交朱谕。谭大人先回，容袁某熟思，布置半月、二十日方可复告谭大人如何办法。"

对于袁世凯有意拖延，谭嗣同当然不会同意，他和康有为、梁启超等人先前似乎考虑到这一点而有所准备，他一面告诉袁世凯："皇上意甚急，谭某有朱谕在手，必须即刻定准一个办法，方可复命。"一面从容拿出一份所谓朱谕。此份朱谕为墨笔所书，字甚工，亦很像今上口气，大意谓：朕锐意变法，诸老臣均不顺手，如操之太急，又恐慈圣不悦，饬杨锐、刘光第、林旭、谭嗣同另议良法。

显然，这份朱谕只是一个抄件，不是皇上手迹、亲笔。这可疑的朱谕引起了袁世凯的联想，他认为即便这份朱谕为真，其大概语意，一若新任四军机章京请求皇上急变法，而皇帝设婉辞以却之者而已。于是袁世凯就此向谭嗣同提出疑问："此非朱谕，且无诛荣禄、围颐和园之说。"谭嗣同答："朱谕在林旭手，此为杨锐抄给我看的，确有此朱谕，在三日前所发交者。林旭等极可恶，不立即交我，几误大事。谕内另议良法者，即有二事在其内。"

缓兵之计

谭嗣同的解释是真诚的，但由此可知：第一，他并没有亲眼看过皇帝谕旨原件；第二，由于他的真诚，也使极富政治经验的袁世凯看到了谭嗣同及其背后那些人作伪的痕迹，从而使袁世凯可以更加从容应对此事发展，他已经没有谭嗣同刚到时的恐惧了。他告诉谭嗣同："青天在上，我袁某断不敢辜负天恩。但恐累及皇上，必须妥筹详商，以期万全，袁某无此胆量，绝不敢造次为天下罪人。"实际上，袁世凯拒绝与谭嗣同等人合谋。

对于袁世凯的态度，谭嗣同心知肚明，但既然已将所有计划向袁世凯和盘托出，谭嗣同只好继续使用挟制办法对付，他再三催促袁世凯立即召开会议，拟订详细计划，以待他向皇帝汇报。谭嗣同越说越愤怒，几至声色俱厉，情绪异常。袁世凯看到谭嗣同腰间衣襟高起，似有凶器，于是知谭嗣同不从他这里得到准确回答绝不会轻易离开。稍加考虑，袁世凯告诉谭嗣同：按照计划，皇上、皇太后很快将巡幸天津，等到那时，军队咸集，皇上下一寸纸条，谁敢不遵，又何事不成？袁世凯的这个说法当然有理，不过谭嗣同说，现在形势危急，恐怕等不到皇上巡幸天津，就会被废黜。对此，袁世凯宽慰道：不会的。既然朝廷宣布让皇上巡幸天津，必不致出尔反尔，发生意外。他劝谭嗣同不要胡思乱想操之过急。谭嗣同再问：假如朝廷届时取消了这次巡幸，那么有什么办法补救吗？

◎ 袁世凯朝服像

袁世凯说："巡幸天津，已经筹划很久了，花费也不少了。假如一定发生这样的事，袁某一定请荣禄出面力请皇太后和皇上，可以保证巡幸天津不会中止。此事在我，谭君尽可放心。”谭嗣同说：“报君恩，救君难，立奇功，建大业，天下事入公掌握，在于公；如贪图富贵，告变封侯，害及天子，亦在公；惟公自裁。”袁世凯闻言而怒，信誓旦旦指天发誓：谭大人以为我袁某何人？我袁氏三世受国恩深，断不致丧心病狂，贻误大局，但能有益于君国，必当死生以之。听了袁世凯这番话，谭嗣同方才释然，认为袁世凯是奇男子、大丈夫，作揖致敬，赞叹不已。

有了谭嗣同初步信任，袁世凯说：“谭君与袁某素不相识，夤夜突来，袁某随身员弁必生疑心，设或露泄于外人，将谓我们有密谋。因谭君为近臣，袁某有兵权，最易招疑，谭君可从此称病多日，不可入内，亦不可再来。”对于袁世凯的这些交代，谭嗣同甚以为然，谈话气氛开始转变。

接下来，袁世凯问两宫不和，其因何在？谭嗣同说：“因变法罢去礼部六卿，诸内臣环泣于皇太后之前，纷进谗言危词，怀塔布、立山、杨崇伊等曾潜往天津，与荣禄密谈，故意见更深。”

对于谭嗣同的说法，袁世凯不置可否，他的看法是，既然如此，谭君何不请皇上将必须变法实际情况向皇太后做个详细汇报，并遇事请示，多听皇太后的意见呢？至于礼部六卿，谭君不妨方便时建议皇上让他们官复原职，或另行安排。当此改革关头，一定要稳妥第一，易顺舆情，未可操切，有些事，一时条件不具备，宁愿缓办，也不能操切从事，亟亟如此，致激他变。袁世凯似乎很愿意与谭嗣同谈论改革大势与方略。不料，谭嗣同闻言而道：“自古非流血不能变法，必须将一群老朽全行杀去，始可办事。”

如此血淋淋的话语给袁世凯以极大心灵震动，他在内心深处实在是无法认同谭嗣同的想法与做法，他觉得谭嗣同等人“志在杀人作乱，无可再说”，且夜色已晚，遂托词还要赶着写奏折，恭请谭嗣同离去。

想象、误判与抓狂

谭嗣同离开法华寺，直接去了东华门附近金顶庙容闳寓所。按照先前约定，康有为、梁启超等人都在那里等消息。

康有为等人盼星星盼月亮地等来了谭嗣同，谭嗣同向他们详细介绍了与袁世凯的交涉情形。谭嗣同个人判断肯定不是那么乐观，他认为，袁世凯不可能听从他们的建议举兵北上清君侧，不可能捕杀荣禄，也不可能举兵包围颐和园，协助劫持皇太后。他们先前错误估计了袁世凯的觉悟，错估了袁世凯对皇上的忠诚，高看了袁世凯的决断、胆识和判断力。

对于谭嗣同的归纳和判断，康有为、容闳和梁启超等人似乎都能认同，问题在于，现在既然已经发动，既然已将秘密告诉了袁世凯，那么下一步究竟应该怎么办？康有为可以按照原先计划，接受朝廷安排前往上海，以钦差大臣身份接管《时务报》，那么北京方面怎么办？皇上怎么办？难道就听任那些守旧势力发动政变囚禁皇上，推翻新政吗？

一百年之后，我们可能会嘲弄康有为等人迂腐和疑神疑鬼，但是放在当年我们又不能不佩服他们的赤胆忠诚、无私无畏。他们不知道慈禧太后和光绪帝的真实关系，他们不知道1898年政治变革之所以能够启动，就是因为有皇太后撑腰、掌舵，他们错误地以为改革如此艰难是因为皇太后支持一批守旧大臣专门捣乱。总之，康有为等人用想象代替真实，然后再用想象进行推动。

在容闳寓所谈话时，康有为、梁启超、谭嗣同等人深深的失望感动了容闳。容闳建议由他出面请求美国驻华公使进行外交干预，以避免慈禧太后真的如康有为所预测的那样将皇帝废黜。然而康有为等人认为，美国并没有在中国或周边驻有军队，没有军事上的压力，仅仅凭借外交手段根本无济于事，反而白白浪费时间，于是他们谢绝了容闳的好意。

容闳的好意无法执行，但这一思路无疑启发了康有为，使康有为觉得既然美国公使手中无兵，干预无力，那么手中拥有相当军事力量的英国、日本或许有办法干预此事。于是康有为在稍事休息几个小时后，于9月19日上午9时拜访李提摩太，希望通过李提摩太说服英国公使出面干预。

对于康有为所描述的光绪皇帝可能的处境以及中国的黯淡未来，李提摩太深表同情，然而他不过是一个传教士，他虽然与英国公使有相当多交往，但英国公使窦纳乐此时正在北戴河避暑。远水解不了近渴，康有为只好放弃向英国公使的求救，转而寻求正在中国访问的日本前首相伊藤博文。

下午三时，康有为来到伊藤博文寓所，两人进行了长达三个小时的谈话。但康有为担心清政府可能会指责他“假权外人”，故而改变谈话策略，不再像与李提摩太的谈话那样请求伊藤博文“救援”皇上，而是转为“请其说太后而已”，即请伊藤博文在觐见慈禧太后时，尽最大可能为光绪帝及康有为等人说情，尽量以客观公正的姿态向慈禧太后说明光绪帝和他康有为以及那些维新志士并没有其他用心，他们的所有作为都是为了大清王朝的根本利益，为了中国的未来。

按照这个策略，康有为确实说服了伊藤博文，伊藤几乎全部答应了康有为的请求，答应如果能够见到慈禧太后，他一定尽其所能劝说慈禧太后，尽力化解两宫之间的误会。可惜的是，伊藤博文最终并没有见到慈禧太后，他的这种承诺实际上并没有发挥作用。

几个小时紧张谈话结束后，暮色已晚，待康有为出城回到南海会馆时，他突然发现南海会馆“屋室墙倾覆”。这不同寻常的变化自然增加了康的疑虑，也更坚定了他离京出走的决心。

康有为悄然出走是1898年政治转折的关键，他如果继续坦然待在北京，估计事情不会发生；他如果光明磊落以钦差大臣身份堂堂正正前往上海，历史也必将改写。他在深更半夜悄然离京，仓皇出逃，既说明了他的心虚，也暴露了问题。

文人不足以谋

根据康有为的解释，他之所以仓皇出逃，主要是因为他们觉得谭嗣同夜访袁世凯，和盘托出了借助武力打破僵局的计划，是巨大失算。他们先前的密谋，基本局限在一个小圈子里，现在多出了一个袁世凯，不但袁世凯不同意，而且袁世凯还是体制内刚刚提拔的高官。他们开始心神不定疑神疑鬼，因为袁世凯不是自己圈子里的人，所以认定袁世凯一定会告密。

其实，康有为等人的估计完全错了。正因为袁世凯不是康有为圈子里的人，袁世凯对这个政变计划依然所知有限，他只知道谭嗣同让他捕杀荣禄，派兵包围颐和园。这两件事，也只是谭嗣同随口说说，没有文字，也没有录音。即便袁世凯要告密，他怎么能空口无凭胡说八道？更何况，袁世凯并不是长舌妇、大嘴巴，谭嗣同看得起自己来说说想法，自己就去汇报，就去告密，这在官场如何相处呢？

实事求是地说，谭嗣同走后，袁世凯并没有将这件事当作什么事，他虽然在第二天请训时表达过自己对时局的忧虑，甚至建议皇上不妨请老成持重的大臣如张之洞主持改革。但这些建议并非因谭嗣同来访而想到，这实际上是当时许多人的共同看法。

请训结束，袁世凯直奔火车站。抵达天津，太阳已经落山。袁世凯没有急着赶回小站，他前往直隶总督府找荣禄销假，顺便谈谈英国军舰动向，谈谈北京见闻。袁世凯在汇报中夸奖皇上圣孝，但有群小结党煽惑，谋危宗社，所以必须设法保全皇上以安天下。袁世凯尚未将全部情况讲完，有人来谈其他事务，袁世凯拖至很迟仍找不到机会继续谈此事，于是只好先行告辞，约明日再说。

袁世凯之所以没有打断别人的谈话而继续已经说到的话题，显然是因为他认为谭嗣同夜访及其所谈情况虽然重要，但谭嗣同、康有为等人毕竟只是一群书生，如果不能获得他袁世凯或其他军方人士的支持，他们在北京根本没有能力发动大的政治行动，更不要说是杀荣禄、围谋颐和园劫持皇太后了。所以，袁世凯并不认为局势已经到了非常危险的阶段，不认为谭嗣同所讲的事情即将发动。

第二天（9月21日）一大早，已经知道一些大概但并不清楚详细情况的荣禄迫不及待地“枉顾”袁世凯处详谈一切。出于自己职责方面的责任和作为大清王朝命官的道义感，袁世凯似乎比较如实地向荣禄描述了谭嗣同夜访的全过程以及自己的看法。由于谭嗣同夜访主题是杀荣禄、围谋颐和园，所以袁世凯在描述过程中不时向荣禄重申这只是谭嗣同、康有为等“群小结党煽惑”，他们只是利用了皇帝对他们的信任，打着皇帝招牌招摇撞骗，所谓杀荣禄、围谋颐和园等并不代表皇帝的意思，甚至可以有把握地说，皇帝对于这些阴谋并不知晓。

按照谭嗣同的说法，他们之所以执意要杀荣禄，是因为荣禄参与了废立阴谋。对于这些指控，素来沉着的荣禄大惊失色，大呼冤枉：“荣某若有丝毫犯上心，天必诛我。近来屡有人来津通告内情，但不及今谈之详。”

如果说荣禄此前没有丝毫犯上之心的话，但当他听了这么多内幕新闻，尤其是康有为、谭嗣同等把他作为犯上作乱罪魁祸首时，袁世凯相信，即便是他也不能不开始怨恨今上。为宽慰荣禄，也为保护皇上，袁世凯向荣禄明确表示：“所谓杀荣禄、围谋颐和园的计划与皇上毫无干涉，如累及上位，我袁某唯有仰药而死。”

事情已经很明白了，但是怎样处理这件事情，却也使荣禄、袁世凯费脑筋。他们筹思良久，亦无善策。不料至傍晚，却从北京传来慈禧太后重新训政，以及缉拿康有为、康广仁兄弟的电报。也就是说，尚未待袁世凯、荣禄动手，北京方面已经发动，控制了局势。这就意味着，尽管袁世凯不赞成谭嗣同的极端举动，尽管袁世凯出于道义、君臣名分曾向皇上有所暗示，并毫无保留地向荣禄汇报，但这些暗示与汇报在实际的政治运转中并没有发生作用，那么所谓由袁世凯告密而引发戊戌政变的指控就很难成立。至于政变究竟是怎样发生的，那就是另外一个问题了。

中国近代史的热点、焦点和难点

热点：历史相似性

历史哲学早就注意到一个非常重要的现象，重大历史情形在历史上都不会出现一次就结束，历史总是一而再再而三地重复，尽管每一次重复并不那样全然相同。

近代中国的主题就是中国走向世界，世界进入中国。在过去四十多年，中国的改革开放，其实就是近两百年中国历史的缩写，就是世界重新进入中国，中国走向世界的过程。

类似的历史主题，总会衍生类似的历史问题，因而近代史在过去若干年比较活跃，如果一定要寻找其动力，毫无疑问是时代对理论的需求，是人们期待从既往历史经验中寻找智慧。

近代中国走向世界，是从坚船利炮开始，是从物质建设开始，中国人在最初几十年埋头发展，确实取得了巨大成就，如果剔除意识形态因素，我们必须承认，在1860年—1894年这三十四年里，中国面貌发生了根本变化，一个传统的农业文明正在裂变，一个全新的现代工业基础正在形成，中国人的生活方式、交往方式、思维方式都在变化。三十年，原本只是人类历史的瞬间，但洋务运动带给中国的巨大变化，却是几百年、几千年所罕见。

洋务三十年高增长主要是因为国家资本主义，是中央政府合法利用资源、市场、价格等诸多方面垄断，实现了超常规跨越。这是中国历史的奇迹，也是中国人的创造，值得总结、值得珍惜。

跨越式发展，超常规增长，给中国带来了巨大成功，也遗留了无穷问题。如果我们不抱成见地观察19世纪70年代之后中国思想界关于发展、关于中体西用等问题的一系列讨论，尤其是郑观应等一批来自实业界思想家的“盛世危言”，我们就应该相信那时的中国人并没有躺在三十年跨越发展成就上不思进取，而是谋划着一个可持续的发展方向、发展轨道。可惜，历史没有给那代人留下足够时间，1894年一场局部的中日冲突，将先前三十年成就近乎一扫而光。

1895年《马关条约》签订后，中国进入维新时代，过去三十年管控过于严厉的社会得以释放，新的社会阶层得以产生，社会空间得以打开，维新、变法，成为中国人最乐于谈论的问题。短短几年，中国社会在变化，即便仅仅从经济增长方面说，1895年之后的速度、质量，远远超过先前，过去几十年无法建设的铁路，无法开采的矿山，都因中国有了新思路而获得前所未有的发展。

再往后，经过1900年的义和团、1901年《辛丑条约》的强烈刺激，中国开始在政治改革上迈出重要一步。至1906年，中国终于步趋东西洋各国，走上立宪道路，试图以君主立宪重构中国社会。应该说，这是中国自1840年不得不踏上现代化道路之后最重要的觉醒。

焦点：革命与改良

历史学界对近代史的重新表达，是生活的恩赐，也是时代的必然。西方历史学者在谈到历史学的性质时有一句名言：一切历史都是当代史。这句话曾经引起巨大争议，以为历史学不是科学，而是任人打扮的小姑娘。其实，这句话的真实意思是：历史学家之所以对这样的而不是那样的历史问题感兴趣，并进行研究，是因为在他的生活中，在他的生命意识中意识到这个问题远比那个问题更重要。这就是近代史学界2012年重述近代史，寻找近代中国发展主线的深层思想根源。

四十多年改革开放给中国带来了巨大的财富，四十多年道路如果放在大历史视角进行观察，虽然与洋务三十年有根本性质上的不同，但在凭借国家主义优势，学习西方，埋头发展等方面，还是有很多相似或相同之处。这不是说改革开放刻意模仿了洋务新政，而是说这两个历史阶段具有高度相似性。

相似的道路总在提醒人们注意历史教训，避免历史悲剧重演，这是人类与其他生灵最不相同的本事。三十年洋务不仅没有让清朝顺畅发展下去，恰恰就在洋务终结时，萌发了中国历史上最严重的革命思潮与革命运动，这就是孙中山领导的中国革命。

对于今天的中国来说，孙中山的中国革命无疑具有正当性；但对于清政府来说，孙中山的中国革命毕竟是一种不该发生的悲剧。2011年是辛亥革命一百周年纪念，2012年是清帝退位一百周年纪念。这两个重要日子引起了知识界的关注，近代史学界也在过去几年投入相当多的精力，组织了一批很有意义的活动。

人们在讨论清亡教训时都注意到了革命与改良在赛跑，都知道大清王朝之所以亡，主要就是因为其改革慢了一步或半步。

甲午战争后，清廷并没有在改革上犹豫、蹉跎，中国几乎是在没有经过任何争论的情形下轻松转轨，清廷放弃了先前的畸形发展方略，以社会改革、政治改革、文化改革为主轴，引领中国步入一个全新的维新时代。从1895年起，短短三年时间，中国面貌大变，如果仔细考究湖南那三年的情形，就很容易同意这个判断。

从1898年开始，中国进入了一个新的动荡期，在政治上是焦虑迫使领导层走上了激进主义轨道。然而，欲速则不达。中国经过几年蹉跎，直至1906年方才找到出路。实事求是地说，清廷的方案、道路，都是有积极意义的。此后几年，革命的机会越来越少，改革成功的概率越来越大。

难点：怎样剥离既得利益者

在过去几年，近代史学界谈论最多的是改良最终没有跑赢革命，清廷主导的政治改革到了最关键的时候，还是不期然验证了孙中山、革命党的预言：清廷主导的改革缺乏真诚，改革只是在糊弄人民。改革只是推迟了革命的爆发，但最终还是被革命超越。改革成了历史，革命则在等待中迎来了机会。

研究者对于清末宪政改革的失败不无惋惜，但究竟是什么原因让这场充满希望的改革归于失败？

几乎所有研究者都注意到了宪政进入落实阶段的第一个举措，清廷发布的第一届责任内阁名单让社会各界，特别是让立宪党人跌破了眼镜，失去了信心。宪政本来就是在宪法框架下的权力分享，如果说皇族、贵族在这个体制下还有功能的话，那就是做一个模范的国民、合格的守法者、道德的示范者，此外，还可以是时尚引领者，唯独不能做的就是从事政治的优先权、违法的豁免权。这是宪政国家皇族、贵族必须遵守的规则。

然而，或许是因为中国立宪的步子走得太快了，或许因为新政治家的养成还有一段时间，总而言之，一个充满希望的1911年春天，竟然因皇族内阁名单被弄得灰蒙蒙。

十三个内阁成员竟有九个来自皇族或贵族，这是无论如何无法解释的失误。知错能改，善莫大焉，假如朝廷在各地意见纷呈之际大胆纠正，像严复后来所说的那样，将袁世凯的责任内阁提前几个月，那么，皇族内阁引发的政治风波不过就是一段故事。然而，遗憾的是，自5月至10月，即便到了湖北新军连同六个省的新军揭竿而起进行抗议，清廷主政者依然不为所动，不愿废黜皇族内阁，改建真正意义上的责任内阁。直到中央军—北洋六镇—滦州发难，清廷方然醒悟，下诏罪己，宣布罢黜皇族内阁，任命袁世凯筹组新内阁。迟来的机会还是机会，这一个回合虽说让朝廷在信誉上损失巨大，但总算在关键时刻侥幸过关。

研究者普遍注意到，袁世凯的责任内阁的建立，使得中国的宪政改革起死回生，机会重现。宪政剩下的唯一问题就是怎样将不完全选举的资政院改造成真正意义上的国会。

按照预备立宪的规划，资政院两百名议员有一半来自各省咨议局，他们是经过严格选举进入的。另有一半为钦定议员，他们由朝廷指定，分别来自实业、学界、皇族、贵族，以及中央各部院行政长官。实业、学界及各部院行政长官共五十二名交给各地重新选举问题不大，出问题的还是宗室王公世爵、满汉世爵、外藩王公世爵、宗室四十多人。这些人当然都属于大清江山的所有者，他们的祖上追随爱新觉罗家族打天下，在过去两百多年属于真正的既得利益者。打天下坐天下，在家天下时代天经地义无可质疑，但到了宪政时代，哪怕这个宪政是君主立宪，皇族和贵族都不便继续享有家天下时代的权力。南北议和从10月到12月，所争问题很多，但最根本的一条，就是皇族、贵族在新的历史条件下何以自处，他们究竟应该对政治承担怎样的角色？

在立宪党人看来，所谓立宪政治，就是将包括皇帝在内的权力放到笼子里。在立宪框架里，根本就不再有皇权之外的特权。然而在皇族、贵族看来，他们之所以斤斤于权力，并不在于权力本身，他们是要通过对权力的垄断保证大清王朝永不变色。

我们无法断定皇族、贵族的真诚或虚伪，但我们知道，皇族、贵族的坚持，终于使君主立宪的希望越来越渺茫，在不得已的情况下，立宪党人、革命党人、新军将领达成妥协，终结帝制，转向共和，以国体的变更消解君宪的压力，虽然既得利益者最终还是向隅而泣，成为历史的陈迹，但中国却由此前进了一大步。

近代中国走过的路，为未来中国留下了丰厚的思想遗产，随着实践演变，我们对近代中国的解读一定越来越接近真相，一定越来越精彩。

第二章

远去的『政治名人』

回首再看李鸿章

李鸿章及其时代

如果以敬意和温情去看待中国历史，我们应该承认在过去两千年，中国之所以得以平稳发展，之所以“超稳定”，在某种意义上说，是因为中国的政治架构，是因为涌现出一大批明君贤相。

明君我们不去说了，先说贤相。在这两千年帝制时代，从李斯开始，至李鸿章结束，中间有成就有声望、值得人们怀念或敬重的并不少，比如汉代的萧何、陈平、公孙弘，后汉的曹操，以及稍后的诸葛亮。唐宋时期经济发展文化繁荣，明君贤相既推动了这种繁荣，本身又是繁荣的一个组成部分，房玄龄、杜如晦、范仲淹、王安石、司马光，直至明清张居正、范文程，以及我们将要说到的李鸿章。他们都是时代骄子、国家柱石，都不同程度地推动着历史前进。他们有不足，有失误，但我们作为后人，应该善待先人，多看贡献多看正面，或许更有意义。当然，在这两千年中，中国的政治架构并非一成不变，内阁的设置也有很大变动。说这些人为贤相，只是从广义的君臣关系而言。

在这个名单中，最值得研究的是开始和结束的两位。李斯，在我们一般概念中似乎名声很臭，那是因为我们从“后帝制时代”回望历史，如果从历史事实去考察，李斯的贡献就是沿着商鞅等开启的路线一路走下来，将先前的封建制过渡到此后的帝制，或者叫作“中央集权”。李斯是帝制两千年第一个丞相，他的理论思考和历史贡献应该从“过渡时代”这个层面去考虑。

◎ 李鸿章

与李斯情形相仿佛，李鸿章是两千年帝制时代最后的丞相，官至直隶总督兼北洋大臣，授文华殿大学士，长时期主管中国对外通商以及交涉事务，很长时间内是中国最高外交官，先后参与平定太平天国之乱，主导洋务新政，处理晚清三十年最复杂的对日外交，是《中日修好条规》《马关条约》中方签字人。

在晚清数十年外交活动中，李鸿章是非常重要的人物，在过去“悲情近代史”叙事模式主导下，李鸿章被视为汉奸、卖国贼，好像他所做的所有的对外妥协都不应该；好像如果不是李鸿章出面，中国的结局一定不一样，一定不会签订《中英烟台条约》《中法会订越南条约》，更不会签订《马关条约》《辛丑条约》，也不会同意让外国人租借香港、胶澳、旅大、广州湾，更不会割让台湾、澎湖、辽东半岛，不会在马关议和、辛丑谈判中赔了那么多钱；好像近代中国的所有责任都应该由李鸿章承担，李鸿章以一人之身担负着近代中国落后、挨打、被欺凌的全部责任。

人们当然有权利这样指责李鸿章，李鸿章在其政治生涯中也确实有失误有不妥。比如在甲午战争后，李鸿章或许不应该意气用事弃东洋（日本）转亲“北极熊”（俄国），更不应该总是使用传统中国“以夷制夷”的老路办外交。虽说他知道中国外交在那时的最大难题不是自言自语、自说自话，而是要有国际视野、世界意识，要让世界觉得中国不是怪物，中国与别国一个样。只有让世界各国以平等身份待我，中国才有外交可言，才有国际地位。

李鸿章的认识是对的，只是由于历史条件的约束，有许多事情可能知道，或许也已经想到，但是没有用。比如李鸿章的幕僚在19世纪70年代就向他详细讲述过西方富强并不在于坚船利炮，也不在于生物电化，而在于制度，在于西方人有一个上下沟通无滞碍的议院制度。至于日本的明治维新，李鸿章也是中国最先详细了解的人，但是没有办法，中国只有经历了头破血流，只有到了彻底失败，方才醒悟，方才走上维新，学习东洋。

历史局限了一个人的能量发挥，这在历史上常有。李鸿章可以做得更好，可以给历史少留遗憾。然而，历史毕竟走过，没有办法重来，我们这一代人所能做的，就是弄清近代中国究竟是怎么一回事，李鸿章那一代中国人所做的事情究竟具有怎样的意义。

如果从大历史视角去观察近代中国，我们就会有很不一样的发现，我们就会觉得李鸿章那一代人可能不是旧体制的捍卫者、裱糊匠，恰恰相反，他们心中的理想是期望中国和东西洋相近、相似，或相同。换言之，他们是中国新的历史时代引领者。由此反观李鸿章办外交、办洋务，才会有不一样的感觉，才会知道他们那一代人的不容易。

蒋廷黻论李鸿章

蒋廷黻在《中国近代史》等一系列作品中认为，中国在鸦片战争之后的很长时间都浑浑噩噩，找不到方向，只是到了同治光绪年间，中国始有少数政治家对19世纪的新局势有相当的认识。其中见解最透彻、魄力最大、主政最久的就是李鸿章。李鸿章的救国方案可以分为治本与治标两个部分。

治本的方案是努力促进中国的西化，他觉得中国抵抗西方的侵略要靠中国的西化，同时，维持中国在东方的传统领袖地位也要靠中国的西化。同治元年（1862年），当日本维新运动尚在酝酿的时候，李鸿章就大声疾呼警告国人不可轻视日本，他认定中日两国将来国力的比较必决定于两国西化速度的比较。蒋廷黻认为李鸿章的这个论断是最具有政治家眼光的。

至于李鸿章的治标方法，主要是主张在中国西化尚未完成的时候，要努力维持和平，结纳友邦。

李鸿章无疑是同治光绪年间最大的政治家，不过他也是当时士大夫最喜欢弹劾的政治人物。怎样理解这一历史事实呢？蒋廷黻是这样解释的：到了那个时候，大多数士大夫仍不肯承认中国有西化的必要，李鸿章的建设事业如海军、电信、煤矿、铁路、纺

◎ 中国现代历史学家、外交家蒋廷黻

纱厂、招商局、机器厂、兵工厂等，在士大夫眼里，皆非根本之图。这些士大夫认定中国固有驭夷之法依然可以继续使用，并且他们以为道咸年间的失败在人而不在法。所以李鸿章终身绝少有同志和帮手，他的事业推进全靠专制君主威力的支持。

士大夫反对李鸿章的治本方案的同时又主张采用强硬的、积极的外交政策。恰好这时候有几个青年文人如张之洞、张佩纶、陈宝琛、邓承修等，目空一切，而其文章与学问又实在不差。他们执意反对李鸿章，在同治末年、光绪初年，每因细故就主战，就爱国，就号召强硬对外。李鸿章审时度势，尽量运用外交力量化解难题，至1884年中法战争不得不爆发的时候，中国在李鸿章的主持下，已尽量避免了几次大的冲突。

中法越南问题出现之后，李鸿章依然主张继续运用外交力量进行交涉，反对开战，但是朝野内外士大夫主战者多，朝廷也就只能徘徊于战和之间：最初表面言和，实则暗地里助刘永福的黑旗军与法军作战；后无形中变成一面战，一面和，终于爆发了正式战争。那时文武不分，文人中主战最力者莫过于张佩纶、陈宝琛，于是清政府派陈宝琛襄办两江军务，派张佩纶守福州马尾船厂。事实上，陈宝琛在两江任上毫无建白，而张佩纶则当战争不得不爆发之后，跑得比谁都快，贻笑大方。由此足证文人的高调除了贻误国家大事，别无作用。到了光绪十一年（1885年）春，战事只好结束，全局失败果不出李鸿章意料。

对中法战争的重新解读并不难被一般知识界接受，而蒋廷黻对中日甲午战争的解读则很难获得知识界的认同。蒋廷黻认为，在光绪初年，日本、俄国、英国、美国、法国和德国等六国都曾试图与高丽发生关系，李鸿章的研判是，日本和俄国对高丽有领土野心，而其他诸国则只是为了通商与传教。基于这种判断，李鸿章主张借用英法德美四国力量对付俄国和日本，于是他从光绪六年起就竭力劝说高丽放弃闭关自守的政策而与西方各国签订通商友好条约。在李鸿章的劝说下，高丽于光绪八年与各国订约，朝鲜半岛的均势似乎形成。然而李鸿章的高丽政策终归失败，其原因据蒋廷黻的分析主要有两个。

第一，高丽地瘠民贫，内政不修，经济未得开发，致注重通商的国家无大利可图。所以到了中日甲午战争不得不爆发的时候，英、美、法、德都觉得与己利害关系不大，无积极干涉的必要。

第二，中国始终不愿改变旧的宗主国对藩属的观念。高丽对中国的重要全在国防，在国防上中国所怕的不是高丽，而是别的帝国主义国家利用高丽为跳板向中国作进一步的侵略。高丽如果能独立自保，中国的国防目的即可达到。光绪十年，德国驻高丽总领事根据这些理由曾向李鸿章建议，化高丽为远东的比利时，由列强共同担保其独立和中立。这种建议不但清政府不能接受，就是李鸿章也表示反对，因为这个办法不合乎中国在高丽的传统宗主权。此后在袁世凯的积极运作下，宗主权几乎变成了统治权。结果，美国舆论哗然，反对中国改变高丽的现状。而高丽内部的新派人物也因对中国的失望而有意于联合日本或俄国，朝鲜半岛的局势日趋复杂。

1894年春，东学党起事，日本遂借口保护日侨向高丽派遣重兵。世界各国均知局势严重，中国士大夫的激昂也可想而知，他们主张即时动员，力主军事解决。在朝的一些军政要员多年来想倒李而屡屡失败者亦坚决主战，以便借对外来对内。李鸿章拿到这个难题竟无法交卷，因为以往他假借朝廷的威力迫使各省协济北洋军饷，其理由就是对日备战。甚至他过去反对在伊犁、越南等地用兵对付俄国和法国等，也都是为了集中力量保护高丽，以免高丽落入日本人手里。现在高丽形势吃紧，李鸿章如再不以强硬的态度对付日本，他就无法自圆其说，也必将丧失自己的诚信。李鸿章处于战、和两难之间。

恰当此时，俄国公使喀西尼路过天津，李鸿章临时抱佛脚向俄国求援。喀西尼也觉得如果让日本阴谋得逞独占高丽，将损害俄国的利益，于是答应李鸿章的请求，警告日本撤兵。有了俄国的答应，李鸿章以为可以高枕无忧，他觉得日本怕俄国，有了俄国人出面，日本肯定会撤兵，高丽的危机就可以旦夕化解。于是他在对日外交上取强硬姿态，不肯退让；在军事上也不积极准备，以防患于不测。他期待不战而胜，期待列强的干预。

喀西尼的答应是不负责任的，俄国的既定政策是不干预。俄国的真实态度早被日本方面获知，因此日本不仅无意撤兵，反而加紧了向高丽的进攻，逼迫李鸿章应战。结果就是大家都知道的，日本获得了战争的胜利，中国则获得了前所未有的屈辱和失败。这是李鸿章毕生事业中最尴尬的一件事情。

“戊戌变法”中的康有为

（一）康有为统筹全局顶层设计

1898年1月29日为旧历光绪二十四年正月初八，总理衙门及各部恢复了正常的工作秩序。这一天，康有为将利用春节长假写出来的《请大誓臣工开制度局革旧图新以存国祚折》，通过总理衙门报送给朝廷。这份文件，后来又定名为康有为《上清帝第六书》，或称《应诏统筹全局折》。

《应诏统筹全局折》是康有为戊戌年间留下的重要文件，是康有为关于中国政治体制改革的总体设计、顶层设计。

在这份文件中，康有为从国际政治格局的变化，引证波兰、埃及、土耳其、缅甸等国墨守成规，不思变革，最终导致亡国或被瓜分的惨痛教训，认为国际社会正处在一个新的组合分化过程中，朝廷应该把握这一机遇，尽快将中国改造成一个近代国家，使之成为国际主流社会中的一员。康有为强调，能变则全，不变则亡；全变则强，小变仍亡。中国只有彻底弃旧图新，才能摆脱被动的外交局面；中国只有从内部发生真正的变化，才能赢得国际社会的尊重与平等。总之，中国只要在国内政治上有办法，外交上就有办法；而国内政治的唯一办法，就是进行政治体制改革，就是仿行西方近代国家的政治体制，改造中国自古以来几百年乃至数千年不变的政治体制，使中国转变成与现代西方国家比较一致的国家，这样中国在国际社会就可享有平等的待遇。

康有为在这份奏折中没有过多地论述中国应该进行变法改革的理由，因为中国不变则亡的道理在当时似乎已是朝野各界共识。所以康有为在这份奏折中的思考重点是中国应该怎样去变，即中国的政治体制改革究竟应该怎样开始和进行。

根据康有为的看法，中国的政治改革只能仿行日本与俄国，因为中国国情与日本、俄国进行改革前的情况比较相似，日俄两国通过政治改革极大地动员了国内各方面力量，从而促使两国经济、社会及至军事力量等都获得了很大的发展，它们的成功为中国树立了很好的典范，中国应该仿照日俄两国的政治改革，尤其是日本的明治维新所走过的道路、所采取的措施。而日本明治维新中最重要的举措实际上只有三点：一是大誓群臣以定国是，在政府高层内部形成必须进行政治改革的基本共识；二是广开言路和征求人才的通道，愿天下所有英才为我所用；三是开制度局而定宪法，以宪法去约束人的活动，从而使日本一跃成为近代民族国家。

基于日本的经验，康有为向清政府最高决策层郑重建议做好三件事，便可保证变法维新的政治改革获得成功。

第一，建议皇上在天坛或太庙或乾清门举行一次郑重其事的干部大会，大誓群臣，诏定国是，宣布变法维新正式开始，坚定群臣革旧维新的信心与信念，宣布广采天下舆论，广取万国良法，重建中国全新的政治体制。

第二，建议朝廷在午门设立待诏所，委派两名御史专司此事，允许上下臣工、草民百姓尽自己所知上疏言事，对国家的政治发展、经济建设及所有方面提出建议。所有上疏不得如旧体制由堂官代递，以免阻挠。换用今天的话说，不得截访，不得扣押人民来信，要容忍最严厉最尖锐的批评。凡上疏中有可取之处者，可由皇帝或其他相关部门的主管予以召见，量才录用，人尽其能。

第三，康有为建议朝廷开制度局于宫中，归皇上直接领导，不从属于任何既有权力部门，征天下通才二十人参与其事，统筹全局，下设法律、税计、学校、农商、工务、矿政、铁路、邮政、造币、游历、社会以及武备等十二个分支机构，将一切政事制度重新商定，改革乃至重建中央行政体制，重建新的政治体制及与之相适应的各项制度章程。

至于中央以下各级行政机构的改革及经济、文化等方面的变动，康有为也在这份奏折中提出了一些设想，大致不外乎本着政情上通下达、弃旧图新的原则。

统观康有为的《应诏统筹全局折》，其核心是设立专责制度建设的制度局，换算成今天的语言，大约可定名为“国家改革设计委员会”。康有为或许是因为当时反对政治变革的势力太大，或许是接受了某些人的善意忠告，他在这份《上清帝第六书》中暂时放弃了先前《上清帝第五书》中提出的开国会、定宪法等比较激进的政治主张，不让反对者觉得有颠覆既成体制的嫌疑，改为设立制度局这一具有明显渐进色彩的主张，而且在权力归属上，康有为刻意强调皇上的绝对领导，这样或许可以避免许多不必要的争执，便于新政推行。

设立统筹全局的制度局是康有为1898年维新变法思想体系中的

重要一环，也是康有为政治思想中最积极的遗产。康有为认为制度局是变法维新能否成功的关键之所在，没有统筹全局的规划机构，继续让权力部门自己改革自己，缩小权力，无疑是与虎谋皮。康有为暂时放弃开国会、定宪法等貌似极端的政治主张，但依然倾向于建立独立的改革设计、规划的专责机构。这是康有为1898年政治活动的轴心，也是他后来失败的一个关键点，因为他的政治反对者依然从这些建议中读出了康有为的用心。

康有为提出统筹全局建议一个月后，又于2月28日代宋伯鲁御史拟定《请设议政处折》中，再次强调设立专门议政机构的重要性，为制度局的创立提供舆论支持。此后，康有为还多次上疏催促清廷尽快开设制度局，特别强调皇上不欲变法自强则已，若欲变法，而下手之端，非开制度局不可。在康有为看来，制度局犹如航行在茫茫大海中的轮船导航仪，有了它才可以克服惊涛骇浪、千难万险，顺利地抵达目的地；反之，则结果可知。

（二）康有为“衣带诏”真相

1898年9月，中国政治大逆转，谭嗣同、康广仁、杨锐等六君子血洒菜市口，康有为、梁启超等流亡海外，轰轰烈烈的维新运动戛然而止。

在流亡海外的那些年，康有为及其追随者的精神支撑是一份文件，这个文件被康有为称为“衣带诏”。康有为说，这是皇上给他的诏书，命令他逃出北京，从长计议，想法勤王。“衣带诏”是康有为此后十年政治合法性的唯一凭据，也是海外爱国华侨拥戴康有为的理由。

对于康有为的说辞，清廷并不认同，且不止一次大骂康有为胡说八道。但是，康有为照样我行我素。他的解释是，朝廷之所以这样说，是因为皇上不但没有说话的自由，而且也没有不说话的自由。

“衣带诏”确实存在

一百年来，康有为等人因“六君子”的牺牲而获得道义同情，清廷特别是慈禧皇太后成为革命党、维新派的攻击对象，百口莫辩。人们往往不太相信光绪帝斥责康有为的那些谕旨。

这显然不符合真实的历史。两宫之间或许有过某些不一致，但两宫在最后十几年，绝对不是康有为所宣扬的那样不可调和、不共戴天。至于光绪帝的“瀛台泣血”，更是一个虚假的悲情故事，否则就无法理解晚清最后十几年的政治变革。

不过，必须承认，康有为手里的“衣带诏”虽说不是原件，但绝对不是毫无来历的谎言，更不是康有为的捏造，这份文件确实渊源有自。清廷尽管一再斥责康有为在海外招摇撞骗，但从未明确认定这份“衣带诏”是赝品。

“衣带诏”确有其事，这一点光绪帝是清楚的。只是这个“衣带诏”究竟是通过什么渠道到了康有为手里，由于相关人员都不在了，光绪帝也弄不清楚了。这是百余年来聚讼纷纭的一个重要原因。

两宫冲突

光绪帝确实颁发过一个密诏，只是这个密诏并不是直接颁给康有为的，而是赐给军机章京杨锐的。杨锐在1898年秋天被杀，他将这份密诏交家人保存，等条件成熟时交给朝廷，争取平反。但对光绪帝为什么要赐给杨锐这份密诏，许多人都不清楚。

如果从头说起，光绪帝主导的1898年新政，虽说引起了官场震荡，但大体还在可控范围内，并没有引起政治危机。只是随着新政的深入，光绪帝越来越认同创设一个新政治机构，以负专责。

1898年9月13日，光绪帝决心于内廷设置懋勤殿，选聘东西洋各国政治专家，共议制度，统筹全局。这一天，光绪帝特派内侍持《历朝圣训》等图书送给谭嗣同，命谭查考雍正、乾隆、嘉庆三朝设置懋勤殿故事并拟一上谕，以便其持此与慈禧皇太后讨论。

重设懋勤殿以议新政，在光绪帝看来是出于对大清王朝前途的真诚考虑，但在另外一些人看来，则未必不包含其他目的。谭嗣同对新政怀有至诚之心，但守旧势力的庞大，使他对新政前途越来越灰心。为了冲决守旧势力的束缚，他利用与光绪帝近距离接触的特殊条件，“日言议政院”，成为四位新进军机章京中最“亟亟欲举新政”者。

代拟谕旨是军机章京的职责，但此次代拟对谭嗣同来说却引起了极大的震撼。他由此感到，两宫关系可能确如康有为所认知的那样并不协调，皇上的权力并不像过去所感觉的那样至高无上，大权可能依然掌握在皇太

◎ 光绪皇帝在朝堂接见外国使臣

后手里，光绪帝不过是一个政治傀儡而已，“今而知皇上之真无权矣”。退朝后，谭嗣同将这种感觉告诉了康有为等人，并透露了代拟谕旨之事。

谭嗣同的感觉并没有影响康有为的情绪。与谭嗣同相反，康有为觉得既然皇上已下令代拟上谕向皇太后提出，可见光绪帝已下定决心，帝后之间的最终摊牌即将到来。于是康有为在当天以御史宋伯鲁的名义，拟《请选通才以备顾问折》，推荐黄遵宪、梁启超二人为顾问。

康有为代宋伯鲁拟就推荐奏折后，仍不放心，于当天（9月13日）午后，面有喜色地找到王照与徐致靖，信誓旦旦地声称谭嗣同已请皇上开懋勤殿，用顾问官十人，业已商定，但需由外廷推荐，并将此十人名单出示，要求王照、徐致靖二人立即拟折。

不得已，王照、徐致靖放下手头事情，参照康有为的名单，分别缮写了两份推荐折。王照推荐了康广仁、徐致靖、宋伯鲁等六人；徐致靖推荐了康有为等四人。这天夜里，这两份奏折分别呈递清廷。

王照、徐致靖的两份奏折虽然递上去了，但由此暴露了康有为的私心。这样明目张胆地要求别人保荐自己，传出去不免引起各方猜疑。军机章京杨锐对康有为的做法不以为然，预感康有为此举势必引起激烈反弹，于大局极其不利。

康有为欲于既有体制外另行成立议政中心的目的，被政治大佬看得一清二楚，这些大佬出于自身利益及王朝利益考量，无论如何也不会让这一计划得逞。这些反对意见肯定影响了光绪帝，所以当光绪帝第二天前往颐和园时，只是将王照、徐致靖两份保荐奏折交军机处“记名”，作了一个简单登记。

从皇帝方面说，9月14日这一天和往常一样，他按计划在乾清宫召见北洋水师学堂总办严复后，至颐和园乐寿堂向慈禧太后请安。

这一天，对皇太后来说却不同寻常，因为几天来被革职的礼部尚书怀塔布夫妇利用与总管内务府太监李莲英的特殊关系，不停地向皇太后哭诉。那些被怀塔布收买的大小太监，也在皇太后面前肆意诋毁新政改革。

怀塔布，叶赫那拉氏，满洲正蓝旗人，1896年调任礼部尚书，老资格满洲政治家。当新政开始时，怀塔布几次故意刁难，出面反对。1898年9月4日，光绪帝借礼部主管无故扣压王照上疏为由，将怀塔布等礼部六堂官一并革职。被革职后，怀塔布第二天就赶赴天津，向时任直隶总督兼北洋大臣、当时的满洲贵族掌门人荣禄哭诉。

怀塔布等人的哭诉，引起了皇太后的不安。当她见到皇帝，稍事寒暄后，就开始讨论这些事情。皇太后承认，怀塔布之类满洲贵族政客确为“老谬昏庸之大臣”，但出于政治考量，她劝告皇帝在人事处理上不可操之过急，不要将此辈老臣轻易罢黜，不要将那些年轻汉臣提拔到高层，更不能改变大清既成体制，由这些所谓“通达英勇之人”去议政。

皇太后担心，如果一味在人事上进行变动，那么极有可能失去满洲贵族的信任。果如此，满洲贵族所组成的“寡头政治集团”，就不可能继续支持现有的皇权中心。

对于皇太后的指责与劝诫，光绪帝有些能接受，有些不免要做些解释与辩白。但他的解释与辩白，不仅不能说服皇太后，反而激起皇太后的愤怒。这正好验证了几天来怀塔布等人在她面前的那些离间之词。于是皇太后毫不客气地批评光绪帝：“小子为左右荧惑，使祖宗之法自汝坏之，如祖宗何？”

皇太后的愤怒，勾起了光绪帝的满腹委屈，他边哭边说：“时事至此，敌骄民困，不可不更张以救，祖宗在亦必自变法。臣宁变祖宗之法，不忍弃祖宗之民、失祖宗之地，为天下后人笑，而负祖宗及太后之付托也。”

密诏诞生记

9月14日两宫的言语冲突，仅在政策层面，并未影响母子感情。光绪帝虽然当面辩解、顶撞，但回到寓所就有所反省。他虽然对皇太后的误解感到委屈，但依然认为皇太后是大清的靠山，是王朝政治的最后把握者，他期待有人能从中斡旋，期待皇太后在明了真相后的谅解。他设想请满洲贵族最有权势的重臣出面协调，向皇太后解释他之所以如此不顾后果推动新政的苦衷。

可惜的是，这时恭亲王奕䜣已去世，庆亲王奕劻也已与皇太后疏远，端王载漪等王公大臣对新政多有不同看法，指望他们进行解释，只会越描越黑。至高无上的皇帝成了孤家寡人。无奈之下，他只好求助颇通世故人情的杨锐，希望杨锐能为他出个主意。

光绪帝之所以看重杨锐，主要是因为杨锐在新任军机章京中最为持重与稳健，而且具有张之洞的背景，是张之洞的重要亲信之一。而张之洞是皇太后最信赖、倚重的汉臣。

杨锐与皇帝见面的细节，已不可能复原了，时间应在两宫言语冲突后第二天。当皇帝将自己的意思说出来后，却遭到杨锐的断然拒绝。杨锐告诉皇帝：“此陛下家事，当与大臣谋之。臣人微言轻，徒取罪戾，无益也。”杨锐的拒绝，主要是基于对体制的恐惧。清廷旧例，严格禁止官员议论、介入皇族内部纠纷，特别是汉臣更无权干预皇族事务。

或许是为了让杨锐克服这一恐惧心理，光绪帝特别向杨锐下了一道密诏，以便杨锐将来不幸因此获罪时能得到解脱。这应该是光绪帝9月15日密诏的背景与原因，否则他们既然当面谈过，何须密诏？这份密诏在当时并不为人所知。政变后，康有为、梁启超等转述这份密诏时文字之所以有出入，并非有意窜改，而是因为他们都没有看到过这份密诏原件，只是听杨锐转述使然。原文如次：

近来朕仰窥皇太后圣意，不愿将法尽变，并不欲将此辈老谬昏庸之大臣罢黜，而登用英勇通达之人，令其议政，以为恐失人心。虽经朕累次降旨整饬，而并且有随时几谏之事，但圣意坚定，终恐无济于事。即如十九日朱谕，皇太后已以为过重，故不得不徐图之，此近来之实在为难之情形也。朕亦岂不知中国积弱不振，至于阽危，皆由此辈所误；但必欲朕一旦痛切降旨，将旧法尽变，而尽黜此辈昏庸之人，则朕之权力实有未足。果使如此，则朕位且不能保，何况其他？今朕问汝：可有何良策，俾旧法可以全变，将老谬昏庸之大臣尽行罢黜，而登进英勇通达之人，令其议政，使中国转危为安，化弱为强，而又不致有拂圣意？尔等与林旭、刘光第、谭嗣同及诸同志等妥速筹商，密缮封奏，由军机大臣代递，候朕熟思审处，再行办理。朕实不胜紧急翘盼之至。特谕。

明发谕旨

杨锐没有意识到9月14日的帝后冲突有多严重，更没有预见到这份密诏会在后来的政治发展中起到的重要作用。所以，当他与皇帝当面检讨新政得失时，他觉得皇太后的某些指责似乎有道理，光绪帝过于听信康有为的过激主意而采取的一系列重大举措，诸如罢黜大臣、提升新锐等，已超出官场的承受极限。针对皇帝的问题，杨锐作了三点建议。

一、重建皇权中心权威，由皇太后郑重其事地举行一次授权仪式，亲挈天下以授皇上；皇上应确认皇太后的至上地位，同意皇太后拥有政治决策最终否决权，应宜遇事将顺，行不去处，不宜固执己意。

二、对所有改革方案通盘考虑，宜有先后，宜有次第，不能再如过去那样，新政诏书联翩而下，臣民目不暇接，虽获得一些舆论表面支持，而实际效果极差。

三、在新政推行期间，进退大臣不宜太骤，以免引起不必要的纠纷与反弹。

杨锐相信，光绪帝如能在这三个方面有所改善，两宫关系不难协调，新政困难不难化解。

鉴于光绪帝一系列失误的主要原因都是偏听偏信了康有为的激进主义，杨锐建议光绪帝一定要尽快与康有为切割，脱离关系，不要因康有为一人而贻误王朝前途。杨锐的原话是："康不得去，祸不得息。"

◎ 光绪皇帝画像

康有为的激进主张深刻影响了新政以来的一系

列决策，他急于介入政治高层的野心几乎没有任何掩饰，这在高层已引起相当震动。相信这些议论也会传到皇太后耳朵里，皇太后当面劝诫皇帝，不要急于提拔那些未经考验的年轻汉臣，实是专门针对康有为等人的。许多传闻表明，皇太后确实认为康有为“毒化了”皇帝的思想，挑拨两宫，紊乱朝政，非君谤上，建议皇帝对康有为采取决断措施。

这一系列外在影响，已使光绪帝对康有为有所警觉，此次一经杨锐点破，更促使光绪帝猛然惊醒。光绪帝在与杨锐谈话后的第二天，即9月16日，依然驻跸颐和园，相信他在与皇太后的相处中，肯定会谈到这些问题。

康有为推动新政有功，他的一些活动引起高层反感，也引起光绪帝的疑虑，但毕竟此时没有抓住康有为什么把柄。为了平息高层的不安，经两天郑重考虑及协商，光绪帝于9月17日“明降谕旨”：

谕工部主事康有为，前命其督办官报局，此时闻尚未出京，实堪诧异。朕深念时艰，思得通达时务之人，与商治法。康有为素日讲求，是以召见一次，令其督办官报，诚以报馆为开民智之本，职任不为不重。现筹有的款，着康有为迅速前往上海，毋得迁延观望。

这份明诏给康有为留足了面子。可惜的是，这份明诏在不同的读者那里却引起不同的解读。康有为多年后依然以为这份明谕表明政变已发生或即将发生：

明诏敦促我出京，于是国人骇悚，知祸作矣。以向例非大事不明降谕旨，有要事由军机大臣面传谕旨而已。至逗留促行一事，非将帅统分逼挠，无明降谕旨之理，况吾为微官，报亦小事，何值得明发上谕？既严责诧异，便当革职，何得谓欲得通达时务之人与商治法，闻康有为素日讲求，反与奖语耶？又，上召见臣工，无烦自明，乃声明召见一次，亦从来未有之事，故国人皆晓然。

康有为的疑惑是有道理的，这些理由也都成立，但他不知道决策内幕。即便他知道皇太后对他的反感以及光绪帝对他的爱护，他的偏见也促使他不能正视这一反常的“明降谕旨”，不能作出正确的判断。

林旭口传谕旨

让康有为迅速离开北京，是杨锐9月15日提出的建议。在张之洞的影响下，杨锐早就对康有为的政治激进主义表示反感，觉得光绪帝偏听偏信将礼部六堂官集体革职太过。

基于这些考量，杨锐在与光绪帝讨论了相关问题后，于当日（9月15日）黄昏时分急邀林旭到自己寓所交换看法。林旭与康有为关系最近，与杨锐关系也不错，且为同僚。

作为老大哥，杨锐对林旭过于听信康有为偏激主张提出批评，责林甚切。可以相信，在交换看法的过程中，杨锐将光绪帝给他的密诏交给林旭过目，以加深信任，引起林旭的重视，劝告康有为不要如此激烈。

对于杨锐的批评，林旭表示接受。按照计划，林旭将于9月17日谒见皇帝。杨锐劝告林旭最好与康有为保持距离，这是杨锐急于找到林旭通报情况的原因。

林旭获得杨锐相关通报的当天（9月15日），已没有时间再向康有为通报。他们讨论的结果是，问题虽然很严重，但并不是没有办法转危为安。他们的一致看法是，只要康有为迅速离开北京，大局就将好转。

9月17日上午，光绪帝召见林旭。有关这次召见的详细情形已不太清楚，但可以肯定，君臣二人集中讨论了康有为问题，基本思路也没有超出杨锐的那些主张。这也是皇上当天明降谕旨的背景。

明降谕旨毕竟只是官样文章，光绪帝与林旭都意识到，凭此还不足以促使康有为迅速出京，因为委派康有为督办官报的谕旨，早在7月26日就已下达，可康有为就是有办法借故继续留在京师。为促使康有为出京，他们自然想到让林旭面劝康有为。由此推断，光绪帝并无成文密诏交给林旭，即便从保护林旭的角度，也不再需要密诏了。

林旭当天曾去找过康有为。康有为不在寓所，林旭也就没有等待，只是留有一个字条，称“来而不遇”，嘱明日勿出，有要事相告。由此细节可反证，林旭手中没有成文谕旨，否则他当天必须找到康有为宣旨。由此还可证明，光绪帝及林旭虽然觉得康有为必须迅速出京，但也没有急迫到必须立即执行。

京城各种谣言满天飞，康有为或许预感到正出现某种危机，但对这两天所发生的事情如光绪帝的密诏、林旭与光绪帝的谈话等，他肯定不知道，否则他不会外出不归，而是会在寓所等消息。据康有为说，那天晚上他在宋伯鲁家喝酒，同席还有李端棻、徐致靖，唱昆曲极乐，而声带变徵，曲终哀动，谈事变之急，相与忧叹。由于不知道发生了什么事，他们只能发发感慨，并没有什么具体举动。至深夜，康有为返回寓所，看到敦促他迅速出京的那份明谕，又看到林旭留的字条。由于字条没有说具体事情，康有为也没有在意，遂于醉醺中入睡。

第二天（9月18日，八月初三）一大早，林旭如约前来拜见。他向康有为转述了光绪帝的大致意思，劝说康有为遵旨尽快离京。对于林旭的劝说，康有为半信半疑。在这种情况下，林旭向他通报了自己昨天面见皇上的情形，并口述皇帝谕旨如下：

> 朕今命汝督办官报，实有不得已之苦衷，非楮墨所能罄也。汝可迅速外出，不可延迟。汝一片忠爱热肠，朕所深悉。其爱惜身体，善自调摄，将来更效驰驱，共建大业，朕有厚望焉。特谕。

从用词与语气看，这份谕旨不是成文，更像口谕。这段文字在引用者那里出现不少差异，即便康有为自己，在后来的历次引用中，也有不同。凡此，不能说是康有为伪造。如果真要伪造，康有为势必会在各个版本中保持一致。这是起码的常识。

康有为"恭录"

林旭毕竟是昨天与光绪帝见过面的直接当事人。康有为觉得这件事太不同寻常了，光绪帝既然明降谕旨，何以又让林旭面传口谕？朝廷究竟发生了什么事？难道皇帝已被皇太后控制？

康有为不敢继续猜下去。他一面草拟密折谢恩，一面默诵林旭转达的圣谕，发誓不惜代价救皇上。康有为的谢恩折由林旭持还复命，康有为也明白表示将在第二天启程赴上海。

然而，送走林旭后，康有为却差人召来谭嗣同、梁启超、徐仁镜、徐仁录及其弟康广仁等，一起商量应对之策。康有为凭记忆向他们转述了林旭带来的消息。由于康有为始终抱怨清廷存在一个守旧派，所以他的分析无疑会夸大危机，以为新政已在守旧势力反扑下彻底失败，光绪帝可能已被干掉。在康有为煽惑下，这些门徒决心不惜牺牲救皇上，并由此将慈禧皇太后设想为真正的敌人。讨论的结果是尽快准备武力解决问题。随后，康有为和他的追随者在北京大肆活动。9月18日夜，谭嗣同受命游说袁世凯，希望新任兵部侍郎袁世凯出于道义捕杀荣禄，发兵颐和园，劫持皇太后，拯救皇上。

谭嗣同夜访袁世凯，康有为等人早已料到成功与失败这两种可能性，所以当谭嗣同前往袁世凯住所时，康有为已做好最坏准备。这天晚上，他在南海会馆“尽却客”，收拾行装，一旦有不好的消息，即离京出走。袁世凯没有答应谭嗣同的要求，由此康有为觉得事情或许已败露，因为袁世凯毕竟是体制内高官，他不愿入伙，就意味着反叛。一股莫名的恐慌，笼罩在康有为心头。19日，康有为在京城行色匆匆拜会了容闳、李提摩太、伊藤博文等人后，接受门徒及朋友的忠告，同意留下梁启超、康广仁等人在京城“谋救”皇上，他带仆人李唐于9月20日天未明时凄凉出走。

康有为逃出北京，9月24日在上海随濮兰德踏上了英国人的兵船。此后几天，康有为开始向这些外国人诉说北京故事，顺带说出了这份密诏，也就是这份“衣带诏”。

按康有为的理解，林旭转达的圣谕是皇上专门给他的。这在别人看来或许以为康有为是在捏造、在臆想，因为康有为毕竟没有皇上的手谕原件。但在康有为看来，口谕就是圣谕，与书面谕旨享有同样的价值。实事求是地说，康有为在“衣带诏”问题上没有说谎造假，他确实是那样认为那样理解的。

更重要的是，康有为此后十年这样说时，并没有遇到清廷的正面反驳或指责，这在很大程度上默认了“衣带诏”的存在。

口谕是不成文的，康有为过录时，难免有文字上的差异。这些差异，反对者认为是康有为作假的证据。其实仔细想想，这正说明康有为诚实的一面，因为如果他存心作假，就一定会将各个版本统一起来。

不过，百余年来研究者有一个猜测是对的，那就是光绪帝根本没有密诏交给康有为。康有为这份密诏的源头，就是光绪帝赐给杨锐的，也就是杨锐儿子杨庆昶1908年提交给清廷的那份文件。

这是对的。只是过往研究对康有为道义上的非难有点过头。康有为肯定没有看过这份文件的原件，他所凭借的就是林旭的“口传圣谕”。而林旭或许从杨锐那儿看到过原件，也或许没有看见，但他确实从杨锐那里知道有这份文件，或许他从光绪帝那儿也知道有这回事。为了履行光绪帝的嘱托，为了应对杨锐的批评，总之，为了让康有为尽快离开北京，实现杨锐“康不得去，祸不得息”的计划，林旭肯定在康有为面前稍有夸张，其口传的圣谕虽说有根据，但在文字上却极端简略，只剩下让康有为离开北京这一主题。

（三）康有为出逃路线

康有为1898年在外国人的帮助下逃出清廷的魔掌，是近代中国的重大事件，也是中国政治人物第一次借助于外国驻华使馆外交官的力量成功逃亡的案例之一。只是由于事情牵涉太过机密，许多细节当年无论是康有为，还是外国使馆，都讳莫如深，不愿深谈，以至在很长时间内人们并不清楚康有为究竟是怎样离开北京的，中间经历了哪些风险。一百多年过去了，当年的敏感早已不复存在，根据新旧史料，我们现在勉强能够复原出康有为出逃的大致路线。

逃出虎口

根据康有为的安排，谭嗣同于1898年9月18日晚上前往袁世凯的寓所法华寺，游说袁世凯杀荣禄、出兵包围颐和园劫持皇太后，用武力迫使皇太后将清廷最高权力移交给光绪帝。因为根据康有为的想象，中国的政治改革之所以举步维艰困难重重，主要是英明的光绪帝没有拥有清廷的政治权力，清廷的政治权力还在慈禧太后的手里。

谭嗣同的游说是不成功的。袁世凯根据自己的经验和知识，并不相信康有为、谭嗣同的分析，并不认为在清廷内部存在着一个以皇上为首的帝党和一个以皇太后为首的后党，更不存在帝后两党的尖锐冲突。帝后冲突只是外界的想象，是外界不明真相。真实情形是帝后关系亲密无间，即便他们对一些问题的看法有某些不同，也只是他们之间的正常分歧，不值得外界大惊小怪。

经过几个小时的反复讨论，谭嗣同没有说服袁世凯，袁世凯反而说服了谭嗣同。心灰意冷的谭嗣同按照先前约定，离开法华寺前往金顶庙，那里有容闳的寓所。容闳老先生在北京的寓所，在过去几个月成为维新人士的家。康有为、梁启超等人，都按照约定在容闳寓所等待谭嗣同的消息。

康有为敢于让谭嗣同去策动袁世凯这样的高官进行武装行动，是因为康有为自信袁世凯对他很尊重，袁世凯具有维新思想。如果康有为没有充分把握，他大概不会走到这一步。现在谭嗣同带来的消息令人失望，不仅失望，而且恐惧。袁世凯是刚刚被提升的高官，兵部侍郎这个头衔，无论是从责任，还是从职业伦理，都会使袁世凯将谭嗣同所说的消息向上级报告。此后一百多年所谓“袁世凯告密”的说法，其实是康有为等人的逻辑推理。

袁世凯指望不上，维新人士的处境一下子变得格外危险。恐慌中，康有为等人孤注一掷，在错误的道路上越走越远。容闳老先生答应凭着自己的美国人身份，出面去找美国公使，看看能不能让美国人向清廷疏通，化险为夷。然而，美国公使此时都在北戴河避暑，远水解不了近渴，指望美国公使拯救意义不大。

在北京，能够与外国人说上话并能让外国人对清廷施加压力的还有李提摩太。李提摩太是英国传教士，他确实与中国政治高层有着错综复杂的关系，北京政界曾经一度风传朝廷准备聘请李提摩太为政治顾问。梁启超曾是李提摩太的中文秘书，康有为与他也比较熟悉。

9月19日上午9点，康有为来到米市施医院，因为几天前从上海赶往北京的李提摩太就住在这里。康有为向李提摩太讲述了一些情况，希望李提摩太能够找英国公使帮忙，向清政府施加一点压力，不要阻挠政治改革的进行。

对于康有为的描述，李提摩太深表同情。只是对于康有为的请求，李提摩太表示爱莫能助，因为时间实在不凑巧，英国公使窦纳乐并不在北京，和美国公使一样，都在北戴河避暑。

离开了李提摩太寓所，康有为还有点不死心，他想到了正在北京访问的日本前首相伊藤博文。他知道伊藤博文在访华前和进入中国之后，对中国正在进行的政治改革一直给予赞扬。他想，既然如此，伊藤博文一定同情他们这些维新志士，让伊藤帮忙，应该问题不大。

19日下午3点，康有为来到日本驻华公使馆。正在那里的伊藤博文与康有为进行了长达三个小时的恳谈，康有为请求伊藤在见到皇太后的时候，尽量为维新人士美言几句，他们这些维新志士只是为了国家好，丝毫没有反对皇太后的意思。

伊藤博文对康有为的请求满口答应，但伊藤心中清楚，他并没有机会见到皇太后，因为他的行程中并不包含这项内容。康有为似乎也感觉到了这一点，因而他并没有从伊藤博文那里获取信心和力量。

几个小时的紧张谈话很快就结束了。暮色已晚，心灰意冷的康有为匆匆赶回南海会馆。或许是因为疑神疑鬼，或许是因为太紧张，康有为竟然发现南海会馆好像被人包围搜查过。这些不同寻常的发现无疑增加了他的恐慌。

当天晚上，翰林院侍读学士黄绍箕设宴招待康有为。黄绍箕是康有为的朋友，也是志同道合的维新同志。他们相互交流了有关情况，并分析了中国政治的可能走势。黄绍箕认为，根据他所得到的消息（其实都是马路传闻），现在的局势非常紧张，直隶总督兼北洋大臣荣禄对康有为非常恼火，必欲置之死地而后已。为了康有为的安全，黄绍箕建议康有为尽快离开北京，改穿西装，直奔山东，不要经过天津，那里是荣禄的地盘。如果这个办法还不可靠，黄绍箕建议康有为改穿僧装，反向操作，直奔蒙古，然后再从那儿想办法。总而言之，黄绍箕建议康有为一定要躲过荣禄，躲过了荣禄，警报也就解除了。

黄绍箕的提醒及建议使康有为更加忧心忡忡。返回南海会馆，正遇到军机章京林旭来谈。林旭告诉康有为，他听说英国军队和俄国军队今天已经在中国沿海交火了，皇太后也连夜赶回宫中处理外交危机了。既然发生了外交危机，相信康先生的危险不至于那样迫切了。

林旭的说法和分析引起了康有为的兴趣，康有为发自内心地不愿离开北京。他太喜欢北京的政治气氛了，他太想在政治上介入了。离开了北京，就等于自我放逐自我出局，就此告别政治了。

康有为的犹豫在弟子中引起了激烈争论。诸位弟子认为，警报并没有解除，康先生如果能够顺利逃出虎口，保全生命，以后介入政治依然有机会。凭借着康先生与西方各国的关系，一定有办法推动中国的政治改革，一定能转危为安。如果继续滞留北京，只会成为人家虎口中的一只羊。谭嗣同拔刀相逼，以救皇上为己任，劝康有为不要犹豫不要耽搁，迅速出行。梁启超、康广仁等下跪恳求，请康有为尽快微服逃跑，一刻都不要再停留。

面对弟子的好意，康有为异常感动，他给诸位弟子讲了一个自己亲身经历的小故事。多年前，他在广州大街上行走的时候，突然有一块砖头从天而降，掠面而下，就在他身边落地。如果这块砖头再偏一寸，他康某就绝对没有今天了。康有为的意思是，生死有命，听天由命吧。

话虽如此，但康有为还是接受了弟子的劝告与请求，同意带着仆人李唐连夜逃出北京，留下诸位弟子在北京继续谋求怎样救皇上。

9月20日早上，天未明，康有为凄惶出逃，离开南海会馆，直奔马家堡火车站，也就是后来的永定门外车站，现在的北京南站。此时的康有为已经没有奉旨前往上海督办《时务官报》时“钦差大臣”的派头，更没有那种感觉。

有惊无险

最危险的地方最安全。康有为遵循这个原则，没有接受黄绍箕等人直奔蒙古改装易服、化装成僧人的建议，而是在马家堡火车站买了一个包厢，一路比较舒适地前往天津。日暮时分，康有为抵达塘沽，立即登上招商局的客轮“新济”号。

康有为并没有“新济”号航班的船票，几经交涉，弄到了一个舱位，船上工作人员看康有为行李很少，似乎有点不太信任，于是对康有为说，你必须先把船票买好，我们才能许你上船。就在这个时候，有几个或赶来送行，或偶尔碰到的广东人和康有为略微谈了几句话，康有为便决定不再搭乘这艘轮船了。

据康有为的说法，他决定不再搭乘“新济”号的理由是这艘船要等到第二天下午4时许方才起航，差不多要经过一天一夜的漫长等待。康有为有点不乐意，这不仅是因为在那小小的客舱中觉得憋屈，更重要的是长时间停留在天津总觉得有点不安全。灵机一动，康有为决定下船，搭乘另外的航班。

康有为的灵机一动，使他避免了一场灾难。假如当时他真的继续待在“新济”号这艘客轮上，他可能走不出天津，因为荣禄和北京步军统领衙门崇礼所派出的两批人马很快就要到这里查察。即便逃出了天津，他也可能在上海被拦截，因为上海道台蔡钧在收到朝廷的命令和荣禄的指示后，已经布下天罗地网。更重要的是，当“新济”号抵达上海时，确实进行过严格检查。

当然，这都是后话，且也只是天命，康有为当时未必想到过这些。他的灵机一动，使随员以及轮船上的办事人员很不高兴。按照康有为的说法，他的这个建议一出口，客栈人颇有烦言，挑夫亦乘机抬价，就连他的仆人李唐，也觉得太麻烦了。他劝说主子收回成命，在这里等等就是了，不必再那么折腾了。然而，康有为是一个极端固执的人，别人越是反对，他就越来劲。他坚持将那些行李运回天津，找个旅店住了下来，痛痛快快洗了一个澡，好好休整一番。

第二天（9月21日），康有为并没有急着赶路，因为他觉得在天津这个地面很好，没有发现什么可疑之处和可疑之人。据说，他在那天上午与其座师余诚格在天津一家酒楼见了面，然后很从容地前往塘沽，搭乘英国太古公司"重庆"号，于上午11时正式起航，离开天津。安全离开天津，这使康有为多少放松了一点，有一种终于逃出虎口的感觉。

其实，康有为疑神疑鬼是有道理的。因为就在康有为乘坐"重庆"号离开天津那一天，中国的政治局势发生了巨大变化。皇太后出园训政，清廷下令抓捕康有为兄弟。稍后，清廷从康广仁的口里获知康有为已离开了北京。大约是康广仁的口供透露出的线索，步军统领衙门估计康有为的出京路线就是由北京乘火车至天津，然后从那里换乘轮船出海逃脱。根据这个判断，军机处于9月21日傍晚6时许发给荣禄一份电报，命令他立即派兵至天津火车站及塘沽一带严密查拿，并让荣禄通知烟台的李希杰、上海的蔡钧做好准备，一旦康有为从天津逃脱，就让他们在烟台、上海拦截，务必不能让康有为逃到租界。

朝廷的判断是对的，只是在时间上晚了一拍。荣禄于当晚6时许接到朝廷密令后，当即密派得力弁兵先在天津火车站紫竹林一带旅馆客栈等处暗为查察。大约两个小时后，崇礼从北京派来的步军统领衙门弁兵也来到天津，他们与荣禄加派的弁兵分赴塘沽、大沽逐处搜索。虽然他们没有在那里找到康有为，但获知康有为已经登上“重庆”号启程，经烟台转赴上海。

荣禄获知这些情报后，一方面向朝廷紧急报告，另一方面发电登莱青道台李希杰、上海道台蔡钧及各口岸文武各员，要求他们会同各国领事在沿途各地设法捕拿，活要见人，死要见尸，捉拿不到，可以就地正法。同时，荣禄还立即派出一艘“飞鹰”号军舰追赶“重庆”号，试图设法阻拦，或者上船搜捕。不料“飞鹰”号中途突然抛锚，说是燃料不足。这究竟是有意还是无意，那就不太知道了。

这些事情，坐在船上的康有为并不知道。当“重庆”号抵达烟台时，需要技术性停泊几个小时。刚刚逃出魔掌的康有为内心感到庆幸，于是兴致勃勃地到岸上游览了风光，并买了一些梨和石子。

无巧不成书。当康有为在烟台大街上悠闲漫步时，朝廷及荣禄沿途抓捕康有为的电报已经发到烟台，然而登莱青道台李希杰此时正在青岛与德国殖民当局谈判划界及开设海关的事情。他不仅人不在烟台，而且还将那份至关重要的电报密码带走了。他在烟台留守的部属尽管收到了这些电报，但他们由于没有密码本，是无论如何也翻译不出来的。技术性误差使康有为逃过一劫，否则就会像康有为后来意识到的那样，必死无疑。

上海道台蔡钧在接到朝廷及荣禄的电报后，立即向盛宣怀作了报告，向税务司、领事馆作了通报，购置了一大批康有为的画像，分别选派精干捕探、干役，在吴淞及上海各处守候竟夜，严密布置，严加防守。凡北来轮船，逐一检查，严加搜索，务求将康有为捕获。蔡钧自信，凭着他的严密安排，康有为只要在上海逗留或经过，无论如何都不可能轻易逃脱。

然而，蔡钧立功心切、动静太大，特别是他向税务司、领事馆进行通报，不仅无助于捕拿康有为，反而在客观上帮助了康有为。蔡钧要求英国领事馆同意上海道派员到英国公司所属轮船进行搜查，抓捕康有为，领事馆意识到康有为的重要性，因此不同意蔡钧的建议，不准蔡钧派员到英国公使所属轮船进行搜捕。英国领事馆告诉蔡钧，假如康有为真的躲在英国公司的船上，那么将由租界中的巡捕房抓捕后交给中国。这就为康有为逃脱清政府的抓捕提供了一个机会、一种可能。

蔡钧是个聪明人，从英国领事的态度中他敏锐地感觉到问题可能比较复杂。于是他派员进一步打探，知道英国人即便真的抓获了康有为，也不一定会交给中国方面，很可能会把康有为保护起来。此时，蔡钧从朝廷等多个渠道获知康有为乘坐的轮船就是英国太古公司的“重庆”号，所以他又加派亲信役员到码头等待，准备等“重庆”号一到港，就强行上船搜查，抓捕康有为。

脱离危险

朝廷的命令、荣禄的指示、蔡钧的准备以及英国领事馆的应对和准备等，这些康有为在那几天当然都不知道。途中的宁静使康有为觉得可能什么事情都不会发生，所以当“重庆”号9月24日凌晨抵沪时，康有为并没有丝毫的扭捏或偷偷摸摸，更没有掩饰其真实身份。两点钟，

"重庆"号将入吴淞，康有为出船头眺望，有终于逃出虎口之欣慰，不禁长长出了一口气。此时有浙江临安拔贡生姚祖义认出了康有为，因为他9月16日曾由都察院代奏了一个条陈，某个机会在北京见过康有为。他很兴奋地将自己的奏折底稿呈请康有为指教，康有为好为人师，毫不客气。因与之议论，于是同船乘客几乎没有人不知道这就是大名鼎鼎的康有为。

康有为这一次不计后果的张扬为自己迎来了机会，而且这个机会至关重要。因为就在康有为与姚祖义议论的时候，忽然有英国人循声而至，问道："你就是康有为康先生吗？"康有为对这个英国人一点印象也没有，而这个英国人似乎也不认识康有为。他只是听到这些人的议论，就猜测这人可能就是他要找的康有为。康有为不知道这究竟是怎么一回事，但英国人的提问，他也不能不回答。他坦然表示，自己正是康有为，不知有何见教？

这个英国人立即进入一个客舱，取出一张康有为的照片，问："这就是你的照片吗？"康有为答曰："然。"

英国人再问："那么你在北京是否杀人了？"康有为笑曰："这真是无从谈起的笑话，我怎么能够杀人呢？你这个问话显得太奇怪了，真是不可思议。"

这位英国人立即拿出上海道台蔡钧的一份命令，上面抄有一道上谕，说康有为进红丸试图杀害皇上，现在畏罪出逃，要求各地官员密拿或就地正法。

看完蔡钧手抄的这道上谕，康有为不禁悲从中来，泫然泪下，他怎么也想不到朝廷会用这种办法对付他。英国人又问道："你是否给皇帝进过红丸，是否有杀害皇帝的想法？”接过英国人的话，康有为述说事情原委，刻意强调了皇上的密谕以及他此次南行之故。

听了康有为的述说，这个英国人表示：“我是英国人濮兰德，我英国驻上海领事固然知道你康先生是皇帝的忠臣，必无此等杀害皇帝的事情和想法，而且知道你康先生素来主张联合英国以抗俄，所以我领事命以兵船前来救你，请康先生火速随我下船，事不宜迟。如果我们的动作慢一点，恐怕上海道台派出的密探马上就会上船搜捕，到那时要救你就很难了。”

康有为心中最清楚自己的事情，当然也知道自己可能遇到的危险，但他现在突然听说皇上被杀害了，不管这件事情是谁干的，康有为内心深处都是相当悲哀，这是不必怀疑的。因为在过去很长一段时间，康有为谋划劫持皇太后，就是把全部希望都放在皇上那里。现在皇上既然被杀害了，那么他康有为活着还有什么意义呢？想到这里，康有为有点痛不欲生，准备蹈海殉节，也不枉他与皇上君臣一场。他口占一绝，以明心志：“忽洒龙漦翳太阴，紫微移座帝星沉。孤臣辜负传衣带，碧海青天夜夜心。”

假如这首诗真是当时所作，那么康有为至少在这个时候已经确然将林旭向他转述的那几个谕旨作为皇上专门发给他的“衣带诏”。别人或许以为是他在捏造，在臆想，因为他毕竟没有皇上的手谕，没有皇上的真迹，但在康有为看来，口谕就是圣谕，与书面谕旨享有同样价值。所以，我们不能说康有为在“衣带诏”问题上说谎造假，他确实是那样认为的，那样理解的，而且也是有依据的。

随后，康有为又当着濮兰德的面写了几份遗书，交仆人李唐收藏，请他方便时转交有关各人。在写给及门诸弟子的遗书中，康有为专讲自己的心志和理想，强调自己所做事情的正义性：“吾专为救中国，哀四万万人之艰难而变法以救之，乃蒙此难。惟来人世间，发愿专为救人起见，期皆至于大同太平之治，将来生生世世，历经无量劫，救此众生，虽频经患难，无有厌改。愿我弟子、我后学，体吾此志，亦以救人为事，虽经患难无改也。地球诸天，随处现身，本无死理。至于无量数劫，亦出救世人而已。聚散生死，理之常，出入其间，何足异哉？到此亦无可念，一切付之。惟吾母吾君之恩未能报，为可念耳。光绪二十四年八月九日康长素遗笔。”

又有一遗书给弟子徐勤，交代家事：“吾以救中国故，冒险遭变，竟至不测。命也。然神明何曾死哉？君勉为烈丈夫，吾有老母，谨以为托。照料吾家人，力任大道，无变怠也。同门中谁能仗义，护持吾家吾国者，吾神明嘉之。孔子生两千四百七十五年即光绪二十四年八月九日，为绝笔告。”写完之后，康有为在文中又加上一句，“任甫若存，并以为托”。任甫，即梁启超，字任公。

能够想象得出，康有为此时确有万念俱灰的想法，确有一死了之为圣明君主殉葬的信念和志向，他边写边说，令人哀痛。当这几份遗书写就后，濮兰德劝慰道，现在只是传说皇上不在了，只是传闻，并没有确切消息，因此现在还不应该就这样去寻死。即便死，也要死得其所，死得明白。

毫无疑问，濮兰德的话启发了康有为，或者说康有为生的欲望又占了上风。他同意随濮兰德下船，同意接受英国人的保护，因此踏上了英国人的兵船。康有为的命就这样保住了，只是在此后漫长的岁月中，康有为只能浪迹天涯、流亡海外。他虽然在此后数年不懈努力，从事政治，鼓吹保皇，鼓吹改良，但其实他已经被彻底边缘化，除了以保皇爱国的名义从华侨那里化缘以维持自己并不太低的生活水准，他在政治上、学术上已经成了一个历史人物，接近于走进历史。

恭亲王奕䜣的政治遗言

1898年5月29日，清光绪二十四年四月十日，夜幕降临时分，位于内城什刹海西北角的恭王府内哭声一片。恭王府的主人，也就是大清王朝首席军机兼总理衙门领班大臣恭亲王奕䜣终于久病不治，撒手人寰，终年六十六岁。人们普遍相信，依照中国王朝政治政随人亡的千年规律，随着恭亲王的去世，中国政治必将发生某些变化。

恭亲王奕䜣为宣宗道光皇帝第六子，1850年受封为亲王。三年后，年仅二十岁的奕䜣充任军机大臣，开始了他在清廷最高决策层的政治生涯。当1860年英法联军向北京进犯的时候，体弱多病的咸丰帝带着妻妾亲随一溜烟地逃亡热河，恭亲王奕䜣担当起留守北京的重任，负责与联军议和。

奕䜣先前与外国人接触时，总是抱有蔑视态度，并掺和着仇恨与恐惧。当他与西方人的接触越来越多时，他的态度发生重大改变，他开始赞赏西方人的工作精神和敬业态度。他同意由英国人李泰国整顿重建中国海关，充分信任英国人赫德担任海关总税务司，足以证明他对西方、对世界的看法已发生根本性转变，也因此有人送给他一个“鬼子六”的绰号。

英法联军导致的外交危机化解后，中外交涉事务日渐增多，清政府原有的“六部”架构已无法满足这种需要。1861年年初，清廷批准恭亲王等人的建议设立总理各国事务衙门，接管以往由礼部和理藩院分别执掌的对外事务。中国终于打开通往世界的大门。在此后总理衙门存在的四十年中，奕䜣担任领班大臣达二十八年之久。

在恭亲王主持朝政的那些年，他与汉族出身的大臣曾国藩、左宗棠、李鸿章、胡林翼等人在慈禧太后的支持下，修补内部政治秩序，调整对外战略方针，基本放弃沿袭已久的宗藩朝贡体制，向西方学习，以屈辱的姿态韬光养晦，接受条约体制，致力于和平外交，为大清王朝的恢复与发展赢得了一个难得的外部环境。

和平的外部环境、稳定的国内秩序、相对开放的对外政策，当然有助于中国的发展，经过大约三十年的努力，中国在经济上修复因两次鸦片战争和太平天国革命所遭到的破坏，综合国力与军事力量虽不能与老牌资本主义强国相比，但在亚洲的中心地位与大国气势毕竟得到了相当程度的恢复，即便不是世界上最强大的国家，至少在亚洲尚无其他国家可以取代大清国的地位，中国终于迈出步入“近代”的脚步。恭亲王奕䜣由此被誉为“中国第一次近代化运动”的倡导者和践行者。

◎ 恭亲王奕䜣

在中国走向近代的征途中，恭亲王奕䜣确实起到过重要作用，然而他在提倡中国向西方学习的同时，始终不认为中国在整体上落后于西方，始终相信中国自古相传的政治体制在经过两千年的不断更新后，大有“历史的终结”的意味。在他的政治理念中，中国不如西方只是暂时的和局部的，一旦中国人学习、掌握了西方近代科学技术，中国必将重新崛起，依然是世界政治格局中重要的一极。

然而令人遗憾的是，奕䜣的期待并没有变成现实。1894年黄海一战，举全国三十年积累创建的北洋海军顷刻瓦解。紧接着，马关议和，割地赔款，大清王朝陷入空前的政治危机。人们将矛头对准恭亲王领导的清政府，认为三十年洋务新政不过是一场“跛足”的近代化运动，中国并没有利用财富增长的机会适时进行政治体制改革，旧有的政治体制束缚了中国的发展，这也是甲午战争战败的根本原因。

洋务新政只变其末不变其本的反思很快被朝野各界认同，恭亲王奕䜣也期待在新的历史条件下进行改革，重建一个高效廉洁的政府。无奈清政府积弊太重，而且奕䜣也真的老了，不论是体力上，还是精神意志上，他都没有十几年前的状态了，他勉为其难地维持着残局，只是希望大清王朝在他真正退出历史舞台之前不要再出什么乱子。他甚至考虑过退休，但每当提起这件事情时，总是被各种各样的原因羁绊。

奕䜣期待大清王朝不出乱子的愿望仅仅维持了不到三年时间。1897年年底，原本与中国关系还算友好的德国突然不宣而战出兵强占胶州湾，中国国内的民族主义情绪因此再度高涨，以康有为为代表的年青一代提出政治改革的目标，要求清政府取法俄、日，以定国是，从根本上铲除旧制度的根基，建立君主立宪体制。

康有为的呼吁逐步赢得了社会各界的喝彩，光绪帝令奕䜣认真研究这些建议。作为稳健的政治家，奕䜣当然无法认同康有为的政治理念，更不主张采纳改变大清王朝固有政治体制的激进变革。

1898年1月11日，奕䜣主持总理衙门例会讨论光绪帝的指示。当朝帝师翁同龢竭力赞成光绪帝的看法，认为康有为是一个不可多得的人才，康的那些建议尽管有某些不切实际的理想成分，但总的来说还是很有价值的，值得予以重视。至于派遣康有为出洋考察各国政治，既是皇上的主张，当然应该实行。而与康有为有过直接接触的工部尚书许应骙则认为康有为人品低下，是不逞之徒，更是中国文化的叛徒，因此他坚决反对派遣康有为出洋考察。双方争论不下，无法达成共识，于是奕䜣建议由总理衙门大臣对康有为进行一次面试，然后再做决定。

根据恭亲王的建议，总理衙门大臣于1月24日下午在西花厅召康有为问话，双方就中国是否应该进行改革，以及怎样改革等问题交换看法。所谈情况于第二天由翁同龢向光绪帝作了报告，翁同龢继续建议皇上尽快召见康有为，就中国改革与发展等问题直接征求康的看法。

光绪帝有意接受翁同龢的建议，但奕䜣以皇上召见康有为这个级别的小臣不合祖制为由，建议先请康有为将改革方案书面报告，然后视情况发展而定。

奕䜣的建议合乎体制要求，故而这一建议很难说是反对康有为的变法主张。不过，当变法运动在后来被镇压下去后，康有为、梁启超等人在分析失败原因时总是将奕䜣的反对视为一个重要因素。

事实上，在甲午战争后三年时间里，奕䜣领导的政府虽然没有在行政体制改革方面做多少工作，但实事求是地说，奕䜣和他的政府对于那些必须进行改革的许多新举措还是持积极态度的，比如同意贵州学政严修的建议创设特科以广收人才，同意荣禄的建议增练新军以固国本，开设武科以培养新式军官等，都具有重要意义。即便对康有为等人创办的强学会，虽然朝野上下要求严厉查封，但奕䜣的处理则比较低调，在某种程度上保护了青年一代的爱国热情。

青年一代应该说在某种程度上代表了奕䜣的理想和追求，如果奕䜣再年轻些，按照他过去的思想倾向，他一定会全力支持这些年轻志士。不过，奕䜣的生命毕竟已进入最后岁月，他的老成持重使他不可能对康有为的激进主义改革方案完全赞同。他似乎已意识到，如果依照康有为的方案进行改革，那么很可能意味着清朝历史的终结。

阻止了光绪帝召见康有为，并不能从根本上阻断皇上与新思潮的接触，而且更为严重的事实是，恭亲王奕䜣的病情越来越严重，进入5月就基本卧床不起。他似乎也知道自己的生命可能很快就要走到终点，他深为忧虑的还是大清帝国的未来，他期待中国能够在近代化的道路上继续前行，依然不希望清政府在他身后进行太大的动作，更不要听信那些极端激进主义的建议。

5月26日、27日，慈禧太后和光绪帝多次前往探视恭亲王，恭亲王也利用这个机会向两宫表达了自己的忧虑。恭亲王希望年轻的皇帝能够很好地尊重慈禧太后，在用人行政上要格外小心，恪守成宪，维系人心，与那些忠诚的大臣共同商量，治理国家，经武整军，富国强兵。

恭亲王还告诉光绪帝，大清王朝确实应该进行某些方面的改革，但这种改革只能是清朝旧有体制的完善，而不能另起炉灶从头开始。翁同龢、康有为等人的所谓“从内政根本”进行改革的构想，以及在内廷设立制度局的想法，实际上都是要脱离原有国家权力机关另起炉灶，意在“废我军机”。果如此，以皇上的政治智慧和经验阅历，势必沦为翁同龢、康有为手中的傀儡，那样不仅对满洲皇族不利，对大清王朝也极端危险。恭亲王奕䜣用生命的最后一点力气阻止光绪帝起用康有为，称“闻有广东举人主张变法，当慎重，不可轻任小人”。

对于翁同龢，奕䜣根据自己多年共事与了解，认为翁同龢不仅一味夸张，力主开战，一错再错，以致十数年之教育，数千万之海军，覆于一旦，不得已割地求和。他将国家从甲午战争前的发展坦途引领到现在如此危险境地，德据胶澳，俄租旅大，英索威海、九龙，法贯广州湾，此后相互效尤，不知何所底止？所有这些，实际上都是翁同龢误导之过。

至于翁同龢的个人人品，恭亲王奕䜣从根本上瞧不起，他告诉光绪帝和慈禧太后，此人“居心叵测，并及怙权”，如果不对他进行防制，将来一旦他与康有为等人联手，必将祸及大清王朝。

恭亲王的临终交代引起了太后与皇上的高度重视，尤其是让年轻的光绪帝感到格外恼火，因为被恭亲王不齿的翁同龢毕竟是自己敬重多年的老师。因此，光绪帝决定直接试探翁同龢的忠诚度。

对于恭亲王的临终交代，翁同龢在那几天也有耳闻，他知道要保住自己的地位与权势，就必须与康有为等维新人物一刀两断，至少要暂时割断关系。

5月26日，光绪帝向翁同龢索要康有为的著作，已有心理准备的翁同龢出于自我保护的本能矢口否认与康有为有来往，更没有他的著作。

翁同龢的反常回答使光绪帝不快，因为皇上清楚地记得正是这位老师不止一次地向他推荐康有为，甚至不止一次地希望皇上能够破格召见康有为，听听这位年轻的政治改革家关于中国未来的设计。在翁的反复宣扬下，光绪帝对康有为留有很深印象，由此开始格外留意康有为这班维新志士的一举一动，而这位翁老师也开始“议论专主变法，比前判若两人”，不再向皇上唠叨那些儒家伦理，而是“日讲西法之良”。可是刚刚三四个月过去，这位翁老师怎么又说他不与康有为往来呢？于是皇上反问道：是什么原因使你不与康有为往来？翁答道：康有为此人居心叵测。这个回答更使皇上反感：你翁老师先前竭力推荐的所谓年轻有为的政治改革家竟然变成了“居心叵测”的政治小人，那么你先前是怎样考察的？你先前为什么不详说？翁同龢回答：先前没有看到过康有为的全部著作，最近得读他的《孔子改制考》方才得到这样的认识。这样的解释虽然可以自圆其说，但皇上肯定认为，这位老师要么是在骗他，要么这位六十九岁的翁老师确实老了。于是光绪帝决定今天不再与老师理论，待明日老师调整好情绪再说。

第二天，光绪帝重演昨日故事，翁同龢并没有忘记昨日的回答，依然如昨日一样回答了皇帝的提问：一是康有为居心叵测，可能是政治小人；二是他自己与康有为也没有什么往来。翁同龢的回答使光绪帝非常愤怒，因为这在很大程度上证明了恭亲王的判断是正确的，翁同龢确实居心不良。

这个故事的细节都清楚地记载在翁同龢的日记里。过去的研究者差不多都注意到了这个故事，但在解读上认定这表明翁同龢与康有为在学术上确实存在着差别，或者说，翁同龢与光绪帝在用人、治国理念上存在差别，但几乎所有的研究者都忽略了这个故事的背景，更忽略了翁同龢为什么要把这个故事记录到自己的日记里，因为毕竟遭到皇上的训斥不是一件多么光彩的事，更何况这只是他们师徒二人之间才知道的事情。

其实，这个故事的真实原因就是恭亲王的临终交代，翁同龢自作聪明矢口否认与康有为有往来，殊不知弄巧成拙，反而暴露出自己政治上不诚实的一面，验证了恭亲王的评判。

翁同龢已不可信，于是光绪帝在慈禧太后支持下，在恭亲王奕䜣去世之后半个月断然罢黜翁同龢一切职务，对清政府进行大幅度改组，然而却接受了康有为的建议，明定国是，开启一个新时代。可惜的是，仅仅一百天，这个新时代就宣告结束。究其原因，又可从恭亲王的政治遗言中找到答案。

张謇：别了，皇上

1898年的政治变革揭开了中国走上君主立宪的序幕，光绪帝虽然没有明确作出这样的政治宣示，但其行动已经表明中国要向日本学习，走明治维新的道路，以构建一个君主立宪国家。

只是后来因为种种原因，这个计划被耽搁，直至20世纪初新政再启，君主立宪才重回中国人的视野，也由此涌现出一批职业政治家。他们在后来的政治变动尤其是从立宪向共和的转变中发挥了巨大作用，南通张謇就是影响最大者。

体制内抗争

张謇曾经对日本的君主立宪长期保持关注。日俄战争开打后，他敏锐意识到日本将战胜俄国，胜败的关键不在国土、人口、兵力，而在体制。日本的立宪体制使其致力于实业教育30年，因此有足够的力量与中国、俄国抗衡。

不久之后，日本在日俄战争中取胜，的确证实了张謇的预见。与此同时，体制内的驻外使节如孙宝琦、胡惟德、张德彝及一些督抚朝臣纷纷转变立场，认为只有立宪可以防止中国重蹈俄国覆辙。由于有以他们为代表的立宪派与朝野上下寻求变革的力量的推动，更因为在家天下时代，对于朝廷有利的事情，朝廷都会欣然接受，因此经过一番讨论和考察后，清廷于1906年秋天郑重宣布预备立宪，争取用九年时间将中国带上日本那样的立宪国家道路。

所谓九年准备其实正表明了一种郑重其事的态度。清廷希望在确定方向之后脚踏实地、稳步进行，推行“有计划政治”：先推动官制改革，再参照东西洋各国重定法律，接着广兴教育，清理财政，整顿武备。按照当时清政府的规划，经过这些稳扎稳打的筹备后，立宪大业自然会水到渠成。

对于清廷的稳重方案，焦急的立宪党人当然有点不太愿意接受，他们急切期待用立宪摆脱危机，富国强兵。在清廷预备立宪谕旨颁布不久，张謇与汤寿潜、郑孝胥等立宪党人积极活动起来，力促清廷加快立宪步伐。经过反复计议，他们联络江浙闽粤等地近300名立宪党人在上海创办“预备立宪公会”，出版报刊，宣传宪政；编纂商法和公司法，以保护商人利益，促进工商业健康发展；开办法政讲习所，培养立宪人才。经过这些筹备，预备立宪公会又联络其他政治团体，尝试举行请愿运动，以早日将中国带上立宪轨道。

◎ 晚清资政院会场内景

张謇和预备立宪公会的领导人确实具有相当能量，他们很快联络全国各地十多个相关团体一起向朝廷施压。面对如此压力，清廷也做出一些善意回应，一再重申立宪方向不变，并同意在中央创设资政院，在各省创设咨议局。这是中国几千年历史上从未有过的。

各省咨议局和中央资政院为立宪党人的活动提供了合法平台，张謇等人利用这个平台做了大量工作，短短几年，立宪思想逐渐深入人心，各省督抚在咨议局的咨询、问责下，渐渐觉得不太舒服，甚至有点“官不聊生”的感觉。

从立宪党人的立场说，咨议局并不是一个完全议会，只是一个议政机构，并不具有立法资格。各省议员在经过一段时间实践后，也感到这种准议会性质不利于宪政推行，因此他们格外期待朝廷能够速开国会，组织责任政府。这就是国会请愿运动的来历。

张謇等人发动的国会请愿运动是一种体制内的抗争，是在认同体制的前提下建议加速改革。这些建议虽有违于朝廷“有计划政治”，但其心可嘉，经过几番争取、奋争后，朝廷还是在第三次请愿发生时做出提前召集国会、组织责任内阁的承诺，决定在1913年召集正式国会，在此之前先将官制厘定，并预行组织内阁。

最后的善意忠告

清廷此次对九年预备立宪的调整是真诚的，只是在人们接受了这一调整方案，静候按部就班厘定官制，特别是预行组织内阁时，却出了大问题。

1911年5月8日，清廷宣布第一届责任内阁名单，13位阁员中竟有9人为皇室或皇族，这无异于军机处的亲贵内阁。皇族内阁一出台，立刻引起立宪党人普遍反对，张謇也在第一时间敏感意识到清廷的这一举措不仅违反祖制，而且处理得不好，势必导致人心皆失，一场巨大的政治动荡将不可避免。

君主立宪是张謇那一代中国人苦苦探究十多年的结果，也是那一代中国人认为最合乎中国的道路，君主专制既然已成历史，民主立宪又不想要，只有君主立宪这条路。现在君主立宪弄成这个样子，满洲贵族对权力的垄断已经变得疯狂而肆无忌惮，这不能不使以张謇为代表的老立宪党人异常愤怒。

愤怒归愤怒，出于大局考虑，张謇并未就此与清廷翻脸。而且，传统的君臣观念也影响着他，他只能忍气吞声，有话悄悄向皇上说。张謇为此联系汤寿潜、沈曾植、赵凤昌等人联名致信摄政王，旁征博引耐心劝告摄政王仿照“咸同年间”成例，重用汉大臣中有学问有阅历者，无论如何不能以国家为赌注，放任皇族和“高干子弟”胡作非为，因为如果放任他们如此垄断权力，必将丧失人心。

危急时刻，张謇还偕同友人前往武汉拜访湖广总督。再至彰德，拜访20多年未见面的袁世凯，详细交换对时局的看法。紧接着，张謇一行入京，与载泽、载洵、载涛、徐世昌、唐绍仪等政要频繁接触，并获摄政王接见。也就是在这次接见中，张謇向摄政王提出了“最后的忠

◎ 状元实业家张謇

告”，他认为当时的外交有三大危险，内政有三大要事。

外交上的三大危险，一是《中俄伊犁条约》；二是宣统五年《英日同盟条约》期满；三是美巴拿马运河告成，必有变故。至于内政三事，一是外省灾患叠见，民生困苦，朝廷须知民隐及咨议局事；二是商业困难，朝廷须设法振作；三是中美人民联合。

张謇面见摄政王时，出于稳妥，虽然对其有所忠告，但回避了最敏感的体制改革，尤其是皇族内阁、铁路国有等问题，选择了在随后与王室成员的交谈中再明白阐释自己的看法。对四川风起云涌的保路运动，张謇表示同情，建议载泽尽快与盛宣怀商量，调整方略，无论如何也要将那些集资修路的川民从这个政策的损失中剥离出来，不应该让他们承担政策的损失。他提议用中央财政将川民的集资款退回，然后集中力量追查川汉铁路公司及那些官绅的责任。

在多番努力未见成效后，张謇看到事已至此，他所能做的只有为皇族内阁建言。在京期间，他没有过多就皇族内阁发表看法，等8月回到南方后，很快发表《请新内阁发表政见书》，在不反对皇族内阁前提下，提出三点建议，一是速发内阁新政见以刷新中外耳目；二是实行阁部会议加强中央各部门之间的沟通；三是建议国务大臣恢复幕府制度，选择优秀人才进入幕府议政。

转向共和

很显然，张謇这样的立宪党人对皇族内阁和铁路国有的反对，还是比较温和而有节制的。他似乎倾向于相信，大清王朝面对这样的政治危机应该能够化解，秩序应该能够得到恢复，毕竟这是一个200多年的王朝，经历过那么多大风大浪，应当不会在这次风浪中翻船。因此，即便武汉被成都保路风潮弄得一片恐慌，张謇还是在10月初到那里主持一个纺纱厂的开业仪式。

10月10日晚8时，忙碌多天的张謇登上“襄阳丸”顺流东下，突然看见武昌草湖门一带起了大火。想起昨天曾有革命党人被查获处死，他估计这火灾或许是闹事者余党报复。船行20里外犹见火光，此时张謇怎么也想不到他目睹了那场改变中国历史进程的大事件。那些大火就是湖北新军愤怒的火焰，他们不是为昨日被杀者复仇，而是发动了起义，是辛亥革命的开端。

作为立宪党领袖，张謇对革命本能地厌恶。两天后（10月12日）张謇抵达南京，第一件事就是劝说江宁将军铁良出兵援鄂平息动乱，并请铁良代奏朝廷立即实行立宪，改组内阁，平息国人愤怒。

张謇真诚希望社会稳定，不喜欢革命，对可能造成的社会动荡忧心忡忡。在此后几天他分别拜会两江总督张人俊、江苏巡抚程德全，对他们苦苦劝说，在得到程德全认可后，与雷奋等人代程德全及山东巡抚孙宝琦起草了一份奏折，请求朝廷立即改组内阁宣布立宪，标本兼治，剿抚并用，并建议对酿乱首祸盛宣怀严加惩处，以谢天下，筹组责任内阁代皇上负起责任。

革命的发展超出了所有人预料。短短几天，湖北独立、湖南独立、山西独立、陕西独立、江西独立、云南独立，这股独立风潮像传染病一样传到江浙，传到上海，张謇等立宪党人坐立不安，却又无可奈何。他原来的立宪同志李平书出任光复（独立）后的沪军都督府民政长，他的亲信沈恩孚、黄炎培也到光复（独立）后的江苏都督府任职。许多地方平稳光复（独立），和平过渡，使张謇对革命的恐惧大为减轻，他的思想也在这时发生转变。

张謇意识到，革命既然已成为大势，谁也没有办法阻止，立宪与革命虽说有很大差异，但在目前形势下，立宪党人有责任与革命党保持合作，稳定社会，控制局面。11月8日，张謇致信江宁将军铁良和两江总督张人俊，劝他们在动荡时期好自为之，千万不要让满汉战士兵戎相见，应该引导大家在共和主义理念指引下友好相处。这大约是张謇转向共和的最早证据。

和平光复势不可当，自武昌首义至张謇致信铁良等人不过32天，独立省份就已有14个。这14个独立省份当然并不都与朝廷严整对立，但清廷的政治危机至此已暴露无遗。先前十几年的立宪奋斗终于因清廷内部的自私、不妥协而被彻底葬送，转向共和、转向革命也就成了张謇这批立宪党人无奈却必然的选择。

11月23日，张謇在上海会同汤寿潜、熊希龄、赵凤昌等老立宪党人联名致电张家口商会转内外蒙古赞成共和。接着，张謇又与伍廷芳、唐文治联名致电摄政王，再进忠言，认为非共和无以免生灵之涂炭，保满汉之和平。君主立宪已成过去，为皇上为王爷计，此时若幡然改悟，共赞共和，以世界文明公理待国民，国民必能以安富尊荣之礼报皇室。

别了，皇上。这是中国人，也是张謇一个痛苦而又不能不做出的选择。

杨度为什么不忏悔

杨度（1875—1931），原名承瓒，字皙子，后改名度，湖南湘潭姜畲石塘村人。他是中国近代史上一个奇特的政治家，先后投身截然对立的政治派别，在袁世凯称帝过程中扮演了重要角色。

底气何来

杨度是洪宪帝制的策划师，更是筹安会的组织者和灵魂人物，然而当洪宪帝制遭到国内外反对，袁世凯宣布废止帝制、重回民国时，杨度于1916年5月1日向京津《泰晤士报》记者发表了一个“词意坚决”的谈话。大意如下：政治上的帝制运动虽然失败了，但我杨某的政治主张绝无变更。兄弟我仍是彻头彻尾主张“君宪救国”的一个人，一个字不能增，一个字不能减。大约十年前在日本，孙中山、黄兴主张共和，兄弟我就发表文章表示反对，以为共和系病象，君主乃药石，人民讳疾忌医，实为国家之大不幸。中国的未来，除了君主立宪外，别无解纷医乱之方。

◎ 杨度组织筹安会，在袁世凯的称帝过程中出力甚大

说到这次洪宪帝制，杨度并不推卸自己的责任。他表示：国体问题这两年闹得纷纷攘攘，我杨某确实应该负有主要的责任，既不诿过于人，亦不逃罪于远方。有报纸说我杨某已经畏罪逃亡，你们亲眼看到我跑了吗？兄弟我等新政府正式成立后，必将前往法庭躬受审判。当然，退一步说，政见不同，亦是共和国民应有的基本权利。

根据记者的观察，杨度在接受访谈时，态度安闲，并没有当时报界纷传畏罪出逃的迹象。侃侃而谈中，杨度对引起巨大政治动荡的帝制复辟事件并没有丝毫悔意，他也并不认为由此引发的战争，他应该负有多大责任。

又过了一个月，袁世凯病逝，杨度在挽联中对洪宪帝制及其自己应该承担的责任说得更明白：

共和误民国，民国误共和。百世之后，再平是狱；
君宪负明公，明公负君宪。九泉之下，三复斯言。

如果仔细体会这副挽联，我们很容易感觉到，杨度一点不认为自己有错，他甚至在强硬回应各界指责——他杨度的君宪救国主张没有错，如果一定要说有错的话，就是这个主张没有得到完整准确的贯彻执行。

那么，杨度的底气是从哪儿来的呢？

君宪救国的理由

从历史上说，杨度在武昌起义之前的很长一段时间就是一个坚定的君宪主义者，在晚清预备立宪的整个过程中，杨度始终站在君宪主义立场上呼吁、推动并身体力行，有传言说五大臣出洋考察宪政的报告中有几份便是出自杨度的手笔。这件事的真实性虽说有待考究，但杨度是君宪主义者这个事实没有一点问题。

在杨度那一代中国人中，绝大多数确实相信君宪主义是解救中国的最佳方案，革命只有在朝廷不愿改革的时候方才有倒逼的功能，只要朝廷愿意改革，就应该支持其重构君主立宪的政治架构，阻止革命发生。我们没有办法评估革命与改良谁对谁错，但事实确实如此——当清廷1906年宣布预备立宪后，革命立即陷入低谷，大批革命党人在朝廷感召下纷纷放弃革命。

回归主流，参与君宪主义的政治变革

武昌起义、滦州兵谏迫使清廷改“皇族内阁”为真正意义上的内阁，但在怎样重构国会问题上，清廷中的强硬派和南方独立各省争论不休。就在这个非常微妙的时刻，杨度与汪精卫共组“国事共济会”，以第三者立场调停南北，力主将君宪还是共和的问题提交给“临时国民会议”去讨论。杨度此时似乎并不排斥共和作为一个政治选项，只是这个选项因为南北僵持、正式国会无法成立，一直没找到出路。

“国事共济会”很快结束了，中华民国很快建立起来。在中华民国的政治架构下，杨度最初并没有感到有什么不合适，然而到了1915年，“一战”爆发，日本宣布参战且出兵中国山东，攫取了德国人在山东的全部权益，并以此逼中国政府签字画押给予认可。更令中国人吃惊的是，日本人的要求远远超出德国人在山东的权益，其范围扩大到了满洲和蒙古。这就是日本提出的被称为灭亡中国的“二十一条”。

“二十一条”确实是中华民国遇到的最大外交困境。面对这样的外交困境，正确的解决办法应该是就事论事，不存在“由外交而内政”，也不可期待通过改变内部政治架构去应对外交危局。然而，杨度就在这个微妙的历史时刻这样想了，且这样做了。

1915年5月25日，中日“二十一条”及换文，由外交总长陆徵祥与日本驻华公使日置益在北京签字并交换。就在这个历史节点上，杨度发表了著名的长篇政论文章《君宪救国论》，上篇详述君宪救国的理由，中篇分析中华民国总统制的缺点，下篇批评清末的假立宪和民国成立后的民主立宪。经过一番复杂逻辑论证和事实陈述，杨度的结论是，中国如果不能就此废共和，立君主，则“强国无望，富国无望，立宪无望”，中国终归于亡国而后已。在杨度看来，以专制之权行立宪之业，方才是中国未来的唯一出路。打一个不太恰当的比方，杨度在这里呼唤重立君主，重建君主立宪体制，大约与后来的新权威主义相仿佛，就是要以一种强有力的中央集权推动政治进步。

学理离事实有多远

如果仅从学理层面言，杨度的这些分析并不令人吃惊，因为民主共和毕竟在中国只有三四年时间，而且这三四年里确实因为民主共和无法真正落实而带来很多困扰——二次革命、外交危机、周边分离主义危机，都在威胁着这个年轻的共和国。这个时候，不仅杨度有这种想法，其实按照许多人的分析，即便后来反对袁世凯帝制复辟最有力量的梁启超，也并不认为中国的出路就在共和，只是他认为杨度和袁世凯选择的时机不对。甚至在先前极端激进的革命阵营中，比如章太炎，也不认为袁世凯不可以称帝，也不认为共和就是中国的唯一选项。章太炎在1913年面见袁世凯时就说过这样的意思：袁公称帝不是不可以，假如袁公能够振作精神发奋为雄，出兵踏平蒙古，让蒙古回归，那么到时就不是袁公愿意或不愿意当皇帝，而是人民期待袁公当皇帝。

很显然，民主共和即便在法国那样的国家都经过无数次反复，那么对于中国这样具有悠久帝制传统的国家，出现一次或者几次反复应该也是一种很正常的情形。所以当时不仅中国人有这样浓厚的帝制情结，即便是来自民主共和国家的美国宪法专家古德诺也在他的一篇研究报告中认为最适宜中国目前情形的政治架构，还是君主立宪体制。

古德诺认为，自民国建立以来之所以始终无法恢复秩序、重建和平，一个最重要的原因就是宪法对总统权力约束太大，使大总统徒有虚名，不能有所作为，因而导致政局不稳。而政局稳定对于当时的中国来说几乎成了唯一诉求，中国必须建立一个强固的中央政府，然后才有可能去实施各项政策。

古德诺在1915年接受中国政府委托，就中国未来政治架构进行宪法学的研究，他的结论是，现在正在实行的共和体制并不合乎中国国情，立宪体制下的君主制其实比共和制更为优良。古德诺的这个结论为杨度的“君宪救国论”提供了一个非常有力的旁证。此外，日本宪法学者有贺长雄也有类似论文，证明君主制优于共和制。民国在建立之后遇到了一次真正的体制威胁。

如果仅从学理层面而言，杨度以及古德诺、有贺长雄的研究也不是什么大不了的事情，所以在最初阶段袁世凯也不愿冒着妨碍学术自由的风险加以干涉。然而，杨度等人不知适可而止，他很快将这种尚在讨论中的不成熟方案转化为政治实践。1915年8月14日，杨度串联孙毓筠、李燮和、胡瑛、刘师培及严复联名发起“筹安会”，向全国各省军民长官发出通电，呼吁就君主还是民主问题进行讨论。实际上，此时的杨度和“筹安会”已不再只是研究学理了，而是深度介入了现实政治，并对袁世凯产生了严重误导。袁世凯看了杨度的《君宪救国论》，认为很有深度，说到了点子上。及至古德诺、有贺长雄两文出，袁世凯更觉得共和弊病的根本解决只能是废除共和，重建一个君主立宪体制，让国家政治重回正轨。

袁世凯的理解或许有其合理的一面，然而令人遗憾的是，他的这个理解被利用了。他的大儿子袁克定可能太想当皇太子了，他的那些贴身幕僚、随从们也可能太怀念几年前大清帝国的威风了。于是，紧接着的帝制活动演变成了一场闹剧，梁士诒组织了各省国民请愿团，参政院也在这场逆流中随风而动，擅自决定以“国民代表大会”去决定国体，结果全国一窝蜂地进行国体投票，全国“完全一致”同意改共和，立君宪，全体一致“恭戴今大总统袁世凯为中华帝国皇帝”。无比庄重的国体构建，就这样儿戏一样地完成了，而一辈子沉稳内敛的袁世凯竟然鬼迷心窍般地相信了这样的拥戴。

闹剧即将结束时，梁启超登高一呼，震惊了全国志士仁人；蔡锷云南首举义旗，宣布了洪宪王朝的死亡。袁世凯急火攻心，一命呜呼。杨度逍遥复逍遥，认为自己的理论探讨没有错，错就错在袁世凯的实践方案不对路。

杨度的坚持遭到各方面的抨击，甚至被认为无耻。只是一百年后重新检讨这个事情，又不能不承认杨度的方案与袁世凯后来的方案之间确实存在着巨大差异。杨度自信他的学理研究没有错，这不是因为有美国宪法学专家古德诺和日本有贺长雄等人背书，也不是因为举国狂欢认同了这个方案，而是他的方案是晚清以来中国人的艰难探索，是一项共识，所以杨度并不认为他的这个学理研讨有什么错。如果一定要说有什么错误的话，那也是袁公和他身边的那些幕僚们太没有用，将一件好事给做砸了。

从历史层面看，杨度的辩解不能说毫无道理。只是杨度忘记了，尽管袁世凯后来的方案与杨度的最初方案有差异，但如果没有他的最初方案，没有他那如簧之舌肆意鼓吹，中国政治会向这个方向转轨吗？

一个学者的力量当然不会扭转一个国家的政治发展方向，但是一个学者的思考如果从"私"的层面激活了领导人内心的焦虑，那么这种思考就有可能转化为政治实践。在这种转化过程中，政治家总是选择有利于自己的一面，放弃或者无视那些必要的、充分的条件。所以，杨度后来不忏悔，古德诺也不认为自己有什么错，只有袁世凯还算诚实，表示责任终归在自己，毕竟自己拥有最终选择权。

洪宪帝制和"筹安会"已成往事，但杨度和"筹安会"给中国知识人的教训是深刻的，知识人的学理探讨即便与现实政治有关联，然而毕竟不是一回事，两者有着非常遥远的距离。知识人适度矜持永远都是必要的。

— 第三章 —

一个王朝的隐退

甲午战争启示录

（一）大清终结的朝鲜因素

在慈禧太后晚年，中国终于在经历了甲午战争、义和团战争、日俄战争十年风风雨雨之后，踏上了政治变革不归路。日俄战争还没有结束，清政府就追随俄国开放政治，实行变革，改良开始与革命赛跑。

1905年，流亡世界各地的革命者面对世界大变局也开始了新的觉醒，放弃山头，放弃门户，会集在日俄战争战胜国日本，朝圣般虔诚地向日本取经，集思广益，团结一致，共举孙中山为总理，共创中国同盟会，加快了中国革命进程。

也是在这一年，清廷决心加大改革步伐，欣然接受宪政改革的建议，选派五大臣出洋考察宪政。第二年，慈禧太后、光绪帝主导的宪政运动如火如荼地在中华大地全面铺开。积贫积弱的中国终于迎来了新的机会与希望。

短短两年，中国的政治改革进展迅猛，九年立宪清单不仅发布，而且逐年落实，逐年检查，如果不发生意外，中国再有几年时间，最多也就是后来的民国五年前后，一个类似日本、英国的君主立宪体制必将诞生，古老的中国必将迈出重要一步。

然而就在这个时候，1908年，在《钦定宪法大纲》发布后不久，光绪帝、慈禧太后两位当家人在不到一天时间里相继死亡，一个比较弱势的组合——年轻的摄政王与光绪帝的遗孀隆裕太后登台。

弱势的新班底缺少的是魄力、魅力、决断和执行力，在随后两年间，中国的政治改革虽然表面上还在进行，但其实已经渐渐脱离了既定轨道，摄政王和隆裕太后的“新政”只是徒有其表，政治改革渐渐陷入困境，改革已死，渐渐成为热心中国政治变革那些人的共同认识。

僵硬的体制很难从内部打破，日子还在一天一天地流逝。统治者渴望明天的太阳照常升起，且和今天一样灿烂；被统治者，尤其是那些忧心忧国的知识人则渴望内或外能闹出点大事。他们坚信，不论内外，只要有事，就有打破僵局的机会，有机会就会有变革。

只是谁也想不到，这样的机会来自东邻朝鲜。

1910年8月22日，韩国总理李完用与日本代表寺内正毅签订《日韩合并条约》，规定大韩帝国将朝鲜半岛的主权永久让渡给了日本，朝鲜半岛遂成为日本的殖民地。8月29日，条约生效。作为一个独立的主权国家，朝鲜不复存在。

朝鲜曾经是中国的藩国，而且这一历史事实时间上可以追溯很远。只是到了近代，由于中国没有适时调整好与西方的关系，没有弄明白西方势力东来的真实意义，因而中国也就没有及时主动转变，也就不存在引领各藩国共同进步共同发展的可能，以及团结各藩国一起抵抗西方势力的可能。中国在浑浑噩噩中度过了将近两百年，直至

1840年的鸦片战争，直至两年后被打败，中国被迫开放了五个通商口岸，但中国依然没有弄明白西方东来的意义，也就不知道怎样指导这些属国面对西方。

◎ 日军出兵朝鲜

又过了二十年，直至1860年中国再次被打败后，痛定思痛，睁眼看世界，突然发现中国与世界的差距不是几十年，而是几百年。中国从此有了焦灼感、紧迫感，在对周边各藩国的关系上也就渐渐转变，由先前的王道主义、天下主义演变成孤立主义，对于各藩国的事务也就不再热心，任其在西方势力面前自生自灭。到了19世纪80年代，中国南部边陲各个藩国渐渐成为英国、法国的殖民地，中国尽管在1884年为越南前途不惜与法国一战，但不论是越南，还是法国，都清楚中国这一战的目的不是反对越南适应西方，而是中国的宗主权。

中国这种心态当然深刻影响了朝鲜，朝鲜在随后几十年与中国的关系时好时坏，尤其是袁世凯常驻朝鲜强势管理，既没有收抚人心，也没有真正引领朝鲜走向世界，建设一个现代国家。当然，中国自身此时根本就没有这样的意识，而是陶醉在“中体西用”的成功中。所以，等到甲午战争爆发，中国不仅在战场上一败涂地，在外交上也无可称说，中日宣战，朝鲜政府率先发布公告，请求日本政府出兵驱逐清军，中国在道义上彻底被动。等到《马关条约》成立，朝鲜脱离中国而独立，这对于中国来说，也就是不言而喻的事情了。

甲午战争，原本是为了朝鲜的前途而战，结果却让中国鸡飞蛋打，赔了夫人又折兵，三十年发展与骄傲一夜之间化为一股青烟，中国由此进入一个三千年未有之大变局。这场战争虽说还不是大清王朝历史的终结点，但十几年后的历史节点在这里不难找到某些因果关联。

朝鲜在战后名义上走向独立，其实只是与日本更亲近，这也是后来日韩合邦的原因。而中国在经过甲午战争的打击后并没有一蹶不振，知耻而后勇，中国很快丢掉洋务的包袱，轻装上阵，开始维新，再经义和团战争、《辛丑条约》、日俄战争，中国在变革道路上虽说波折不断，但大方向似乎并不太错。只是到了两宫大行，朝廷弱势，中国的政治改革再度陷入停滞状态，而恰当此时，日韩合邦剧烈刺激，让相当一部分中国人都受不了，以为朝鲜亡国灭种，于是引发巨大的政治冲击。

相当一部分中国人将日韩合邦理解为朝鲜亡国，这部分中国人借着这个由头大力推动停滞已久的改革。一个月后（1910年9月22日），吉林巡抚陈昭常迅即奏请朝廷将东三省向列强开放，强调除日俄两国外，大力引进欧美列强向东三省投资办厂，以此抵制日本。

与此同时，各省督抚相继建议朝廷重启政治改革，加大变革力度。9月30日，广西巡抚张鸣岐向朝廷上了一个奏折，认为筹备宪政，一定要从本源入手，加快落实责任内阁，加快筹备和召集国会，加快司法改革，尽快让司法独立。建议修改九年筹备立宪清单，加快教育、警察、地方自治等方面改革，以改革重建一个新国家，防止朝鲜教训在中国重演。

10月20日，东三省总督锡良向清廷报告了日俄两国对东三省的威逼，建议清政府倾全国之力以谋东三省。五天后（10月25日），锡良又与湖广总督瑞澂、两广总督袁树勋、云贵总督李经羲、伊犁将军广福、江苏巡抚程德全、安徽巡抚朱家宝、山东巡抚孙宝琦、山西巡抚丁宝铨、河南巡抚宝棻、新疆巡抚联魁、江西巡抚冯汝骙、湖南巡抚杨文鼎、广西巡抚张鸣岐、贵州巡抚庞鸿书等联名致电朝廷，要求立即组织内阁，定明年开设国会。理由就是“日俄协约成后，一举亡韩。列强均势政策，将皆一变方针。时局危险，已远过于德宗在位之日。缓无可缓，待无可待。此即阁会克期成立，上下合力，犹恐后时，奈何以区区数年期限争持不决乎？”各位重臣请求朝廷圣明独断，亲简大臣，立即组织内阁，特颁明诏，定于明年开设国会。朝鲜亡国直接刺激清廷重启政治改革。

利用朝鲜亡国这次机会推动朝廷重启政治改革的，不仅有朝廷内外重臣，还有在野各种势力。原本鉴于东北亚政治危机而发动的国会请愿运动，也在这个时候大张旗鼓加紧进行。10月9日，国会请愿代表孙洪伊等至资政院递交速开国会请愿书，理由也是“日本遂吞并朝鲜，扼我吭而拊我背”，今中国不迅速实行宪政，决不足以拯救危亡。

朝野各界呼声日高，在这种情形下，朝廷广纳善言，于1910年11月4日宣布将九年预备立宪缩短为五年，并先组织责任内阁。

谁能想到，朝廷的这一行动实际上启动了大清王朝终结的多米诺骨牌。半年后，责任内阁出台，引发政治动荡；再半年，湖北新军发难；再过几个月，延续两百多年的大清王朝不得不进入历史。

追根溯源，大清王朝终结，原因固然不止一端，但自甲午战争至朝鲜亡国，再到大清终结，总觉得其间有一条剪不断理还乱的线。

（二）回望甲午：经验与教训

甲午战争的失败是中国历史的重大转折，后世中国在检讨这一事件时总是归因于日本人在东学党起义爆发后对中国的诱导，以为是中国政府没有看清日本人的阴谋，轻易接受日本政府的建议向朝鲜派兵。这个检讨其实还有很大的再检讨空间，因为中日双方的政策走向并不因对方的一个建议而发生根本逆转。

1894年6月6日，直隶提督叶志超和太原镇总兵聂士成率两千淮军精锐登陆朝鲜，准备参与镇压东学党。

中国军队的动向引起了日本政府的兴趣，或许这就是日本政府所期待的结果。日本政府获知这一消息后立即进行战争动员，成立战时大本营，日皇睦仁亲任统帅，日军参谋总长有栖川炽仁亲王为幕僚长，陆军中将川上操六为陆军参谋，海军中将中牟田仓之助为海军参谋。日本立即进入战争状态。日本首相伊藤博文和外相陆奥宗光训令日本驻朝鲜公使大鸟圭介视情况许可施行“适当的临机

◎ 朝鲜东学党起义领袖全琫准

处分”，显然是让大鸟圭介寻衅闹事，寻找战争的理由。

日本的动向立即引起了中国方面高度关切。6月7日，中国驻日公使汪凤藻行文照知日本外务省，表示中国政府依据朝鲜政府的书面请求出兵，依据十年前天津专条约定，派兵应先行文照知。汪凤藻在照会中表示，派兵援助乃清朝保护属邦旧例，一俟事竣，仍即撤回，不再留防。

日本外相陆奥宗光接受了这份照会，但对照会中“属邦”之说很不以为然。汪凤藻与陆奥“大费辩论”。稍后收到李鸿章的电报指示，以为“我朝保护属邦旧例，前事历历可证，天下各国皆知。日本既不认朝鲜为中属，而我行我法，未便自乱其例，固不问日人之认否”。即清政府凭着自己的良心做事而已。

由于日本执意要利用此次事件一决雌雄，因而对中国方面的任何解释都不愿意接受。6月8日，日本政府向朝鲜派遣七百名军事人员。中国驻朝鲜最高负责人袁世凯即设法查询，日本方面解释说此举只是为了保护日本使馆和侨民。中国政府对此答复日本政府说，日本此举只为保护公使馆、领事馆和商民，暂且可以理解，但希望日本政府适可而止，不要多派，更不宜派兵深入内地。

日本政府已有足够准备，当然不会听从中国政府的劝告。6月10日，日本驻朝鲜公使大鸟圭介统兵抵达仁川，不顾朝鲜方面反对，强行进入首都汉城。

针对日本人的挑衅，袁世凯强硬以对。他立即请求驻扎在仁川海面的济远舰管带方伯谦率部进入汉城与日本人对抗。

对于袁世凯的决定，李鸿章似乎并不太满意，他在得知这个消息后立即指示袁世凯："汉城平安无事而日本人不听劝阻执意妄为，各国公使当有公论，我宜处以镇静，若各调兵作声势，徒自扰也。"

李鸿章不希望因朝鲜问题与日本发生冲突，但日本人并没有善意理解中国的立场。日本随后不断向朝鲜调兵遣将，各国使节似乎也对日本的做法略有怨言。6月12日，大鸟圭介找袁世凯面商撤兵事宜，表示自己已经年过六旬，岂有惹是生非的动机？他表示将阻止日本政府继续向朝鲜派兵，同时希望袁世凯也能阻止中国继续用兵。

大鸟的态度影响了袁世凯和李鸿章，李鸿章指示袁世凯，既然大鸟愿意将已到汉城的日军暂驻即撤，那么我们也就不必加派军队，叶志超、聂士成部，亦不要添兵，更不要在朝鲜节外生枝，假如东学党人已经被驱散，我军当陆续回撤，以免朝鲜疑怨，日本以此为借口，继续向朝鲜用兵。

李鸿章的主张并没有得到朝廷的同意。6月14日，李鸿章电告总理衙门已命叶志超部缓进暂扎，整理归装，并命袁世凯与大鸟协商，中日两国同时撤兵。

总理衙门不这样认为。总理衙门在复电中指出，如果日本不肯与我同时撤兵，那么我兵宜仍前常驻，叶志超、聂士成部仍以进剿东学党为是。

日本政府当然不会轻易撤兵，当东学党起义平息之后，日本政府仍在寻找继续用兵的理由。日本政府向中国政府提议两国携手，共同改革朝鲜内政，共同平定朝鲜内乱。很显然，日本的目的就是为了不撤兵，他们也很清楚中国政府不会答应这样的请求。但日本政府由此可以摆脱在国际上的困境，以"改革朝鲜内政"获取国际社会的认同。

6月16日，日本外相陆奥宗光约见中国公使汪凤藻，表达了“中日共改韩政”的意思，第二天又以外交公文正式表达。

对于日本政府的建议，李鸿章非常敏感，他当即指示汪凤藻对日本人“共改韩政”的建议给予严厉驳斥，不要留有丝毫实施希望。李鸿章说，朝鲜内乱大致平定了，我军不必进剿，日军更无会剿之理。十年前伊藤与我订约，明确规定“事定撤回”。且日韩《江华条约》也规定朝鲜内政自主，外部势力不应该利用朝鲜的内乱危机而过多干预。所以中日之间并不存在“共改韩政”的任何可能性。

对于日本来说，“共改韩政”的动议或许是一张好牌，中日交涉确实由此进入一个复杂阶段。日本为了达到这个目的，必须加大在朝鲜的军事存在，他们期望以军事上的优势和先发制人，掌握朝鲜事务的主导权。

日本军队并没有像大鸟告诉袁世凯的那样逐步回撤，反而在随后的日子里不断加大派兵力度，且刻意刺激中国官员的神经。袁世凯、汪凤藻等将这些情形随时报告朝廷和李鸿章，但李鸿章依然不为所动，劝告朝廷日本人生性浮动，若我再添兵厚集，可能正中日本人的圈套，适启其狡逞之谋，殊非伐谋上计。

在发给袁世凯的电报中，李鸿章认为日本政府的用意现在还很难准确预测，我方只能冷静观察，谨慎出手，如果我没有向汉城、仁川派遣一兵一卒，日本人怎么敢冒天下之大不韪夺踞汉城？

不战而屈人之兵，当然是最好的结果。中国在此后一段时间，一方面竭力驳斥日本政府“共改韩政”说，指责日本无权干涉朝鲜内政，要求日本与中国同时撤回在朝鲜的军队，尊重朝鲜主权。另一方面，李鸿章利用国际关系，请求利害攸关的俄国等友邦出面协调，劝说日本。

不过，日本“共改韩政”的动议毕竟在道义上略高一筹。因此，日本政府根本不担心国际社会压力，更不担心中国政府。6月22日，陆奥宗光向汪凤藻提交了一份备忘录，对中国政府拒绝“共改韩政”深表遗憾，表示日本断不会撤退驻扎在朝鲜的军队。这份外交照会后来被称为“第一次对华绝交书”。中日两国在朝鲜问题上各行其是，冲突的概率越来越大。

既然对华绝交了，日本政府当然不再顾及中国的态度，日本开始向朝鲜大规模用兵，并着手单方面制定“朝鲜内政改革方案”。朝鲜事务的主导权似乎逐步落到了日本方面。

日本的挑衅激起中国内部诸多不满。一些力主向日本强硬的人不断向朝廷施加压力，请求强硬以对。6月25日，朝廷告诉李鸿章，根据现在的情形，口舌之争已无济于事。日本政府大规模向朝鲜用兵，使半岛形势日趋危急，究竟应该如何处置，还望尽早拿出办法。

对于朝廷的这一指示，李鸿章有一详细禀报，他仔细分析中日军事实力，认为海上交锋恐无胜算，陆上亦非大举不办。即便大举用兵可以扭转局面，但李鸿章依然认为不应轻启衅端。李鸿章详细列举了北洋海军装备，强调堪备海战的战舰只有八艘，其余的船舰只能供运输、练习而已。最近数年，部议停购船械，未能续添，而日本每年必添铁快新船一二艘，海上交锋北洋绝对处于劣势，很难有胜算。

至于陆路，李鸿章说，沿海各军将领久经战阵，器械精利，操演纯熟。然合计不过两万人，分布直隶、山东、奉天三省海口扼守炮台，兵力本不为厚。如果让他们出境援韩抗倭，事非大举不办。一经抽调，则处处空虚，转虑为敌所乘，有妨大局。

李鸿章建议从两个方面准备，一是如果一定要在朝鲜问题上惩处日本，那么就应该认真准备，假以时日，筹集足够的经费，添置必备的装备，大规模扩充军力，战则必胜，不打无把握之仗。二是建议朝廷还是谨慎考虑，不要轻启边衅，否则后患无穷。

李鸿章避免冲突的想法应该说是理性的，只是不管是朝廷内部，还是前线的军人，似乎都还死守传统宗藩理论，依然认为朝鲜是中国的藩国，认为日本对朝鲜的干预就是对大清的蔑视，他们不知道时移世易，大清不再是过去的大清，日本不再是过去的倭寇，朝鲜也不再是过去的藩国。然而他们保护藩国的呼吁非常诱人。7月12日，御史张仲炘等联名上疏，从检讨中法战争失误开始，归结为必须与日本在朝鲜一决胜负，因为朝鲜与东三省壤地相接，为国家必争之地，日本窥伺，俄国垂涎，英国虎视。今日大清不粉碎日本野心，东北亚乱局势必给大清带来无穷后患。

爱国主义、国家利益是最好的说辞，日本大规模用兵也给中国留下了这样的机会，其实日本本来就期待中国同样向朝鲜用兵，只有这样才能为日本找到军事行动的正当理由。

日本在朝鲜的大规模军事行动严重刺激了中国，7月14日，朝廷指示李鸿章改变原来的思路，积极筹备，向朝鲜发兵。李鸿章根据这些指示，调整布局，开始抽调精兵开赴朝鲜。

7月21日下午，满载清军和武器弹药的“爱仁”号从天津大沽开行。第二天傍晚，“飞琼”号离港。第三天，也就是7月23日晚，“高升”号从大沽起航。北洋海军副将方伯谦率“济远”“广乙”“威远”三舰护航。

25日，日本不宣而战，袭击济远、广乙，悍然击沉“高升”号运兵船，一千多名清军官兵命丧大海。8月1日（光绪二十年七月初一），中日两国同时发布宣战诏书，相互指责，影响远东格局特别是近代中国历史走势的甲午战争就这样爆发了。

（三）留给中国的精神遗产

甲午战争将近代中国的历史截然分为前后两个时期，使中国被迫放弃先前三十多年洋务新政，中国人本有的那点自信被彻底摧毁。诚如梁启超1899年所说，先前中国人自信不疑的“中学为体，西学为用”，经过甲午战败的打击，无论怎样“携朝廷之力以行之”，无论怎样不胫而走、畅行海内，其意义都远非洋务新政早期那样让人心热，“不三十年将化为灰烬，为尘埃野马，其灰其尘，偶因风扬起，闻者犹将掩鼻而过之”，即“中体西用”已成为明日黄花。

“中体西用”是甲午战前中国人最为自信的理论。许多中国人在那时普遍认为，中国在不得已学习西方之后，究竟应该像日本人那样尽弃其学而学焉，转身向西，脱亚入欧，还是应自信中国固有的体制、文明与理论，只在“用”“末”上下功夫，在“坚船利炮”上做文章？

事实证明，中国人在洋务新政那短暂的三十年里，在物质，在器械，在“用”，在“末”上，都是成功的。物质增长一点都不难，一个中国先前不曾有过的工业文明，很容易从无到有、从小到大发生发展。所谓“后发优势”，就是指原创者已积累了足够创造，后来者只需照葫芦画瓢就可以事半功倍，后来居上。

但是，“后发优势”也蕴含着深刻危机，其转化为“后发劣势”只在一念间。如果后来者在充分接纳先发成就的同时，注意体制改造，或许可以避免“后发劣势”陷阱。然而更多时候，后发国家充分利用先发国家的创造，特别是在并不改变旧有体制的情形下利用先发国家的创造，原以为就是“后发优势”，殊不知这就是一个“后发劣势”的陷阱。

“后发劣势”的分析框架，根据杨小凯的研究，是西方经济学家沃森提出来的，英文表达为“Curse to the Late Comer”，蕴含有“后来者诅咒”的意思。按照沃森的看法，后发国家在许多方面都可以模仿先发国家，实现超越性发展，显得比先发国家效率高很多。

但是后发国家对先发国家的模仿至少有这样两个层次或境界，一是模仿制度，二是不变制度，模仿技术和工业化。显而易见，制度模仿见效慢，比较难；技术或工业化模仿，见效快，容易超越。但是，没有制度改造的技术模仿让后发国家获得了经济上的成功，并不是一件好事，这极容易让这些地方产生莫名其妙的“制度优越感”，为后续发展留下巨大隐患。中国在19世纪晚期的洋务新政，就属于这种情况。

洋务新政三十年经济增长，军事力量提升，不是加速中国政治架构现代化，不是让中国更接近西方，相反，中国在不寻求政治变革的前提下获得的经济提升，反而加强了中国人对旧有体制的自信。

在甲午战争前，中国人之所以大胆畅言“中体西用”，之所以在很长时期蔑视日本，主要就是因为中国即使没有寻求政治改变，没有在本、体上变革，也照旧发展，照旧强大了。中国的不变革反而因三十年畸形发展获得了理论支撑。这是甲午战争前最为奇怪的现象。

甲午战败使中国知识精英不再相信洋务新政的“跛足现代化”，不再相信主观拣择、趋利除弊的浪漫设计。知识精英经过这场刻骨铭心的失败后对日本很是推崇，以为日本人不畏艰辛脱亚入欧才是学习西方、走向现代的正道。

用严复的话说，中国学习西方寻求富强，必须本末兼治，体用合一，“体用者，即一物而言之也，有牛之体则有负重之用，有马之体则有致远之用，未闻以牛为体以马为用者也。中西学之为异也，如其种人之面目然，不可强谓似也。故中学有中学之体用，西学有西学之体用，分之则并立，合之则两亡”。

严复的分析为中国人指出了一个全新方向。甲午战争后，中国人没有沉沦，没有抱怨，而是以强敌为师，师法日本，变法图存。经此失败，中国人深刻意识到，学习西方，最难的不在物质，不在器械，不在“用”，不在“末”，而在精神，在气质，在制度，在本，在体。这就是甲午战败留给中国人的精神遗产、教训启示。

洋务新政的“跛足现代化”让中国错失三十年机遇，尽管朝野内外对这场战争追悔莫及，发誓要重新开始，像日本那样彻底改造自己的体制，适应时代，但实事求是地说，甲午战败让一部分中国人看到了旧有体制的根本缺陷，从此不再相信清廷有力量有诚意带领中国完成从传统到现代的社会转型。孙中山就是一个最典型的例子。

孙中山原本期待中国在洋务三十年基础上更上一层楼，期待追随李鸿章等“中兴大臣”建功立业，然而甲午战争的失败让孙中山彻底失望。所谓“民主革命先行者”，其实就是说他最早意识到满洲人的自私、颟顸、不作为，意识到中国现代化不能凭借现有体制，更不能指望满洲人。中国必须首先完成民族革命，“驱除鞑虏”，让中国从满洲人的统治中解放出来，实现种族解放，中国才有可能步趋西方，踏上现代化坦途。这就是孙中山的“排满革命”。

“排满革命”在甲午战争后并没有迅速成为思想界主流，主流思想，还是在现有体制中寻求改革。那时，更多中国人认为，中国的失败主要是因为在军事体制、指挥系统上太落后、太陈旧，因而中国应该像日本那样重造一支现代化军队。于是，当战争还没有结束时，中国政府就接受这样的劝告，下决心请德国人帮助训练一支现代化新军，十年生聚，报仇雪耻。

还有人认为，中国的失败主要是因为没有抓住过去几十年的发展机遇，全面改造中国社会结构、组织系统、教育体制、社会管理，没有充分放手发展自由资本主义。鉴于这些教训，实事求是地说，清政府在甲午战争后确实在很大程度上愿意释放社会，释放资本，重建全新的现代教育，全面仿行日本过去几十年走过的路。

应该说，过往一百多年，中国人对甲午战争过程、影响、意义的认识，是全面的，深刻的，中国也确实在此后岁月中吸取了这场战争的教训，将一切归零，从头开始，改变自己。1895年后，不过三年，中国面貌大变，成为一个充满活力的新兴经济体，重新展示了对世界资本的吸引力，中国终于踏上了一个全新的发展道路。

“知耻而后勇”，是中国圣贤的教诲。中国在甲午战争中确实失败了，而且失败得那样惨，但中国人通过沉痛反省，让这场失败成为后来中国的“成功之母”。这是甲午战争不幸中的一点启示。

“三国干涉还辽”的台前幕后

1895年4月17日，李鸿章与伊藤博文分别代表中日两国政府在《马关条约》即《中日讲和条约》上签字。第二天，李鸿章一行就在马关登轮回国。据说，李鸿章在离开马关时，曾哄然一笑，吐舌而去。这个描述显然是说，李鸿章对于谈判结果还是满意的，特别是结合后来发生的俄国、德国、法国“三国干涉还辽”事件，中国政府凭借外力又将日本拿到手的东西要了回来，因此有人怀疑“三国干涉还辽”事件原本就是李鸿章规划设计中的一个计谋，他答应将辽东半岛转让给日本，其实他知道这块地方还能拿回来，他让日本人空喜欢一场。

（一）三国各有算盘

对李鸿章的这个怀疑，主要来自日本舆论界。日本舆论界在“三国干涉还辽”事件发生后，突然醒悟，怀疑李鸿章预先与德国人德璀琳或巴兰德等商妥，在赴日前和俄国人及其他列强订下密约，所以他才应允割让辽东半岛，因为他知道这个地方还会回到中国。

日本舆论界的说法当然是猜测，李鸿章究竟是怎样想的，后人确实不知道，参与马关议和全程谈判的陆奥宗光对这个传说不屑一顾，认为这个说法简直就是一个无稽之谈。他的论据是，根据他的观察，李鸿章在割让辽东半岛问题上非常痛苦，他从来没有表现出无所谓的情绪，他在整个谈判过程中，始终对辽东半岛不愿放弃，反复申明那个地方不仅具有重要的战略价值，为京师门户，而且更重要的是辽东半岛还是大清发祥之地，无论如何不会交给日本，日本如果一定坚持要拿走辽东半岛，那其实就是要和大清永久为敌。

陆奥的分析当然也只是一家之言，作为谈判对手，他同样不知道李鸿章的内心活动和想法，他将舆论界的猜测视为无稽之谈，固然可以理解，但依然无法破解李鸿章在这个问题上的真实想法。

李鸿章前往日本谈判有着充分的准备，他在北京停留的那些天，除了与皇上及军机大臣们交换意见，准备预案，也与各国公使进行过密切接触。但是要说李鸿章在谈判中答应日本要求，先是同意割让辽东半岛，然后再凭借列强干预将之赎回，这实在让人难以置信，多少有些神话的色彩。因为李鸿章如果真的有这样的安排，那么他的谈判技巧就应该与已经发生的情形反过来，即不要在奉天南边各地问题上争执，而应该用全力去争台湾，只要台湾不割让，那么即便割让了奉天南边各地，不是还可以赎回来吗？事实上，中日双方的资料记载，李鸿章在谈判过程中，几乎没有在台湾问题上怎样争执，也就是说一开始日本人要台湾他是可以接受的，他的争辩重心始终放在奉天。所以从这个意义上说，陆奥的看法是对的，李鸿章并没有什么计谋，也不是什么刻意的事先安排，后来所发生的一切都是顺其自然，是形势比人强。

不过，甲午战争从一开始，就不是简单的中日两国一对一的战争，这是远东政治格局的重新洗牌，既涉及中、日、朝三国，也涉及俄国、德国、英国、法国，甚至还有美国以及其他一些国家在远东的利益。列强对中日之间的战争密切关注，所谓局外中立，只是看着你们两家打，而且是在知道中国根本打不过日本的情形下列强以所谓局外中立的立场放手让日本打中国，其实就是要日本用武力去打开中国半掩着的大门。中国在半个多世纪前的鸦片战争中被迫开了国门，开放了五个通商口岸，后来又在第二次鸦片战争英法联军的打击下，被迫融入国际社会。那时的世界潮流，是资本主义在经历了早期发展之后向帝国主义转变，他们过剩的生产能力要向外转移，过剩的资本需要寻找投资的机会和投资地点。中国拥有庞大的未开发的国内市场，但是清政府并不欢迎外国资本的到来，并不愿意将市场向外国资本和外国人开放，甚至民间资本基本上也被遏制。所以我们看到，清政府在经历了三十年洋务发展后，并没有主动向现代社会转轨。对此，外国资本是不能容忍的。日本引诱大清在朝鲜问题上犯错，其实就是代表列强寻找彻底打开中国大门的办法。这场战争使清政府受到了空前的羞辱，如此规模的割地赔款，这是大清王朝两百多年历史上从来没有发生过的事情，而且割地赔款的对象竟是大清帝国根本看不上眼的蕞尔小国日本。但是，这并不是这场战争的全部内容，割地赔款只是一个政府的直接损失，是政府的悲情。《马关条约》最重要的条款其实不是赔款，也不是割地，而是市场的开放和准入，是新的通商行船条约的谈判和修订。中国从此被外国以武力强行拉上了满足世界列强需求的发展之路，中国历史从此变得具有世界背景。从这个观点反观甲午战争，就明白列强所谓中立，只是不愿帮助中国的借口，他们对这个事件的关注和焦虑，甚至超过许多中国人。列强密切关注着中日冲突的每一个进展，他们在琢磨着何时干预何时用力，他们希望日本能代表列强利益教训中国，但也不希望日本获取绝对优势，破坏远东格局，损害其他列强利益。所以，当日本漫天要价的价码传出后，列强就开始考虑怎样干涉怎样发力了。

日本政府拒绝与张荫桓、邵友濂议和，这就意味着日本人的要价可能很高，是张、邵二人无法答应的，这就迅即引起列强高度关切，英、法、俄等国开始串联，一旦日本人说出具体的价码，他们就会介入干涉。1895 年2月14日，俄国驻东京公使往晤陆奥宗光，明白劝告日本不要向大陆扩张领土，显然对日本有遏制的意思，担心日本通过朝鲜踏上中国大陆后，势必会损害俄国人在远东的利益。

俄国人的立场甚至可代表德国人、法国人、英国人的立场，中国政府始终认为这几个国家迟早都会出来遏制日本，不管他们主观意图是否帮助中国，但在客观效果上一定会帮助中国，所以在中日开战不久，清政府就派遣文武兼备的洋务人才王之春出访这几个国家，沟通串联并协调他们的立场和步骤。1895年2月17日，美国公使田贝将日本的价码传递给了中国政府，归纳起来就是四项内容，即朝鲜独立、割地、赔款和最惠国待遇。朝鲜独立已经不需要讨论不需要焦虑，因为这场战争就是为此而发，中国只能接受这个结果；最惠国待遇，也不会引起列强干预，这是日本替各国向中国要价，代表的是大家的利益；最需要讨论的，同时也是这几个国家最关切的问题，就是割地和赔款。赔款不能太多，因为他们不希望一个即将向他们开放市场的政府赤贫；割地不能太多，而且还要看位置，不能因日本的获得而损害他们的利益。2月20日，俄国政府向中国使臣表示，日本如果开价太高索要太多，那么俄国一定会约英法等国联合干涉，比较明白地表示俄国不希望日本割占中国领土。这是否给了李鸿章一个定心丸，不好说，但精于以夷制夷外交理论的李鸿章肯定充分注意到了列强特别是俄国人的态度。

2月21日，李鸿章在交卸直隶总督北洋大臣这一职务后来到北京，在此后几天时间里，他除了与皇上和军机处同僚讨论谈判预案及对策，更是拿出时间和精力与各国公使交涉，寻求帮助。2月24日，李鸿章前往各国使馆拜访，其实就是探讨各国究竟会在什么时候出手相助，各国能够在多大程度上出手相助，各国公使在当天的面谈中并没有给予肯定的答复，因为他们也要和各自政府沟通商量。当天，李鸿章致电出使英、俄大臣，让他们务必动用一切资源请求两国设法出手救助中国，遏制日本。

李鸿章代表中国政府的请求，其实正合乎各国的利益和要求，英、法、俄三国密切磋商，至少在2月25日就达成了基本共识，表示一旦日本公布了索要价码，而中国政府又感到为难，那么他们就会联手相助，劝告日本。这多少应该有助于中国政府特别是李鸿章重建信心。有了这点信心，中国政府的做法便趋向于积极主动。3月2日，朝廷命各出使大臣向英、俄、法、德递交国书，请求这几个国家务必出面劝说日本公道议和，不要欺人太甚。

清政府的请求与劝说很快有了回应。3月8日，德国劝说日本不要谋划割让亚洲大陆土地。这个劝说与俄国先前劝说大致相同，尽管他们两国的目的南辕北辙。3月13日，英国政府也对中国的请求给予回复，答应将相机劝助中日议和。英国的态度稍微显得消极，不似德、俄两国那样积极。3月19日，李鸿章一行抵达马关；3月30日，中日就停战条款达成协议，第二天即3月31日，日本政府提出媾和条件四大项即朝鲜独立，割让辽东、台湾及澎湖，赔银三万万两，降低子口税等。

割让辽东半岛问题提出后，理所当然地遭到了清政府和李鸿章的反对，但日方丝毫不让步。

虽然中国没有力量在谈判桌上说服日本，但是列强绝不希望日本在中国抢占那么多地方。4月8日，俄国正式邀请英德等国共同干预日本割占辽东的要求。德国对俄国的相邀欣然答应，而英国婉拒。俄国再找法国商量，法国同意与俄国等一道劝说日本。

在获得了德国和法国的支持后，俄国政府底气更足，遂于4月11日决定不会允许日本人占有南满，也就是中日之间争执的辽东半岛。4月16日，俄国御前会议决定对日干涉，德皇也在这一天致书俄皇，表示支持其在远东的行动，稍后即训令德国驻华舰队与俄国舰队一致行动。

三国愿意出面劝阻日本割让辽东半岛的要求当然不是无代价地支援中国，而是各有各的想法和目的。法国公使施阿兰于4月13日向总理衙门要求将云南猛乌、乌得划归越南，实际上就是划给法国，因为越南其实就是法国的殖民地。德皇于4月16日致信俄皇表示支持俄国在远东的行动时就明确表示德国希望在中国得到一个港口，由此就为两年后的胶州湾危机埋下了一个重要伏笔，而胶州湾危机又引发了1898 年的政治变动。德国坚定支持俄国对日本进行干预，还有另外一个战略考虑，那就是想着法子将俄国势力引向东方，以减弱正在崛起的俄国对德国所形成的巨大压力。至于俄国，它的目的更明显，日本在亚洲大陆每前进一步，都是以侵害俄国的影响力为代价。日本在朝鲜开打之后，俄国就感到了紧张，认为日本踏上中国大陆，终将侵害其在亚洲的利益，但是俄国此时并不愿帮助中国与日本对打，而是看着中日两国厮杀，等到双方筋疲力尽时，俄国再出手四两拨千斤，到时不论是日本还是中国，都只能认俄国为带头大哥。

所以，三国同盟虽然在干涉劝阻日本时是一致的，但他们的各自想法也是令中国人头痛的一件大事。只是这个头痛并不立马发作，所以中国人还是很乐于甚至很期待接受三国的干涉与调停。

（二）三国干涉

当三国联盟形成时，中日之间的谈判已经结束，《马关条约》于4月 17 日正式签字，李鸿章于第二天离开马关回国。只是值得注意的是，就在《马关条约》签字的那一天，李鸿章的老朋友、德国人德璀琳给李鸿章发来一份电报，说是俄国不以日本割据奉天为然。他还告诉李鸿章，他和德国公使巴兰德一直高度注意这件事情，并愿意为这件事情的圆满解决奔走出力，所以他请李鸿章有什么事情要办要交代，就随时指示，不必客气。

李鸿章相信德璀琳所说比较靠谱，因此当他想到日本费那么大气力争到手的东西，很快便会因为列强干涉而被迫放弃，所以他才会登船离日时不自觉地哄然一笑。李鸿章能够想到这一点并不奇怪，除了德璀琳的报告，结合李鸿章来日本前的活动，还有一个细节值得关注，即他在获悉日本人的媾和条件后，第一反应就是接受美国顾问科士达的建议，请总理衙门将媾和条件即朝鲜脱离中国、割让奉天南边各地、割让台湾及澎湖各岛、赔偿兵费等，秘密通知英、俄、法三国公使。由此不难判断，李鸿章深信三国会在这些问题上找日本的麻烦。

就在《马关条约》签字当天，俄、德、法三国已经决定直接干预日本占领辽东半岛。这一天，沙俄外交部部长罗拔诺夫在圣彼得堡约见德、法两国公使，向他们宣布俄国政府的决定，表示将立即以友谊方式，直接向日本政府提出不要永久占领中国本土的要求。所谓“中国本土”，显然就是指辽东半岛，也就是谈判中和条约中所说的奉天南边各地。

罗拔诺夫表示，他现在代表俄国政府正式邀请德、法两国参加共同对日干涉行动，俄国政府的计划是，如果日本不接受此项友谊的忠告，俄国将考虑以三国联合力量在海上对日本采取共同军事行动。这个军事行动的目标，就是要切断远征中国本土的日本军队与其国内的一切联系，使其陷入彻底孤立，直至接受我们的条件。德、法两国欣然接受俄国人的邀请，同意以三国集体力量迫使日本让步。德皇威廉二世当天下令往远东调兵。德国外交大臣马沙尔也立即向德国驻日公使发布训令，认为日本与中国达成的和平条件太过分了，这些条件严重损害了欧洲和德国的利益，日本必须就此做出必要让步，否则三国联合力量一定能够粉碎日本的图谋。

三国联合起来的力量当然会使日本感到恐惧，但三国之间并不是完全的利益一致，他们各有各的想法，因此他们在统一行动的同时，也各自加入了一些“自选动作”。4月20日，德国驻东京公使哥特斯米德悄然来到日本外务省求见，因为外相陆奥正因肺结核病情恶化在播州舞子养病，于是外务省次官林董出面接见。哥特斯米德告诉林董：“我今天接到本国政府极其重要的训令，准备与其他国家公使一起，将重要事件直接通知你们的外务大臣。至于是哪个或哪几个国家，现在还不能告诉你，但明天即4月21日我肯定会与他们一起来访，希望面晤你们的外务大臣或内阁总理大臣。”

德国公使故作神秘，引起了林董的警觉。林董坦诚表示：“内阁总理大臣伊藤博文和陆奥外相都不在东京，尤其是外务大臣正在养病，所以你有什么事情尽管对我说，我可代为接洽，代为转达。”德国公使不为所动，依然很神秘地表示不能说不愿说，一再表示他明天会和其他国家公使一起来。很显然，德国人提前告知日本人，实际上是向日本人讨好卖乖，以便让他们有所准备，或者将来真的有了什么冲突的话，德国人也好说他们已提前告知过了。不过，德国人对时间的估算还是出了点问题的。法国政府直到4月19日方才最后决定参加三国联盟。三国联盟决定于4月21日向日本发难，不料此时又发生了意外，而德国公使哥特斯米德无法估计到这一点，所以他们并没能在4月21日出现在日本外务省。

这个意外就是英国人的变化。英国人原本拒绝了俄国人的邀请，但是到了后来发现俄、德、法三国真的干起来的时候，英国人感到自己很孤立，似乎被他国抛弃，国内舆论界也为此感到很悲伤，这种情绪影响到了英国外交大臣金伯利，金伯利为此很生气。金伯利生气的消息被三国政府获悉，他们相信英国人可能开始后悔，后悔不该那么坚决拒绝参加对日干涉。他们判断，英国人加入列强行动的可能性至今并没有完全消失，英国政府似乎又开始考虑参加的可能性和必要性。基于这种判断，三国决定改变行动的日程，没有在4月21日那天向日本发难。

然而，英国政府最终还是让三国失望了，他们经过仔细研判和评估，相信《马关条约》对于英国是利大于弊，这个条约最有意义的地方不是中国向日本赔了多少钱或割了多少地，最重要的是日本打开了中国先前半遮半掩的大门，那些新开的通商口岸和允许外国人到中国投资和经营的相关规定，将为世界贸易提供巨大方便，这完全符合英国的根本利益。而且，英国人还认为，日本的胜利还将有效阻止或制约俄国在朝鲜半岛、在满洲的野心，对阻止或遏制住俄国对英国的利益来说，也是一个不错的消息，特别是当中国对俄国的抵抗能力被严重削弱之后更是如此。

英国不愿加入对日干涉联盟，还有一个非常自私的考虑，那就是英国期望乘日本此次外交困难之际，逼迫日本答应将来帮助英国在中国北部沿海获得一个海军基地。英国向日本暗示，日本如果能够同意英国的这个要求，那么英国就不做日本之敌而是日本之友。

俄、法、德三国获悉英国人的真实态度后表示失望，他们决定按原计划执行。4月23日下午，俄、法、德三国公使相继来到日本外务省面见外务省次官林董，均称接本国政府训令，就中日媾和条约中关于割取辽东半岛一条提出异议。三国政府分别提交的备忘录大同小异，意思大致都是说《马关条约》中日本对辽东半岛的割取，不但必将对中国的首都构成极大威胁，而且会使朝鲜独立有名无实。这两个危险将对远东持久和平构成障碍和威胁，因此他们劝告日本政府无论如何都必须放弃对辽东半岛的占有企图。俄国公使在口头发言中还表示，日本对辽东半岛的永久占领，必将招致日本与各方面的冲突，希望日本政府能够善体此意，保全名誉。德国公使的态度更为强硬，在口头发言中指责日本没有接受德国先前的忠告，强调日本现在必须让步，必须将辽东半岛交还给中国，因为日本对三国开仗是没有希望取胜的。据说三国公使如此强硬的态度也确实使日本人一度恐慌，林董听到这些抗议之后问道，假如日本占据辽东半岛只是为了促使中国赔款，也就是说，假如日本只是拿辽东半岛作为赔款的抵押品，难道三国也要为此抗议、为此动武吗？三国公使都没有想到日本人会这样思考问题，所以他们对林董的反问都不置可否，含含糊糊。

三国公使离开后，林董立即用电报向陆奥和在广岛的总理伊藤博文作了报告，并请示办法。其实，陆奥在收到这份电报之前，已经根据日本驻俄、驻德公使的报告，觉察到列强可能会对中日议和中的某些条款进行干预。陆奥认为，欧洲列强出于自身利益的考虑进行干涉似乎是不可避免的，因为在列强看来，日本向中国大陆渗透就是侵害了列强的既得利益。欧洲国家这样认为有它的道理，但从日本立场上看，当然是不能接受的。日本当初即使与这些国家商量善后条款，他们也会反对，所以现在的这些反对意见，不过是将先前应该反对的意见压后而已。中日条约已经签订，日本已成骑虎之势，在这种情势下，日本政府只能义无反顾向前走，任何后退都是不利的。

稍后，林董又发给陆奥一份电报，强调形势可能比预想的还要严峻。据报，俄国从去年以来，陆续将其军舰集中于东洋附近，现在不但在日本和中国沿海有强大的海军力量，且观近日形势，俄国方面有意识散布各种流言蜚语，给人感觉似乎俄国海军可以随时向日本发动攻击。

林董的报告引起陆奥的重视，陆奥认为，面对俄、德、法三国的挑衅，日本当然不能轻举妄动激怒三国，但是日本也不能在三国威胁面前露出胆怯，不能在这几个国家的几句威胁话语下，就自动退出、自动放弃。如果日本政府为大局暂时放弃这些成果，那么日本军人、日本国民一定会非常失望。日本政府或许因此减轻了来自外部的压力，但来自内部的威胁和变动，恐怕更加严重。焦虑的陆奥尽量做了两全其美的安排，决定一方面暂时拒绝三国的劝告，维持日本既定立场，寸步不让，以观察三国未来之行动；另一方面观察日本军民的心理倾向，然后再作进一步的决定。

然而，陆奥的意见并没有成为日本政府的主流意见。伊藤博文在4月24日召开的御前会议上，提出三个方案备选：第一，即使不幸增加新的敌国，仍断然拒绝俄、德、法三国劝告；第二，召开国际会议，将辽东半岛问题国际化；第三，完全接受三国劝告，以恩惠的方式将辽东半岛交还中国。

出席这次御前会议的日本文武大臣经过反复研讨和盘算，认为第一个方案当然最佳，只是困难最大，可能性最小。日本最精锐的部队现在差不多全在辽东半岛和台湾、澎湖，日本国内的海陆军备不仅几成空虚，而且经过长达差不多一年的战斗，军事人员非常疲惫，军需亦显得非常匮乏。根据相关情报，俄国为了应对万一事变，正在向远东派遣差不多三万人的军队，停泊在日本港口的俄国军舰已经准备随时起锚出港，海参崴已被宣布为临战区，黑龙江北岸一带也正在进行着战争准备，战争气氛愈演愈烈。

更重要的是，日本海军毕竟刚刚与中国海军发生了激烈厮杀，虽然没有受到致命伤害，但至少也是兵困马乏，需要休整。而俄国海军则相反，不仅兵力强大，而且在精神上占有绝对优势，毫发未损。俄国海军不需要与日本海军大规模对峙或开战，只要截断日本海军的通道，就可以置日本于死地。

德、法两国的海军在远东没有俄国力量大，但在俄国的鼓动下，德、法海军最近在远东也非常活跃，在黄海一带频繁活动。日本海军如果与俄国一家硬碰硬死磕，虽然也无胜算，但毕竟能够坚持若干时日，现在要用日本海军面对三国联合舰队，那结果是一点悬念都没有。据估算，三国舰队有十二万吨，而日本的军舰连从中国缴获的都算上，也不过八万吨。不仅吨位不及，更重要的是日本海军在过去一年连续奔波于海上，以疲兵对精兵，其后果不言而明。所以，日本目前绝不可与三国失和，日本至少在目前必须广结善缘，不能增加新的敌国。

其次是第三个方案。日本大臣们普遍认为，这个方案确实足以表现气度宽宏，但未免过于示弱，因此御前会议决定暂时采纳第二个方案即召开国际会议去应对三国干涉。

陆奥宗光因为生病没有出席这次御前会议，他在会后获悉御前会议的决定后表示反对。他认为，此时召开国际会议，除了日本及三国，肯定还要加上两三个大国。这五六个大国能否参加所谓国际会议，这本身就成了问题。即使答应参加，到实际召开这个会议必然需要很长时间，而中日媾和条约交换批准书的日期已经迫在眉睫，如果长久彷徨于和与战之间，只能增加时局的困难。而且，陆奥还认为，如果这种问题提交到一个国际会议进行讨论，那么各国必然会主张自己的切身利益。于是，会议能否真正限于辽东半岛，也就成了新的问题。各国在讨论中节外生枝，提出各种互相冲突的条件或要求，那么可能会使他们日本辛辛苦苦谈下来的《马关条约》化为泡影，这和招引欧洲大国进行新的干涉有什么区别呢？

伊藤博文接受了陆奥的分析，因为这个问题毕竟在御前会议上已有结论，御前会议认定在目前形势下增加新的敌国决非上策，并认为俄、德、法三国进行严重干涉是必然趋势。那么，日本不得不允诺三国劝告的全部或部分，这也是必然结果。而且，日本现在除了面对三国干涉的难题，还存在着与中国的战与和问题，日本如果不能很好地处理与三国的关系，或者旷日持久地僵持，说不定中国就会利用这个机会拒绝批准这个媾和条约。这样，《马关条约》就成为一纸空文，后果可能更加严重。

根据这些分析，伊藤博文和陆奥宗光等人制定了这样的行动方针，即对于三国纵使最后不得不完全让步，但对于中国则一步不让。

（三）日本应对

根据这个方针，日本政府对中国寸步不让，其外交重心转向怎样说服三国，至少可以用外交手段拖住三国，不让他们在中日媾和条约批准书交换前发难。只要能度过未来的这十几天，只要将《马关条约》落到实处，那么就有足够资本、时间和精力与三国周旋。

日本很清楚，三国干涉的主谋是俄国，而俄国之所以干涉，确实如其在照会中所说，是由于其自身利益的关系，所以日本要想化解三国联盟的压力，就必须直面俄国的要求，给俄国一个定心丸，这多少或许可以分化三国这个并不坚固的联盟。4月25日，陆奥宗光根据这个方案向日本驻俄国公使西德二郎发了一份指示，大意是说中日媾和条约已经获得日本天皇批准，接受俄国的要求放弃辽东半岛实在难以做到。指示要求驻俄公使好言劝说俄国政府，不要损害日、俄两国间一向存在的亲密友好的关系，并请公使告诉俄国政府，尽管日本将来永久占领辽东半岛，也绝不会损害俄国的利益。至于朝鲜独立，日本政府一定会满足俄国的要求。

很显然，日本的目的不仅要稳住俄国，而且期望弄清俄国的真实目的，并通过与俄国的交涉弄清其他国家特别是英国政府的想法，或许能因此化解被动，获取一个外来帮助。所以，陆奥紧接着又向日本驻英公使发去一道指示，命其将此次三国干涉的全部事实秘密透露给英国政府，并强调由于俄国干涉，已完全可以推测俄国对满洲东北部及朝鲜北部包藏的野心，日本政府认为关于此事英国具有与其他欧洲国家不同的利害关系，更重要的是可能会影响中国政府批准《马关条约》，假如发生这样的事，那么就不可避免地使大战再起，并一直打下去。所以，在目前形势极为紧张之际，日本政府希望英国能够给予一定程度的帮助。

与此同时，陆奥还对日本驻美公使下达了一道命令，要求他秘密告知美国政府，表明日本政府绝非无视友邦正当劝告，然而由于辽东半岛是由中国割让给日本的，其条约已经日本天皇批准，时至今日，不仅万难放弃，且日本政府亦不认为有放弃的必要。美国政府至今为恢复和平所尽的友谊，如能再进一步向反对割让辽东半岛的俄国政府提出劝告，或可使这个问题获得圆满解决。日本政府担心，由于三国的干涉或引诱，中国政府或许会产生错觉，或许会拒绝《马关条约》，假如真的出现这种情况，那么战火重燃是非常可能的事情。为了防止这种悲剧再次发生，日本政府不得不期望美国出面与三国进行协商，寻找解决途径。

日本驻各国公使接到陆奥的指示后进行了积极的外交活动。日本驻俄国公使于4月26日与俄国外交大臣进行了长时间会谈，努力使俄国政府对日本的请求给予有利的答复。日本公使的耐心劝说使俄国外交大臣稍有触动，答应请示俄皇之后再给予答复。然而到了第二天，请示的结果并不理想，俄国政府认为，日本的请求并不足以构成俄国撤销三国干涉的理由，因此无法同意。俄国政府不会轻易答应日本的要求，这早在陆奥的预料之中，所以他对这个结果并不感到特别失望，他只是在验证自己的判断。

日本驻伦敦公使加藤在接到陆奥的指示后，也立即求见英国外交大臣，备述日本政府的希望。英国外交大臣对日本虽似颇怀好意，但他对三国干涉这件事却没有干涉的兴趣。他告诉日本公使说，英国政府早已作出概不干涉的决定，如果现在英国协助日本就等于是一种干涉。形势已经发展成为一个新的局面，在英国政府没有充分讨论之前，英国无法对日本的请求给予任何答复。英国外交大臣还顺便提醒日本人说，虽然现在并不知道三国反对割地的主张究竟到了什么样的程度，但形势似乎很严重，日本还是应该对此有清醒的认识，不要心存侥幸。英国希望和平，所以不仅不愿日本与欧洲各国发生战争，而且也极不希望中日两国再有战争，如果有解决目前纠纷的机会，日本政府一定要尽力而为。英国是日本朋友，但是英国与俄、德、法三国也是友邦而不是敌人，因此英国无法过于偏袒日本，与这三个国家过不去。英国政府不愿意帮助日本，主要是基于自己的利益，但英国也不愿因此得罪日本，所以英国外交大臣还是以比较友好的态度提醒日本，暗示俄国这一次似乎真的下了决心，日本应该予以正视。

与英国人的态度稍微不同的是，美国人就像一个老大哥，美国国务卿格莱星姆在接见日本驻美公使栗野慎一郎时明确表示，美国依然坚守局外中立的立场，不会介入日本与三国之间的冲突，但根据实际情况，只要与美国局外中立的立场不相抵触，也会适度协助日本。在西方各国中，真正愿意两肋插刀、鼎力相助的只有原先谁也没有想到的意大利。意大利在获悉三国干涉消息后，就自告奋勇向日本表示，愿意与英、美两国合纵，站在反对俄、德、法三国连横的地位。意大利的这个态度当然也是出于其自身利益的考量，并不是为了日本，只是这个态度的实际后果对日本更加有利而已。

各大国的态度都清楚了，但他们的态度对于日本政府来说，确实不容乐观。日本虽然从这几个国家博取了一些同情和默许，但凭借这些同情根本无法使俄、德、法三国转变其干涉的方向或缓和其程度。

不过，日本这次与各大国沟通也有不小的收获。通过这些零星情报，日本政府大致能够拼凑出三国干涉及国际阵营分布图，大致知道了三国干涉得以成立的原因，并知道这三个国家准备干涉的程度究竟如何，也知道英、美等国对这个事件的大致意向，日本政府虽然不能获得这些国家的有力支持，但依然获得了他们在某种程度上的理解。换一种说法，英、美、意三国到了关键时刻，一定会对俄、德、法三国有所牵制。

日本人的活动也为俄国人所知，但是俄国并不愿意俄、德、法之外的任何一国介入，而且俄国的干预立场始终坚定不移，始终以武力向日本人炫耀，始终不愿意让日本人感觉到他们会在既定立场上有什么退让。

俄国人的态度深刻影响了日本人，日本人原本在中日交战中处于上风、原本在中日讲和谈判中也为所欲为，现在却在不经意间陷入了外交困境，如果日本一味坚持既定方针，那么究竟会出现什么样的后果呢？究竟会对日本有多大伤害呢？在这种情形下，日本人开始感到先前一味拒绝三国劝告可能并不明智，于是开始寻找台阶和机会。

4月28日，日本驻俄公使向陆奥提出建议，认为假如日本的军事力量根本不足以抵抗俄、德、法三国甚至俄国一家时，那么就应该接受三国劝告，放弃《马关条约》规定的割让给日本的辽东半岛，以此化解目前外交上的困境。当然，日本也不能因此而吃大亏，即日本可以放弃永久占有辽东半岛，但作为赔偿的担保，日本可以暂时占领辽东半岛，而大大增加赔款额度使中国永远无法偿清。中国既然永远无法偿清，那么日本也就可以永远“暂时占领”了。按照日本驻俄公使的建议，日本不仅得到了占领辽东半岛的实际利益，而且还可以通过这场交换从中国赢得更多的赔款。尽管如此，日本驻俄公使依然不愿就此和俄国人摊牌，他建议日本政府还是应该尽情尽理拒绝三国干涉，不到最后关头不放弃。

日本驻俄公使的建议深刻启发了日本政府，日本政府遂于4月30日向驻俄、德、法三国的公使发出指示，让他们通知三国政府，日本政府对三国政府的友好劝告进行了慎重思考，决定在交换《马关条约》批准书使日本的荣誉和尊严得以保全后，同意以另外的附加方式，作两点修改：第一，日本政府对于辽东半岛之永久占领权，除金州厅外，完全放弃。但日本与中国商议后，当以相当款项作为放弃占领该领土的报酬；第二，日本政府在中国完全履行其媾和条约之义务以前，有占领辽东半岛作为担保的权力。

三国外交部进行交涉。至5月3日，俄国外交部答复说，俄国政府对于日本的建议不能满意，认为日本占有旅顺港口颇有障碍，所以俄国政府维持最初的劝告，不可动摇。根据日本公使的观察和了解，俄国政府认为日本一旦在辽东半岛占有优良军港，那么其势力就不会局限于辽东半岛内，将来终必吞并朝鲜全国及满洲北部的富饶之地，在海陆两方面均将危及俄国领土。

参照这些观察，日本政府必须作出自己的决断了，那就是日本既然无法在军事上战胜俄国，那么就必须接受俄国的忠告，不能硬顶，仅凭外交上的折冲、劝说、请求是没有用的，而且，中国此时已经以三国干涉为理由向日本提出延迟批准换文的期限，这更促使日本必须尽快决断，否则中国悔约，再与三国冲突，结局不堪设想。鉴于这样的判断，陆奥认为，日本的外交确实到了一个重要关头，必须实行先前确定的方针，即一方面对俄、德、法三国完全让步，先割断外交上的纠葛；另一方面，毫不犹豫地执行交换批准书的手续。

◎ 法、德、俄三国出于自身利益考量，强迫日本将辽东半岛交还中国

5月4日，日本内阁会议采纳了陆奥的这个建议，决定接受三国劝告放弃辽东半岛。俄、德、法三国获悉这个消息后，表示满意。但日本也算摆脱了三国纠缠，有条件集中精力对付中国了。

（四）中国的代价

在日本与俄、法、德三国交涉辽东半岛事务过程中，中国政府也没闲着，一直忙着与三国沟通，争取他们的帮助，到头来方才知道各国都在忙着自己的事，只是顺便帮了一下中国的忙。

《马关条约》签订后，中国加强了与几个欧洲国家的联系，俄、德、法三国干涉联盟大致形成后，中国对他们充满了期待，感激之情溢于言表。4月21日，朝廷电询出使俄国的钦差大臣许景澄仔细了解俄国的立场、态度和条件。第二天，总理衙门大臣徐用仪又奉命前往俄国公使馆打探消息，了解三国干涉的具体进展。三国干涉使中国产生了希望和幻觉，中国相当一部分大臣不仅开始考虑延缓《马关条约》的批准，而且想着能否在辽东半岛回归后，再接再厉将台湾也一并要回来。一时间中国将俄、德、法三国奉为救星和恩人。4月23日，朝廷获悉三国干涉正式开始，遂派遣恭亲王、孙毓汶和荣禄等大臣，以最高规格前往俄国公使馆致谢，顺便打听三国干预的具体条件，甚至期待三国利用强势和余威，通知日本暂缓《马关条约》的互换日期。

然而，让这些中国大臣无论如何也想不到的是，日本政府在俄、德、法三国强势压力下是让步了，但只是对三国让步，同意把《马关条约》规定的割给日本的辽东半岛还给中国，但是对中国，日本确立的原则是一步不让。而且更为吊诡也更令中国人不解的是，俄、德、法三国获得日本让步的答复后，不是帮着中国尽快无条件将辽东半岛收回来，而是不断催促中国政府尽快与日本换约，因为俄、德、法认为辽东半岛问题是他们与日本人商讨的问题，与中国无关。德国公使绅珂非常严肃地告诉徐用仪，中国如果不尽快与日本换约，德国什么事情都不能帮。俄国政府虽然没有像德国人那样明确催促中国与日本换约，但其意思也是一样的，就是辽东半岛我都替你要下来了，剩下的事情还要靠你们自己。至此，中国大臣突然醒悟，知道俄、德、法三国的意思是一样的，只是方法不同，他们都在督促中国尽早与日本换约，如果不换，那后果和三国干涉之前一样，兵祸立至。中国的大臣只好打掉牙往肚子里吞，有苦难言，穷天地不塞此恨。这就是中国大臣当时如雷轰顶般的真实感受。

按照中国政府的想法，日本政府既然宣布接受三国要求，放弃对辽东半岛的永久占领，那么中日之间已经谈妥的《马关条约》势必就面临着修改，所以朝廷在日本宣布这一决定的第三天（5月7日）心存侥幸地急电已在烟台等候换约的中国大臣伍廷芳和联芳，高兴地通知他们俄、德、法三国劝日本将辽东半岛返还中国已有头绪，中国政府现在正通过美国公使田贝转电日本政府，再商停战展期事宜，因此让他们在烟台耐心等候朝廷的进一步通知，不要急于与日本人换约，以免生米做成熟饭。

日本政府的方针是明白的，那就是对俄、德、法三国让步，而对中国是一步不让，所以中日之间不存在换约展期问题，更不存在延长停战时间问题。这是日本政府已经商定的政策底线，只是中国政府不明白不知道而已。5月8日午时是中日两国原先商定的换约时间，然而到了这个时间，中国大臣伍廷芳、联芳并不愿换约，因为他们还没有接到朝廷的进一步通知。日本换约大臣伊东巳代治派员通知伍廷芳和联芳，强调你们如果今天不换约，那么日本代表当即回国。伍廷芳、联芳闻讯有点着急，立即赶往伊东巳代治住处往晤，劝其稍候。伊东巳代治表示，今天停战期满，必须期内换约，请立即互换。伍廷芳答称，他们还在等待朝廷的最后指示。伊东说："那就再宽容一点时间，今天下午4时为最后期限，如果你们还不愿意换约，那我们就真的要走了，我们还是战场上再见吧。"

眼见和平将终结，战火将重开，伍廷芳、联芳二人心急如焚，迅速向朝廷向李鸿章拍发加急电报，请求指示。李鸿章接电后也向朝廷发了急电，请求朝廷不要犹豫、心存侥幸。朝廷当即回复，指示现在烟台之中国全权大臣速将批准条约互换。至当天夜里10时许，中日双方终于将相关手续办妥，一场虚惊成为过去。

换约手续还没有完全办理结束时，伊藤博文就给李鸿章发来一份电报，表示日本政府现已遵照俄、德、法三国相劝，同意不拟永据辽东半岛这一条款，三国自必心满意足，毫无疑问。至于日本弃让辽东半岛究竟应该怎样善后，这又是中日两国必须从容协商的事情。这是日本政府第一次直接暗示，日本放弃辽东半岛不是没有条件的。至于具体条件是什么，日本这时还没有说。

李鸿章将伊藤来电向朝廷报告后，朝廷也是一片惊恐，因为《马关条约》规定的战争赔款还没有着落，现在又突然多出来一笔赎辽的款子，尽管现在不知道这笔款子有多少，但可以预料不会是笔小数目。朝廷能够想到的又是俄、德、法三国，于是委派要员或外交官向三国政府疏通，一方面感谢他们在还辽谈判中鼎力相助，另一方面恳请三国帮忙帮到底，鉴于中国的实际困难，务必向日本疏通，让日本不要或少要赎辽费用。而在许多中国人看来，辽东半岛原本就是中国的，现在你们日本人慑于三国威胁而放弃割取，凭什么要向我要钱呢？像张之洞就建议朝廷，在辽东半岛问题上必须坚定立场不能与日本开议，而是继续委托俄国与日本人谈判。日本不能占有辽东，主要是因为俄国人的威胁和恐吓，并非日本人主动让与，所以也就不存在中国去感谢日本的事情，也就不必考虑增加什么费用。根据张之洞的判断，日本人不敢继续盘踞辽东，而俄国人占有辽东，日本人无计可施，中国只要略微敷衍，辽东即可仍归于我，即使俄国人不能代我要求日本人减少费用，日本人也必自图了事，若为日本人所愚，开口轻许，又要耗费巨款，中国更不支，祸患也就不知何时才能到头了。

张之洞的分析自有道理，只是日本人根本不会这样想这样做。日本也不认为这件事与中国有多大关系，三国干涉让日本放弃，日本答应放弃，但放弃的条件必须与三国协商，而不是与中国协商，当然买单的一定是中国。至于俄、德、法三国，他们在中国一再请求下，也答应帮忙，承诺在与日本人谈及辽东半岛问题时，会临时酌助，但是究竟有多大把握，三国外交官心中都没有数，日本政府发现吃到嘴里的肥肉还要吐出来，心理上自是不平衡，所以日本政府想方设法要在赎金上狠狠宰一刀，以解心头之恨。6月4日，日本内阁会议就辽东半岛归还作出决定，强调作为永久放弃辽东半岛的补偿，清国必须支付库平银一亿两作为赎金。这个要价显然出乎三国预料，三国中没有一个国家认为日本的要价是合理的或有根据的。

其实，日本人自己大约也意识到这个要价太过情绪化了，太不现实了。7月19日，日本临时代理外务大臣西园寺约见俄、德、法三国驻日公使，主动将要价降低至五千万两，理由是日本注意到了中国的困难，注意到了其支付能力，也注意到了与各国之间的友谊，所以主动将赎金减少。西园寺同时提出一个条件，即日本驻半岛的军队只能逐步撤离，其节奏与中国的赔款速度成正比。即在中国偿清赎金五千万两及《马关条约》规定的战费赔款第一次应付数目后，日军撤至金州；待中国交清战费赔款第二次应付数目及交换修订通商行船条约后，日军从辽东半岛全部退出。

为了换取三国同情和支持，日本政府同时宣布台湾海峡为国际公共航路，并不归日本管辖，亦非日本独自利用。

日本即使将赎金降为五千万两，俄国也认为开价太高，认为最多开价一半，即二千五百万两。而德、法两国则比较同情日本，认为日本的索款要求比较合理，并不过分。法国略感不太合适的是日本不该以辽东驻兵为他项条件的担保，更不应该在中国支付了赎金之后继续占领，以作为其他赔款的保障。法国政府认为，日本应该在收到第一次赔款后就立即交还辽东半岛全部。而且还必须明白的一条是，日本放弃辽东半岛，并不是对中国的让步，而是对三大国让步，所以日本不能因此而对中国再有所要求。

德、法两国既然都同情日本的索款要求，日本对于俄国说的最多开价二千五百万两的主张便不甘心起来，日本人抱着能多要些就多要些的方针，继续与三国争辩不已，反复述说日本的报价并不高。

对于日本人的扯皮和拖延，三国似乎也有点不耐烦了。他们经过协商，决定迁就日本的要求，在二千五百万两基础上上浮五百万两，凑成一个整数三千万两。9月11日，三国公使将这个数字通知日本政府，并要求日本在接受这个数字的同时，确定一个准确的尽早撤兵的日期，并能在这三千万两赎金交付后立即撤兵，一切都不必再啰唆。

贪得无厌的日本在三国压力下只好让步。10月7日，西园寺代表日本政府宣布：一、将交还辽东半岛的赔款减至三千万两；二、不以缔结中日通商行船条约为半岛撤兵条件，并于交清三千万两赔款后三个月以内实行撤兵。至此，还辽问题全部解决，剩下的只是中日两国直接谈判，商量怎样交接的细节了。10月14日，中国政府派李鸿章为全权大臣，负责与日本驻华公使林董谈判还辽事宜。10月20日下午2时许，李鸿章与林董在总理衙门开谈。只是还辽全部实质性谈判还是在日本与俄、德、法三国之间进行，李鸿章与林董的谈判当然也就不会有什么实质性进展。李鸿章要求林董在三千万两基础上再向下减少，理由是这个数额是日本与三国之间的谈判，中国并没有参与。现在中日之间直接谈判了，所以日本就应该再有所让步有所表示。这是典型的中国办法。

对李鸿章的要求，林董表示非常为难，因为这是三国与日本郑重达成的数字，现在日本擅自减少或变动，肯定在三国那里通不过。如果因此而节外生枝，恐怕对中国也不好。

其实，中国也从其他渠道获悉，还辽事宜既经三国与日本商定，不可能再因中国提议而重新提出来讨论，更不可能由三国出面再让日本减价。三国已经在日本政府要求下给予正式的外交回复，中国如果现在不愿意承认三国与日本达成的协议，肯定会得罪三国，将来许多事情更难办。一旦中国没有俄、德、法三国作为凭借，

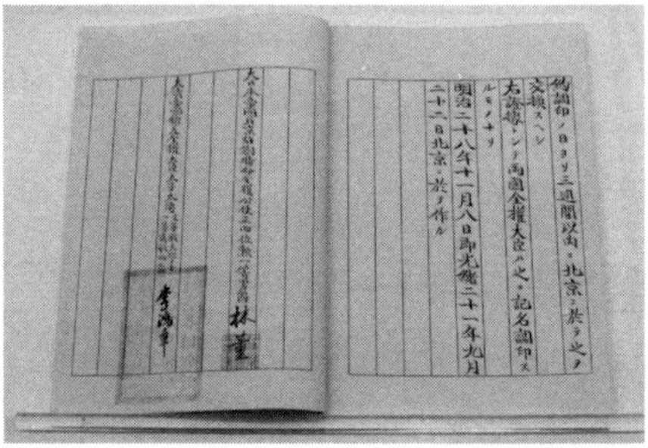

◎ 中日《辽东半岛收还条约》原件

那么和日本的直接交涉肯定更加困难。

鉴于此种困境，中国政府只好接受三国与日本达成的原则。11月8日下午4时许，李鸿章与林董签署《辽东半岛收还条约》，约定原《马关条约》第二款规定的中国让与日本管理的奉天省南边地方，即从鸭绿江口抵安平河口至凤凰城、海城及营口以南各城邑，以及辽东湾东岸、黄海北岸奉天所属诸岛屿，在中国支付了赎金后，日本军队一律撤回，该地方所有堡垒、军器工厂及一切属公物件，永远交还中国；约定中国为此向日本支付的赎金为库平银三千万两；自交款之日起三个月内，日本军队从辽东半岛全部撤出。

11月29日，中日双方完成换约手续；11月30日，日军退出牛庄、营口；12月2日，退出盖州；12月10日，退出复州；12月21日，退出金州、旅顺；12月25日，退出大连湾。至此，“三国干涉还辽”以中国增加三千万两赎金的代价而结束。

李鸿章马关讲和的一些细节

李鸿章遇刺后，中日之间的谈判并没有中断，反而因李鸿章受伤而加快。双方就日本原案和李鸿章的修正案进行多次书面争议，李鸿章也向朝廷多次请示，商量对策。

朝廷在这些天对日本议和草案进行了详细讨论，吵得一塌糊涂，皇太后坚持辽东半岛和台湾皆不可弃，即便谈判决裂再战，也在所不惜。根据这个精神，朝廷于4月8日电报指示李鸿章，强调奉天乃陪都重地，密迩京师，根本所关，岂宜轻让？台湾则兵争所未及之地，人心所系，又何忍辙弃资敌？至于赔款，万万以上，中国肯定付不出来，日本如果不肯多减，中国也没有办法。至于通商一条，朝廷已与赫德密商，寻求解决办法。增加通商口岸七处，重庆、沙市、梧州可以答应，京师、湘潭不太方便，苏州、杭州均系内河，亦多不便。

稍后，朝廷又指示，南北两地，朝廷视为并重，不到万不得已，都应竭尽全力驳斥对方。万一实在顶不住，那么谈判底线就是让地应以一处为断，赔款应以万万为断。这就是朝廷的底牌。

此前，由于李鸿章意外负伤，中方亦担心因此而耽搁正常会谈，经秘密协商，由中国政府补充任命李经方为钦差全权大臣，随同李鸿章与日本派出的全权大臣商议和约，并于4月6日照会日本政府。于

◎ 遇刺之后的李鸿章

是，比较正规的谈判，也就没有因李鸿章无法赴会而中断。

4月8日，伊藤博文派人邀请李经方至寓所，提出质问，强调日方的媾和条件在一个星期之前就已经提交，而中国使臣何以到现在都不给予明确答复呢？现在休战时间只剩下十一天了，如果因此浪费时日，以致再动干戈，恐非中日双方所愿见到。伊藤要求中方明天即4月9日为期，对日方条件给予明确答复。

李经方回到行馆，向李鸿章报告了谈判详情，他们筹思良久，苦无对策。因为朝廷先前的指示要他们顶住，要他们坚持不让步，现在日本方面如此态度，他们实在有点顶不住了。但是，李鸿章心中也非常清楚，朝廷不让他们让步，而他如果坚持让步，这个政治责任将来只有他个人承担了，这不是他能否承担得起的事情，而是事关重大，必须由朝廷来做主。

当天（4月8日），李鸿章给朝廷发了一个电报，详细报告这些谈判要点和细节，认为时迫事紧，如果不能适当满足日本方面的要求，谈判势必破裂，战火必将重燃。他建议朝廷适度让步，可以考虑将奉天之凤凰厅、安东、宽甸、岫岩四处边境割让，海城等地等到将来再说，这样较之日本所划经纬线界已减少大半。至于澎湖列岛，既然已被日军占领，只能暂时同意允让，因为即便我们不同意，日军也不会退出。关于赔款，李鸿章答应按照朝廷先前指示，以一万万两这个标准进行谈判。他只是请示，假如日方实在不答应，始终坚持，那么他李鸿章是否能够答应适度增加点呢？李鸿章最后还不忘提醒朝廷，谈判前景不容乐观，还是及早命令前敌各将帅做好重新开战的准备吧。

李鸿章给朝廷的电报只是备案性质，因为当时的形势根本不容许他在马关静候朝廷进一步指示，更不要说朝廷是否能够给他一个明确无误的指示了。4月9日，李鸿章在日方不断催促下，担心如果继续拖延，可能会导致谈判破裂，为弥缝一时之计，向日方提交了一个修正案。

如果说日本人的媾和条件是漫天要价，那么李鸿章的这个修正案，就是就地还钱。这个修正案的要点，就是李鸿章告诉朝廷的那两点，一是同意割让辽南的安东县、宽甸县、凤凰厅和岫岩州及澎湖列岛，二是同意赔款一万万两。

日本方面对这个修正案极不满意。日本方面认为，他们最初的提案，本来是作为会谈基础而提出来的，并不是毫无修改余地。但中国的修正案内容与日方的要求相距太大。

鉴于如此分歧，日方蛮横地以为中国没有讲和的诚意，遂向中国提出一个反修正案，对李鸿章的修正案予以驳斥，重申日本的要求，并严厉声称，中方对这个和约修正案只有允或不允两个选择，其他也就不必啰唆了。

日方的这个和约修正案的提出是在4月10日下午，地点就是春帆楼。这是中日双方第四次正式会谈，李鸿章深知事关重大，因而立即赴会。

下午四时，伊藤博文与李鸿章稍事寒暄，直接进入正题。伊藤表示，现在已经停战多日，留给我们谈判的时间已经很有限了，和约必须从速定夺，否则难免战火重燃。日方现在准备了一个改定条款节略，以免彼此辩论，空耗时光。

日本此次提出的和约草案仍为十一款，内容上更加集中在割地、赔款和通商条约修改三个方面。

关于割地，日本方面在这个新的和约草案中坚持台湾及澎湖列岛仍依原案；关于奉天南部之地，减为从鸭绿江口起，溯该江以抵安平河口，又从该河口起，通至凤凰城、海城及营口，划成折线以南地方，所有各城邑，皆包括在界线内。此外，凡在辽东湾东岸及黄海北岸属于奉天的岛屿亦在割让之列。

关于赔款，减为二万万两。

关于通商条约修改，日本不容变更其原案，但是，其一，新开商港可减为沙市、重庆、苏州、杭州四处。其二，日本轮船的航线可修正为：（1）由长江上游湖北宜昌至四川重庆；（2）由上海入吴淞及运河，以至苏州、杭州。

在提交这个和约草案的时候，伊藤博文强调：这个方案实为日方最后让步，希望中国使臣对此只要给予接受或不接受的答复，其他的就不必啰唆了，留给我们的时间不多了。

李鸿章将日方要求向朝廷作了汇报。4月15日一大早，李鸿章收到朝廷的最后指示：先前指示，原本希望能够挣得一分是一分，不料日本人竟是这样不可理喻，不通人情不给面子，那么就这样吧，你李鸿章就参照先前的指示与日本人定约吧。

有了朝廷的明确指示，李鸿章于4月15日下午两点半至春帆楼与伊藤博文举行第五次会谈。这个时间较伊藤的约定早了一个半小时。尽管有朝廷充分授权，李鸿章在这次谈判中仍做了最后奋斗与努力。他表示："李某现在确实拿到了朝廷的谕旨，有权酌量办理。只是这个事情实在棘手，我也不知道怎样酌量，还请贵大臣替我酌量。"

伊藤对李鸿章的请求不为所动，他强调："李大人的处境不妙，我伊藤的处境也与中堂相似，各为其主，大家都很难。中堂在中国位高望重，无人可以动摇；而本国议院权重，我伊藤做事一有错失，即可被议。"

李鸿章说："我去年在国内被满朝言官弹劾，大家都说我李鸿章与日本首相伊藤博文交好。想想也是，他们的说法也是对的，今天我有幸与伊藤首相议和立约，这不就是交好的明证吗？"李鸿章想尽办法希望伊藤再作让步。

伊藤说："你就任他们骂吧。这么大的事情，相信他们也没有人担当得起，堂堂中国，大约也只有中堂一人能够担此重任。说便宜话的人到处都有，我伊藤在日本的处境与中堂相似。"

李鸿章至此回归主题，坦言："我并不是怕舆论批评，只是皇上让我来议和，授权让我酌定，如能将原约酌改数处，方可担此重任，也算是我酌改了，请贵大臣替我想想，何处可以酌让？比如赔款、割地两端，总要少许让些，让我有个面子，即可定议。"

对于李鸿章的请求，伊藤博文毫不退让，他劝李鸿章别像在菜市场买菜那样讨价还价，日方如有可让之处，早就让了，何必等到现在？

对于伊藤的坚持，李鸿章也不为所动。他说：“前此会议结束时，我曾请你再让我五千万。当时贵大臣似有同意的意思。现在，如果贵大臣兑现这个承诺，那么我们二人立马定约。”

伊藤说：“如能少让，我肯定让了，何必等到这个时候？”李鸿章再说：“五千万不能，那就让两千万吧。现有贵国一份报纸说日本此次战争的总兵费只用了八千万。这个说法或许不足为凭，然非无因。”李鸿章说着将这份报纸递给了伊藤博文。

伊藤细看报纸之后表示，这种报纸全是道听途说，专与政府作对，万不可信。

李鸿章说：“我也没有说就依这个报纸的说法为依据，我只是希望贵大臣再减去若干。”

伊藤博文说：“我日本此次用兵费用远多于八千万这个数字。”

李鸿章说：“数字究竟是多少我不管，我只希望你能够再让少许，即可定议。现在只等你一句话。”李鸿章甚至以古稀之人向伊藤哀求，以此少许让步，作赠他回国的旅费。此种举动，如果从李鸿章的地位来说，不无失态，但可能是出于“挣得一分有一分之益”的意思，也算是他尽心尽责的表示。

他们二人你一句我一句，唇枪舌剑，毫不相让，说了用兵费用，又说割让的土地将给日本增加多少财政收入，又说台湾矿产资源，但说来说去，李鸿章就是要让伊藤再让步，而伊藤则坚持不让。

眼见赔款数额不让，李鸿章又说到利息，希望伊藤能够免除利息。他们在这方面也有很多讨论。此外，他们还讨论了辽东割让的边界、割让境内居民的安排、换约手续、日本继续驻军的费用等非常琐碎的细节。此次会谈时间最长，结束时已到上灯时分，而其后果并无任何改变，李鸿章完全接受了日本方面的要求。双方定于后天（4月17日）上午十时签字。这个条约因在日本马关签署，史称《马关条约》，或称《中日讲和条约》。

这个条约承认朝鲜脱离与中国的宗藩关系，承认朝鲜成为日本的附庸；日本获得中国台湾及其附属岛屿、澎湖列岛和辽东半岛；中国赔偿日本库平银二万万两；两国间此前所定所有约章均自作废，俟《马关条约》批准互换后，重新谈判新的通商行船条约及陆路通商章程；日本臣民可在中国通商口岸城邑，任便从事各项工艺制造，又可将各项机器任便装运进口，只需缴纳所定进口税；中国开放沙市、重庆、苏州、杭州为商埠，日本可派领事官于各口。

近代中日交涉：时机、教训及弥补

相互不信任缘起

如果从历史渊源说，中日是东亚最重要的邻居，有着上千年的交往史。到了近代，随着工业革命的发生，世界市场逐步一体化，中日两国都面临着西方的挑战。中国在经历了漫长的犹豫之后以自己的方式回应西方，从剿夷到抚夷，再到学习西方。中国在这个过程中至少耽搁了两百年，中国原本应该坦然面对西方，回应西方，追上西方，从农业文明转向工业文明，或者在农业文明的基础上增加工业文明的成分，从传统走向现代。然而，中国并没有这样做。

中国没有及时回应西方的挑战，或许与自己古老的传统有关，丰厚的文化积淀使中国很难在短时间内认同西方。面对西方的挑战，日本以另外一种方式回应，转身向西，脱亚入欧，发誓在远东建设一个“西方式”国家。经过几十年努力，日本做到了。

在过往岁月中，日本对中国文明进行认真研究，对中国也进行了周密考察，尤其是对《孙子兵法》、三国智慧、权谋、诈术等。中国人遵循孔子的教导，君子坦荡荡，不屑于阴谋，不屑于诡计，更不屑于诈术。日本则不然，或许是因为岛国生存的特殊忧患意识，日本对这些东西吃得很透，深入骨髓。

中国在过往很长的历史阶段中是以王道主义立场看待世界，看待周边。中国信奉儒家文明“以夏化夷”，用王道主义主流价值观影响周边，用文明软实力使四方来朝，文明的疆域和政治的疆域都在这个过程中得以扩充，因而在过去的两千年，中国人不再屑于玩弄雕虫小技，不屑于阴谋，不屑于权谋。这是中国在两千年不断扩充不断强大的原因，也使中国在近代面对西方很难转型，面对外敌屡屡显得笨拙，显得有点像宋襄公。

应该坦然承认，在资本主义发展早期，在资本原始积累阶段，世界就是严复所认识的那样，是个弱肉强食的丛林状态。要想在这个弱肉强食的丛林中活下去，就要寻求富强，就要既通人类文明的大道，知道人类文明的方向和未来，也要知道丛林法则，知道小计，知道中国文明儒家精神向来不屑的法术势，知道阴谋、诈术，知道借势发力。

老师与学生

既通大道，又精小计。这是日本在近代成功的关键。回望百年中日交涉史，我们可以很清晰地看到日本总是在用中国智慧对付中国，尤其是在每次重大交涉时间点的选择上，日本绝对不是听之任之随波逐流，总是牢牢把握主动权，甚至不惜以小计刁难、发难。

朝鲜是中国的藩国，与中国的宗藩关系已有几百年的历史了。自从中国不得不踏上学习西方之路，资本一直有撬开朝鲜大门，打入东北亚的冲动。怎样引领藩国打开国门，走向世界，对于中国来说，确实是个问题。当美国资本准备进入时，中国确实不愿帮忙，也是事实。但是，相信中国一旦完成自己内部整合，一定会对包括朝鲜在内的诸多藩国有一个统一规划。

然而就在这个时候，日本利用清政府洋务新政无暇他顾、在外交上选择孤立主义的时候，曲解清政府宣布的“藩国自主”原则，像美国对付日本那样，利用一次简单的事件，软硬兼施地签订《江华条约》，与朝鲜构建了另外一种关系，挑战中国在东亚的盟主地位。必须承认，日本在这一次交涉中达到了他们的目的，中朝宗藩关系因日本搅局而面临转型。

中国拥有第一流人才和智慧，日本的挑战使中国人看到先前的宗藩关系不可持续。中国的进步与发展不能单兵突破，中国必须考虑周边那么多藩国的利益，这些藩国数百年来追随中国，寻求保护，但西方挑战东方，使得传统不得不向近代转型时，中国一定要尽最大力量与这些藩国携手共进。只有这样，中国才能在东北亚抵御日本，以及俄国利用地缘优势对中国的蚕食，对东北亚的觊觎。

此后，李鸿章那一代中国外交家为建构一个稳固的东北亚环境，下力气将美国、英国、法国、德国等引进朝鲜，用“大国均势”抵消日本因《江华条约》发展起来的日朝特殊关系，防止日本对朝鲜的独占，这一方面维护了中国作为宗主国的尊严、面子，以及对周边其他藩国的示范作用；另一方面也比较有效遏制了日本的野心，维持了东北亚和平。

1882年5月22日，在中国的帮助下，《朝美通商修好条约》签字。此后不到两个月，朝鲜分别与英国、法国、德国、俄国、意大利签订相同条约，一个全新的“大国均势”基本成型，日本对朝鲜的独占完全破局。

然而就在这个时候，主管朝鲜事务的北洋大臣李鸿章丁忧回籍守孝。日本人在朝鲜策划了一场兵变，杀害主导构建“大国均势”的朝鲜实际领导人闵妃，使刚刚成型的东北亚“大国均势”破局。而恰恰在李鸿章不在的时候，李鸿章的继任者张树声、老部下马建忠无法充分理解“大国均势”的意义，不知怎样在朝鲜半岛与日本人斗智斗勇。马建忠识破了日本人的阴谋，看到了日本人的目的，但马建忠作出了一个非常错误的决断，竟然以上国身份绑架了大院君。大院君确实罪大恶极，但他毕竟是朝鲜国王的生父。马建忠的做法挽回了中国对朝鲜的控制权，但从此后，李鸿章苦心经营的“大国均势”不复存在，群雄逐鹿东北亚变成了中日对峙。

中日师生关系至此移位，由此注定12年后即1894年的甲午战争爆发。

日本的小计

日本在李鸿章丁忧这个准确时间点达到了一个准确目的。日本这个中国文明的学生确实经此一变改变了与中国的关系。中国从此对日本既没有信任感，也没有什么需要谦卑的地方。无论日本在明治维新时代取得怎样的进步，在中国人的眼里都算不上什么成绩。中日关系从此踏上一条充满风险的路，中日迟早会发生问题，这是那个时代许多人的看法。

两年后（1884年）中国因越南问题陷入南部边陲不得脱身，在战场上赢了法国，但却不得不放弃越南。中国之所以作出这样的选择有各种原因，其中一个最重要的原因是距离北京更近的朝鲜又出了问题。

这年12月，日本策划发动朝鲜政变，其目的就是利用中国正在南部陷入战争从而使其脱离中国，走上独立。构建现代民族国家当然是这次政变的幌子，其真实目的是让朝鲜投向日本，成为日本的势力范围。

为了化解这场冲突，李鸿章与伊藤博文于1884年在天津进行了一次会谈。这次会谈从根本上改变了朝鲜发展方向，朝鲜从中国的藩国一变而成为中日共管的国家。这为十年后的甲午战争埋下了种子。

1888年，慈禧太后让小皇帝光绪即位，经过几年“传帮带”，慈禧太后定于六十岁时彻底退休，颐养天年，让光绪帝亲政。

慈禧太后在过去三十多年是中国实际上的最高领导人，她的退休关乎国家荣誉和一个时代的结束。1894年，是“慈禧太后六十大寿年”。然而，就在这样的时间点，日本利用朝鲜内部出现的小问题大肆发难，清政府为了荣誉为了内部稳定，相关的情报、决策、兵力布局调度、后勤保障，甚至国际沟通等，一律跟不上。中国又不能为了对付日本宣布中止、暂停慈禧太后六十大寿庆典，那样的话，中国必内乱。于是中国就在那种极为艰难的条件下左右应对，日本却利用这个机会猛攻狠打。战争的结局从开始就已注定。

甲午战争是中国历史的根本转折。这个转折从根本上打乱了中国发展的步伐。

1914年，第一次世界大战爆发，中国在经历了“二次革命”之后，国内严重分裂，在参战还是不参战问题上争论不休。就在这个混乱时期，日本义无反顾宣布参战。但它并没有立即出兵欧洲，而是发兵中国，抢占山东，从德国人手里夺取了其在山东强占的全部权益。这件事是现代中国的巨大转折，此后的外交失败、五四运动均与此有关联。当然，日本发兵山东值得我们今天检讨的方面很多，中国无论如何不应该总是让内争凌驾于国家利益之上。

第二年（1915年），日本为了让中国政府确认其继承的德国在山东的全部权益，利用袁世凯萌发的帝制野心，提出灭亡中国的“二十一条”。这是中日撕破脸皮的开始。“二十一条”的关键不在山东，而是日本对满洲、蒙古权益的诉求。此时的中国，内政分裂，根本无法寻求共识，无法凝聚共同抵抗的力量。

经过十几年的混乱、重组，蒋介石在1928年大致统一了关内。然而就在这个时间点，日本策划皇姑屯事件，炸死张作霖，其目的众说纷纭。但从大历史观察，这一事件对中国的影响非常清晰，此后几十年中日之间的恩怨情仇，都可以在这个重大事变中寻找到影子，中日交恶直至1945年随着第二次世界大战结束而结束。

光绪帝之死

1908年11月，光绪帝和慈禧太后在二十四小时之内相继去世，这一谁也没有提前预料的突发事件改变了中国历史的进程，引发此后一系列重大政治变故。

光绪帝和慈禧太后在相隔那么短的时间里相继去世，大概称得上世纪乃至千古之谜。到目前为止的几乎所有研究者都不相信清政府的官方记载，而是相信传言，他们推测光绪帝的死亡乃为慈禧太后的迫害甚至是直接加害。近年来，随着国家清史编纂工程的介入，人们开始运用高科技检测光绪帝遗物，慈禧太后毒死光绪帝的说法似乎将要成为盖棺之论。

Le Petit Journal

Le Petit Journal

5 CENTIMES SUPPLEMENT ILLUSTRÉ 5 CENTIMES

ABONNEMENTS

DIMANCHE 29 NOVEMBRE 1908

LA MORT DES SOUVERAINS CHINOIS

Les corps de l'impératrice Tseu-Si et de l'empereur Kouang-Siu exposés dans le pavillon de la Longévité impériale

◎ 法国《小日报》登载了光绪、慈禧驾崩的报道，并附有油画插图

其实，这所有的猜测和论证都带有阶级斗争年代的深刻印痕，带有清政府政治反对派尤其是慈禧太后在政治上的反对者肆意编造的印痕。清政府的官方文

书丝毫没有这方面的记录，当年能够真正接近权力中枢的大臣们也没有人对光绪之死表示过怀疑。最早怀疑光绪之死可能包含着某种阴谋的是康有为，他在光绪帝去世的同一天就致电美国总统罗斯福，指责袁世凯谋害光绪帝，变换君主，扰乱中国，请求美国政府联络各国，对于清廷的权力变动不予承认。

康有为此时人在美洲，而且又在光绪帝去世同一天作出如此判断，这显然只是一个大胆猜测，并没有足够充分的证据，他也并不知道事情真相。康有为之所以将矛头指向袁世凯，显然是因为他没有忘记袁世凯在1898年的作为，也就是所谓袁世凯告密，导致慈禧太后发动政变，囚禁光绪帝等。这个说法现在基本上已经被推翻，不过康有为本身似乎一直坚信不疑。所以，康有为对袁世凯和慈禧太后的指责，很难说是为了弄清事情真相，还是为了现实的斗争，为了他们这些保皇党人在国外继续从事政治活动的合法性。

当然，当年怀疑光绪帝之死与慈禧太后有关联的也不止康有为一人，在北京的官场和民间似乎也流传着各种各样的传闻，因为在君主专制体制下，宫中的消息并不及时向外界发布，一般民众往往只知道结果，而不知道原因，不知道背景，更不知道其中的曲折与阴谋，他们往往凭借自己的想象力去揣测，去建构。更何况光绪帝和慈禧太后是在前后不到二十四小时之内相继去世；更何况多年来人们都已经相信皇太后与皇上之间不是一般的不和谐，而是不共戴天视若仇雠。天下事没有如此之巧者，一般民众揣测议论并不意味着他们对政治多么关心、对皇上多么同情，而实在是茶余饭后难得的消遣、难得的谈资。

民间的传言和议论当然不能代表历史真实，历史真实只有当事者或政府当局知道。清政府是一个享有主权的政府，我们不必怀疑清政府在道德上的起码诚信，不必怀疑清政府内部是否真的有人大逆不道，敢对当今皇上动手脚，因为在皇权中心皇权至上的历史背景下，皇帝的权力大于一切。我们稍微留意清代正史，就能发现光绪帝即便到了生命的最后时刻，也没有放弃自己的权力，依然以自己的名义发布谕旨发布命令，故宫中保存的医案更清楚地说明光绪帝甚至在他自己的疾病治疗用药上，也几乎是他说了算，他的意见远远大于、远远超越于那些宫廷御医的专家意见。所以当这些带有诋毁性质的传言在国内外广泛流行时，清政府毫不客气地下令民政部、步军统领衙门及各省督抚悬赏缉拿那些造谣生事、试图以此煽动动乱的人。这种种迹象表明，清政府不可能在国内外如此密切关注的重大问题上做手脚留把柄，更不可能给那些政治上的反对者留下攻击的口实和证据。

至于慈禧太后与光绪帝之间的真实关系，时过百年重新检讨，只要我们站在一个比较平和的立场上，就应该能够理解过去那些所谓皇太后与皇上不共戴天视若仇雠的说法可能也非历史真实，而是政治反对派的肆意攻击和诋毁。在某种程度上，历史的真实或许与这些传言相反，因为他们的关系不是一般的和谐，而是荣辱与共，特别是在外界不断质疑、不断攻击、不断诋毁他们关系的情况下，即便他们先前有某些误解、有不太和谐的地方，也会为了整体利益，为了大清王朝的根本利益而捐弃前嫌，团结一致。

人们之所以对慈禧太后与光绪帝的关系发生怀疑，其实说到底就是一个原因，即光绪帝不是慈禧太后的亲生子，而是领养的孩子。

再加上1898年的政治变故，康有为等人想象，一个养母怎能真的疼爱、关心一个养子，特别是当这个养子将大权独揽，这也意味着剥夺慈禧太后的权力时，慈禧太后怎能与这个养子不发生矛盾，怎能和好如初呢？从常理说，这种怀疑自有其道理，不过，从同情与理解的立场，从温情与敬意的情理，从日常世俗伦理层面，我们完全可以从善的层面予以重新解释，重构光绪帝、慈禧太后相继死亡的真相。

正如许多研究者都指出过的那样，作为女人，慈禧太后其实是非常不幸的，女人最忌讳的几件不幸之事，慈禧太后几乎都遇到了。比如年轻的女子最怕丧夫，慈禧太后1835年出生，1852年17岁时选秀入宫，成为咸丰帝的妃子，4年后即1856年生下咸丰帝唯一的皇子载淳，也就是后来的同治帝，这大概是慈禧太后一生中最为快乐最为得意的一段时光。可是好景不长，内忧外患使身体原本就很虚弱的咸丰帝心力交瘁，终于在经历了1860年英法联军攻入北京的奇耻大辱后，第二年黯然病逝于热河。年仅26岁的慈禧太后就此开始了漫长的守寡生活，在皇叔恭亲王的帮助下，与东太后一起领着6岁的皇儿同治帝共同治理着这个庞大的帝国。

这样孤独寂寞的日子度过了10年之久，1872年（同治十一年），年仅17岁的载淳长大成人，开始亲政，两宫太后撤帘归政，准备颐养天年。可惜天不假年，仅仅3年时间，慈禧太后的亲生子也就是同治帝却一命呜呼，于1875年年初病逝，年仅19岁。这一年，慈禧太后40岁。青年丧夫，中年丧子，从同情立场去观察，应该说慈禧太后是真的不幸。

慈禧太后是个不幸的女人，也是个不幸的母亲，而且往深里说，她还是一个不合格的母亲。大约是因为咸丰帝的早逝，大约也因为同治帝年幼丧父，使慈禧太后觉得小皇子也怪可怜，于是在小皇子的成长过程中，慈禧太后更多采取的大约是溺爱是纵容是听之任之。小皇子结交了许多不三不四的坏孩子比如一些宫中的太监，在这些佞臣宵小的影响下，终于走上堕落之路：整日里嬉戏游宴；耽溺男宠；常常在几个小太监的陪伴下溜出皇宫，微服冶游；整夜在南城琉璃厂、八大胡同等一些茶园酒肆、青楼妓院、花街柳巷盘桓，狎邪淫乐，流连忘返，往往直至第二天早朝时方潜回宫中，以至于召见军机大臣时或仍处在醉酒状态，语言失次，杂以南城猥贱之事，不堪入耳。

小皇帝微服冶游是个人爱好，不过他似乎也知道贵为皇上这样不好，所以他在南城狎邪淫乐时总是担心遇到自己的众爱卿，对他来说，那样的话就不是一般地丢失体面而是太过难堪。所以他总是在那些佞臣宵小的带领下，尽量避开大臣们常去的著名妓寮，专觅那些下等私娼取乐。天长日久，终于染上了不洁之病，死前数日，下部溃烂，臭不可闻，洞见腰肾而死。或曰梅毒，或曰疥疮，当然也有掩饰性的解释说是天花。

同治帝之死说明慈禧太后不是一个合格的母亲。如果我们将慈禧太后放在一个常人的立场上去理解，大概不难明白她的这一系列遭遇其实和普通人没有什么不一样。

19岁的同治帝死了，没有留下儿子，且同治帝为独根独苗，无兄无弟，皇位继承既不能按照惯例由皇子顺位，也无法按照“兄终弟及”的原则，找其亲兄弟继承。不得已，清廷只好从最亲近的亲属中选择皇位继承人，于是找到了醇亲王奕譞不到5岁的儿子载湉。

载湉生于1871年8月，他的父亲醇亲王奕譞为道光帝第七子，咸丰帝的弟弟，所以从皇族关系论，载湉为慈禧太后的侄子。而从慈禧太后娘家关系说，载湉的母亲叶赫那拉氏为慈禧太后的胞妹，载湉也就是慈禧太后的亲外甥。1875年2月25日，年仅4岁的载湉正式即位，这就是清朝第十一位皇帝光绪帝。

青年丧夫、中年丧子的慈禧太后对于这个小皇帝应该说是有真情实意的，绝不会像那些政治上的反对者所说的那样势不两立视若仇雠。果真如此，凭借慈禧太后的权势和决断，她在任何一个时候都可以借任何一个借口撤换皇位继承人。当然，慈禧太后和小皇帝在很多年的相处中也不可能对所有问题的看法都一致，有正常的意见分歧不足怪。不过，如果从日常情理的层面去观察，他们之间的相互关系应该是：皇上清楚地知道自己是领养的，也知道自己在家、国两个方面将要负起的责任，因此对于皇太后是尊重的、敬仰的、佩服的，对于皇太后的所有安排嘱咐，一般来说都是照单遵守认真执行的，因而其性格或者说生活习惯中就养成了对皇太后的高度依赖，凡事总以皇太后的意志为意志，并没有怎样的反叛精神。在这一点上，领养的光绪帝和慈禧太后的亲生子同治帝有着本质的区别。慈禧太后鉴于同治帝的惨痛教训不再娇惯纵容这个领养的儿子，也是人之常情，是任何做母亲的本能。

光绪帝是慈禧太后的养子，从血缘上是自己的亲侄子、亲外甥，是慈禧太后自己的未来和大清王朝的未来希望，是慈禧太后的所有寄托，慈禧太后严格要求皇上这并没有错，这是任何正常人家都会做的事情。而且慈禧太后在这个过程中也并不是想象中的那样独来独往自行其是，她不仅要受到皇族近亲、满洲贵族统治集团的制约，而且她很快就将光绪帝的生身之父醇亲王奕譞提升至非常重要的位置，醇亲王自1884年取代恭亲王奕䜣成为大清王朝首席军机和总理衙门的领班大臣，直至1891年去世，一直处于清王朝的权力中枢。所以我们无论如何不能相信康有为等人后来所编造的那样的谎言，说什么慈禧太后与光绪帝不共戴天、视若仇雠。

1886年，慈禧太后51岁，小皇帝也满15周岁。这一年，慈禧太后找皇上的生身之父、醇亲王奕譞及军机大臣礼亲王世铎等商量让小皇帝早日亲政的事情。几经周折，这件事情终于在1887年成为事实，慈禧太后只是在各方面要求下继续帮助小皇帝拿拿主意，帝国的日常处置权逐步向光绪帝手中转移。应该承认，慈禧太后在这个问题上绝不像康有为和后来许多研究者所描述的那样卑劣，她要真的想揽住权力，完全可以不这样做。

慈禧太后执掌大清国的朝政已经30年之久，更重要的是作为一个青年丧夫的女人，她先是辅助亲生儿子同治帝治理这个庞大帝国，后来亲生儿子不在了，又抱养了光绪帝这个小皇帝。现在小皇帝终于可以亲政了，可以自己当家做主治理国家了，作为母亲，有什么可以去怀疑的呢？无论怎样眷恋权力的人都无法阻止岁月流逝，慈禧太后确实准备结束一个时代，确实准备颐养天年，过上几年轻松日子了。这也是人之常情。

然而，大清国的政治现实并没有满足慈禧太后的期待。光绪帝亲政不几年，甲午战争爆发了，维新运动开始了，为了大清国的整体利益，慈禧太后不得不再次出山，帮助皇帝料理国家大事。

如果仅仅从权力构成上说，中国传统社会一直强调的是皇权至上性和不可分割性，皇权中心的一元化几乎是历代王朝不得不遵守的原则。晚清政局之所以出现两宫共同专政的局面，完全是特殊的历史条件所致。不过，如果我们以客观的立场去观察慈禧太后在1894年之后的作为，也应该承认，她对权力的使用是相当克制、相当节制的，她并没有滥用自己的权力干预朝政，并没有越过皇上处理国家大事，她只是对皇上的决策保持最后否决权。这只是在替年轻的皇帝把把关。所以，尽管经历了那么多的政治波折、大风大浪，我们从清代正史中从来没有读到皇上对皇太后的抱怨，皇上至死都是感激皇太后的养育之恩和多年来的精心照料、耐心辅助的。

皇上身体不好是一个谁都知道的事实，他不仅自幼体弱多病，更重要的是作为皇上他没有完成而且永远无法完成大位的传承，甚至无法对皇后对嫔妃履行一个丈夫应尽的义务。这也是光绪帝后来性格稍有扭曲的一个重要原因。他的肾病由来已久，奇怪的是，他不仅肾功能有问题，而且在大婚前后开始长时期遗精，据他自己说到了1907年就有20年的历史。一个长期遗精的人当然不利于夫妇生活，一个没有夫妇生活的人，当然会对性格形成某种程度的扭曲。这是现代医学、现代心理学所证明的。长时期遗精和长时期的肾病对皇上确实构成一个很大的困扰，也是皇上一个很难说出口的尴尬，是他后来稍微有点儿抬不起头的最重要的原因。对于这样的一个后辈，慈禧太后能够做的事情，除了安慰，除了劝勉，还能做什么呢？我们完全可以想象，慈禧太后只能从内心深处哀叹自己的命太苦，为什么老天爷要把一切危难一切坏事都留给她呢？青年丧夫、中年丧子也就罢了，为什么她辛辛苦苦几十年领养的这个儿子，这么听话，这么有出息，却又让他身体这样不好，让他无后，让他英年早逝呢？

◎ 当时西方讽刺漫画中的光绪皇帝被视为慈禧太后的傀儡

光绪帝的病情大约从1898年秋天之后就逐步恶化，好在他贵为天子，享受着帝国最好的医疗条件、医疗待遇。经过宫廷御医、天下名医的精心呵护精心治疗，光绪帝的肾病竟然在那个没有血液透析医疗条件下维持了10年之久。这本身就是一个奇迹。

谁也没有想到1908年秋，当政治改革到了最吃紧的关头，年仅38岁的光绪帝病倒了，而且一病不起一命呜呼。关于光绪帝的死因，清代正史和医学专家的意见大体都是正常死亡，是长期受到肺结核、肝脏、心脏、风湿等慢性疾病的侵扰，致使免疫力严重下降，最终造成心肺功能衰竭，合并急性感染而死亡。

历史的巧合在于，在光绪帝发病之前一段时间，74岁的老太太慈禧太后也因吃了一点儿不合适的东西，拉肚子好长一段时间了。拉肚子可以置人于死地，这也是医学上的常识，对体弱的老人而言更是如此。问题还在于，慈禧太后的痢疾已经好长时间了，如果不发生光绪帝死亡事件，相信慈禧太后大概也不至于突然不治身亡。光绪帝的死亡对慈禧太后的打击太大了，生命垂危中的老太后越想越伤心，越想越觉得自己的一生太命苦，所有的希望均成为泡影，所以她在这个养子年仅38岁英年早逝后不到一天时间，也一命呜呼了。这个解释不仅来自清代官方正式文件，而且也更合乎人道、合乎人情、合乎常理、合乎历史和逻辑。

太皇太后在遗诏中说：“大行皇帝入嗣大统，时事愈艰，万机待理，民生愈困，内忧外患，纷至沓来，不得不再行训政。前年宣布预备立宪诏书，本年颁示预备立宪年限。万机待理，心力俱殚。幸予气体素强，尚可支持。不期本年夏秋以来，时有不适。政务殷繁，无从静摄，眠食失宜，迁延日久，精力渐惫，犹未敢一日暇逸。本月二十一日复遭大行皇帝之丧，悲从中来，不能自克，以至病势增剧，遂致弥留。”慈禧太后的这个解释合乎逻辑，不应于此不疑处生疑，更不应怀疑其母子之间的真感情。

如果我们对自己民族的历史抱有适度的温情与敬意，如果我们对晚清历史不抱有先入为主的偏见，我们就应该承认光绪帝和慈禧太后确实是中国历史上不可多得的杰出政治家，他们两位尤其是慈禧太后在其漫长的政治统治中或许有这样那样的问题值得重新检讨，但无论如何我们都不能否认，他们在生命的最后几年，就像慈禧太后自己所说的那样，“前年宣布预备立宪诏书，本年颁示预备立宪年限”。这个迟到的觉悟使他们母子获得了巨大的声誉，根据官方文献《光绪实录》的记载，其时，“海以内编户之氓，海以外重译之使，皆奔走呼号，如赤子失慈父母，靡所瞻依，此以见德泽及人至深且远”。这种评价虽然稍显夸张，但真相似乎离此不远。

根据相关记载，光绪帝的病情在1907年之前虽然多有反复，但他毕竟是中国最高领导人，毕竟享有那个时代最好的医疗保健待遇，所以尽管皇上的身体不是太好，然大体上还能得到控制。只是到了1907年秋，光绪帝的病情开始恶化。根据清廷指示和皇上要求，直隶、两江、湖广、江苏、浙江等省督抚先后保送陈秉钧、曹元恒、吕用宾、周景涛、杜钟骏、施焕、张鹏年等名医来京会诊。这些名医根据病情诊断，提出很多治疗方案，有的被接受，有的被拒绝。

到了1908年秋，随着预备立宪政治改革步步深入，朝廷政务更趋繁忙，皇上的身体状况似乎在这时更趋恶化。根据皇上后来陈述，他在当年11月初，开始感到阴阳两亏，标本兼病，胸闷胃胀，腰腿酸痛，食欲渐差，兼有咳喘、麻冷发热等症，夜不能寐，精神困惫，情绪自然受到很大影响，显现出明显的焦虑状态。

只有在生命将要终结时，生命的意义才显现出来。年仅38岁的光绪帝太想万岁了，太想活着了。他在过去的那些年，或许是久病成医，他的好学使他对自己的疾病深有研究，且凭借自己的任性充当着自己的“医疗组长”，在御医、名医开出的方子上，光绪帝任意加减。皇上的威权至高无上，皇上的意志就是御医们的意志。所以当其病情继续恶化时，光绪帝并没有放弃治疗，更没有绝望，他怎么也不能相信自己会如此英年早逝，会如此出师未捷身先死。他甚至在生命的最后一刻依然凭借着求生的本能发布了一道谕旨，紧急要求各省督抚遴选医学专家火速来京，甚至提出不管这些人有无官职，是否出身正道，只要能够给他治病，就可以不拘一格。光绪帝甚至少有地许诺，如果治好了他的病，不仅要重赏这些民间名医，而且还必将重赏那些保荐者。

然而，正如中国一句古话所说的那样，再好的医生、再好的医术、再好的药方，也只是治得了病，治不了命。在光绪皇帝38年有限生命岁月中延续了20年的慢性病终于持续恶化不治，引起各个器官的衰竭和各种综合征并发。光绪帝年轻的生命终于走到了尽头。

尽管光绪帝长时期体弱多病，尽管他的病情在最后一段时间也曾向外界公布和透露，但年仅38岁的光绪帝，多年来被塑造的朝纲独断、大权独揽的圣明天子形象，特别是他在最后几年迎合世界大势推动政治改革，不仅宣布中国要走上立宪的道路，而且还实实在在推动君主立宪的进程，宣布九年预备的政治日程表。光绪帝的这些形象深得人心，如日中天，人们只知道他身体不好，谁也想不到他会在如此年轻的时候撒手西归，再加上光绪帝常年的慢性肾病使他无所出，因而清廷的政治继承突然间就成了最大问题，由此也就引发了历时百年的阴谋论。

辛亥革命中的四种力量

革命党人

历史不管怎样具有必然性，推动历史进步的还是人。这些人中既有英雄豪杰、帝王将相、王公大臣，也有不知姓甚名谁的平头百姓。

辛亥革命实际上还是一个比较职业化的革命，主要参加者其实都可以算作职业政治家。

在这些职业政治家中，首推无疑是近代中国民族民主革命的先行者孙中山。甲午战争后，确实是孙中山最先发现中国问题的症结，认为中国步趋西方，甚至像日本那样转身向西全盘西化，才是一个正确方向，但是中国走上现代化的主要障碍是清廷的阻挠。所以，中国的未来首要在于“驱逐鞑虏，恢复中华”，紧接着，或者说需要同时进行的就是“创建民国，创建合众政府”。

近代中国究竟有多少追随孙中山的革命党人，我们直至今天的研究都很难说清楚。不过，我们知道不仅革命党的领袖人物黄兴、章炳麟、宋教仁、蔡元培、陶成章、徐锡麟、秋瑾、邹容等，还有那十几年间流血奋斗牺牲的先烈，像黄花岗烈士等，他们都是值得后人永远敬仰和怀念的。

创建民国走向共和，是革命党人的政治理想和追求，在武昌起义发生后，当民主共和成为中国一个重要选项时，革命党人坚守原则不让步，甚至表示不惜一战为理想。但是革命党人也并非一味好战嗜杀，而是适可而止，知道退让知道妥协。革命党人的目标就是要像法国大革命一样推翻帝制，实行民权，一旦清廷答应了这个条件，革命党人以大局为重，以人民福祉为最重要的考量，南北言和，息兵止战，五族共和，优待皇室，原本剧烈冲突的满汉矛盾就能涣然冰释，这为中华民族的伟大复兴提供了一种机会和可能。由此，我们不能不由衷敬佩他们天下为公的博大胸襟。

◎ 著名的“黄花岗七十二烈士”之一林觉民

南方新军

不过首举义旗搅动全局的并不是革命党人，革命党人在那年春天的黄花岗起义有着示范意义，但真正开启一个新时代的还是武昌起义。

武昌起义的主力，不是过去农民起义中的草莽英雄，而是经过近代思想训练的新式军人。清政府当年创办这支军队，原本是鉴于甲午战败的教训，整军经武，用东西方各国的新办法训练一支新式军队。应该说，经过几年的训练，这支军队已经彻底取代了先前的旧式军队，不要说什么绿营八旗那些旧建制军队，即便是在过去为清王朝立过大功的湘军、淮军也没有办法与之相比。领导湖北新军起义的，并不是新军高阶层将领，而是中下级军官，比如孙武、邓玉麟、蒋翊武、刘复基、刘公等。实事求是地说，他们接受过君主立宪、革命、改良等各种各样的新思想，他们对国家大事有一种本能的焦虑，在皇族内阁出台后，他们理想中的君主立宪成为泡影，这就是他们首举义旗登高一呼的真实原因。这个具有鲜明政治诉求的举事已不是一般意义上索饷或哗变，而是具有政治革命的性质。

◎ 与清军激战的起义部队

更重要的一点是，湖北新军和北洋新军一样，都是受过近代教育的新式军队，所以他们在起事时，格外注意不扰民尤其是不去影响外国侨民的生活和生意，主动宣布保护外国侨民的生命财产，并在军事行动中尽力将冲突限定在南北双方军事力量的较量上，不将人民拖入战争，更不绑架人民使之成为战争的抵押。

湖北新军的文明之举赢得了列强认同，所以才有各国领事继而各国公使、各国政府宣布南方革命党、湖北军政府为交战的一方，将南北战争定位为中国内战，列强不偏袒不介入，这就为革命党、为湖北军政府赢得了时间，赢得了空间。湖北新军的领袖，除了先前的张之洞，此时最重要的领导人当然就是黎元洪。

湖北军政府在黎元洪等人领导下，在黄兴等革命党人的参与帮助下，在较短的时间内获得了相当发展，各省革命党人或新军将领在湖北新军示范下，相继宣布独立脱离朝廷，这就使全国局势迅速演变，局势对清廷来说无疑是日趋恶化。

立宪党人

武昌起义发生之初，朝廷迅即派遣陆军大臣荫昌率部前往武昌予以镇压，然而皇族出身的荫昌或许真的没有见过这样严重的政治危机，或许其皇族出身也是个障碍，于是清廷很快起用三年前弃用的汉人能臣袁世凯。

袁世凯之所以在清末民初获得“非袁莫属”的声誉，那真不是浪得虚名，而是他在几乎举国一致要求民主共和的时候，中流砥柱般地坚守了十几年君宪主义立场，期望在大清王朝既有政治架构中化解危机，推动中国政治进步。只是到了后来，当君宪主义实在无法被各方接受的时候，袁世凯借力发力顺势而为，承认君宪主义已经属于历史，接受以民主共和为南北和谈的主轴。

在这一系列冲突、谈判过程中，最值得观察的还有一个重要群体，就是立宪党人。在预备立宪运动中，主要的推动力量就是这批立宪党人，他们的态度决定了辛亥革命的发生及其后果。当他们向朝廷发动一次又一次的国会请愿运动时，实际上是认同朝廷的权威，是把立宪当作自己的事去做。然而朝廷辜负了立宪党人的期待，无视立宪党人的请求，还以蛮横的态度和手段去处理立宪党人的可怜要求，从而用自己的手将这批改良主义者推到了政治对立面。立宪党人对清廷越来越失望，对革命也就由先前的反对转为同情。

武昌起义爆发后，各省立宪党人或主动光复，或帮助、协助各省新军起义，脱离朝廷，很快形成十四省独立的阵势，继而促动中华民国临时政府的筹建，促动并把握了南北和谈的主轴。从历史层面说，如果没有各省立宪党人的积极介入，仅仅凭借革命党人的力量，大约真的很难在那么短的时间里拿下南方各省，更不可能形成与清廷分庭抗礼的力量。

清皇室

在这场改变中国历史走向的大革命中，唯一受到损害的无疑是清王朝。当然我们也可以说这个结果是清王朝咎由自取。历史给清王朝留下许多机会，都被它白白错过。甚至到了吴禄贞、张绍曾、蓝天蔚等人领导的滦州兵谏爆发，清廷依然不觉悟，依然用讨价还价的办法去回应革命党人和新军将领的政治要求，于是清廷只能被历史抛弃，两百多年的王朝顷刻沉没。

不过，清王朝的最后表现也有可称道的地方，就是清廷在最后时刻并没有像历史上的其他极权主义者那样鱼死网破、玉石俱焚、焦土抵抗、殊死搏斗，而是知进退。当他们发现抵抗无益时，索性放弃了抵抗，以哀兵的办法为这个皇朝赢得了尊严和保全。于是进入民国之后，人们对清廷最高决策者隆裕皇太后的决断钦佩不已，或认为她是“女中尧舜”，对中华民族的和平发展贡献殊巨。

清廷的最后决断和结局，还得益于这个王朝的主要雇员即那些具有新思想的清军将领特别是北洋将领，在南北和谈胶着，战火有可能重燃的关键时刻，是北洋将领段祺瑞、冯国璋等联名为朝廷指出一条明白的路：必须接受民主共和，必须在辛亥年结束之前作出肯定答复。

北洋将领阵前倒戈使清王朝丧失了任何抵抗的可能性，但这些将领并没有忘记这个王朝的过去，并没有对历史采取虚无主义的态度，所以当南方革命党人提出的退位条件使清廷觉得尴尬觉得无法接受时，又是这批将领大义凛然要求南方革命党人应该尊重历史，尊重一个即将消逝的王朝，民族应该和解，仇恨应该忘却。于是南方革命党人稍后修订的退位条件就充分体现了一种友善的和解精神。一场以法国大革命为取向、为榜样的大革命，最终获得一个中国式的结局，以和解代替了法国大革命及稍后的

◎ 清军骑兵

俄国革命都没有办法避免的大屠杀。辛亥革命的这层意义在人类文明史上应该得到充分展示和张扬。

1911年的中国大革命，在过去的评说中还有一个重要看法，就是没有唤醒民众，没有进行一场彻底的社会动员，辛亥革命的结果好像并不彻底，用鲁迅的话说，好像就是旗帜换了，人还是那些人，主子差不多还是主子，奴隶还是奴隶，甚至成为奴隶的奴隶。

其实，从现代政治的立场看，一切大的政治变动与一般民众并没有直接关联，但政治变动却可以也必然改变民众的生活方式，只是这些变动并不一定要唤醒民众的参与，并不一定要将整个社会整个民众都卷入其中。当辛亥革命发生时，中国民间社会已有数十年发展，民间自治能力已有相当大的提升，政治变革被政治家限定在一定范围，不去骚扰民众绑架民众，应该说是一种社会进步，是值得肯定的一种政治选择。

大变革时代——缘起、动力及方向

1860年，中国在经历了两百年闭目塞听、二十年两次鸦片战争打击后，痛定思痛，开始了向西方学习的历程。仅仅用了三十年时间，中国就大致重建辉煌。所谓“同光中兴”，绝不是浪得虚名，而是有实实在在业绩作支撑：经济总量世界第二，亚洲第一；军事力量世界第六，亚洲第一。这都不是中国人自己瞎吹，而是外国人实实在在的研究。然而，让中国人无论如何没有预料到的是，一个偶然的局部冲突，竟然将三十年增长真相大起底，中国从此开始了一个新的政治周期，进入一个“大变革时代”。

本末与体用

中国三十年增长不敌同时期的东邻小国日本，这让长时期以老大自居的中国很没有面子。中国人在此之前最为自信的是道路选择，“中学为体，西学为用”，被奉为那个时代不可更易的圭臬。现在，日本人用事实证明“中体西用”可爱不可用，于是绝大多数中国人不加分析便将甲午战败责任归结为只变其末不变其本的“中体西用”。于是乎，中国在1895年不期然改变先前几十年发展方略，转身向东，追随日本，维新、新政、君宪、宪政，再君宪，不一而足。至1915年短短二十年，中国走完日本半个多世纪才走完的路。

我们今天没有办法说清中国1895年转身向东，是好还是坏。假如我们不是采纳“线性进化论”去看待历史发展，我们应该承认中国在1895年放弃“中体西用”发展路径非常可惜，因为回望过去三十年，中国并不是真的只变其末不变其本，并没有完全拒绝外来好东西，更没有坚守传统的坏东西，中国在政治架构、思想文化等方面学习西方不少，短短三十年，中国在吃穿住行、生老病死等方面都发生了翻天覆地的变化。假如中国不因甲午战争中断发展路径，而是沿着“中体西用”既定方针继续往前走，再过二十年，到1915年，中国应该也能够一步一个台阶走上类似日本的路，在政治上有所改进有所进步，而且可以减少甲午、戊戌、庚子那样的大动荡。

然而，为什么经过一场并非毁灭性的局部战争，中国人就集体无意识转向，不再认同三十年举国共识了呢？这里面的原因肯定不止一端，但大致上说，不外乎先前没有从理论上说明洋务新政“中体西用”道路选择的历史依据和所要达成的目标。

三十年洋务新政确实是闷头发财“追求富强”，就是要缩短中国与西方的差距。这是对的。近代中国全部问题，其实就是农业文明的中国怎样添加一个工业文明。这是传统中国不曾有的，无论怎样快速增长都不过分。

问题在于，就像严复后来所意识到的那样，不论是西方文明，还是中国文明，都有本有末，有体有用，不存在只要其末其用，而不要其体其本的情形。中国在末与用增长的同时应该清楚，本与体是中国不可回避的问题，中国在获得经济快速增长后，一定能够发生全方位的渐变，一定能够建设一个与世界一致而又别致的新国家。假如中国在1895年前弄清这些道理，那中国理所当然可以自信已有的道路选择。

维新与变法

中国是一个知耻而后勇的民族。甲午战败让中国人迅速觉醒，先前争论十多年的问题因战败而不再争论，清政府迅即释放社会，新式报纸杂志、社会组织仿佛在一夜之间如雨后春笋般遍及全国；各地官绅主导的地方自治试验，也在1895年之后迅速展开，做得比较好的如湖南，短短几年时间就取得了相当成绩。中国的面貌焕然一新。

根据《马关条约》约束，“日本臣民”有权到中国自由办厂，享有进出口优惠。根据列强与中国政府多年前达成的条约体制，中日之间的双边约定转化为多边受益，各国资本参照日本臣民的例子，大规模投资中国。中国真正向外国资本打开了大门，迎来了一轮经济建设新高潮。

外国资本进入中国，当然有利润考量，这就是列宁所说的资本输出。不过对于当时的中国而言，其积极意义不应被低估，先前无法修建的铁路，无法开采的矿产资源，都在1895年后很短时间内启动，这里面主要的就是外国资本的驱动。

对于外国资本，中国政府在那个时候持积极欢迎的态度，对于外国资本在中国所遇到的困难，中国政府也积极给予解决。但是，由于旧的行政体制、观念约束，中国政府在很多问题上也有难处。比如，各国对华投资贸易急剧扩大，他们急需在中国沿海建立自己的基地。但是，中国碍于各方面原因，有心无力，理性觉得可以接受这样的要求，但实际上又不敢将土地以租借方式划给外国资本使用。

正像马克思所分析的，资本具有疯狂的本能，只要有值得它疯狂的冲动。德国政府自恃在“三国干涉还辽”中有恩于中国，因而希望中国政府为德国资本找到一个“煤栈”，以方便德国远洋货轮。但是，德国人性子太急了，无法容忍中国的行政官僚主义。1897年年底，德国人借着“巨野教案”一举武力占领胶州湾，引爆了中国社会内部深厚的民族主义情绪。

胶州湾外交危机阻断了中国正在进行的渐进维新，使中国人觉得中国如果不变法，不进行系统的政治体制变革，就没有办法在这个世界上立足，就不可能获得尊严。于是转过年，稳健政治家恭亲王奕䜣不幸去世，中国的政治变革迅即展开。这就是1898年“百日维新”。

过去很长时间，我们一直以为百日维新太激进了，是失败的根源。其实，按照现在的研究，百日维新与稍后的变革相比一点都不激进，百日维新失败另有原因在，那就是康有为等人凭借超人想象认为朝廷中有个冥顽不化的守旧派。为了改革，他们不惜以暴力去化解非暴力政治的变革阻力。不幸，消息走漏，出师未捷身先死，六君子被杀，康有为、梁启超等仓皇出逃。

以后来的观点回望1898年政治变革，我们相信那时各派都期望中国更好，而不是更坏。康有为怀疑朝廷有个守旧派，其实，在很多时候，适度守旧并非一件坏事。

新政、宪政与君宪

从维新到变法，改革的动力就是为了中国更好，只是机缘巧合，使得中国没有变得更好，而是更糟。

1898年秋天的政治逆转改变了中国发展方向，先前几年对外部世界的坦然被种种忧虑替代。而且，1895年之后外国资本大规模、无限度的进入也确实衍生了许多问题，大开发，大开挖，确实让相当一部分农民流离失所。战争在未来可预见的时间不会发生了，政府也就大胆遣散了军队。这些离开土地的军人虽说本质上就是农民，但他们已经没有办法重新回到土地，他们在城乡之间流浪、游走。到了1900年春天，终于在华北爆发了大规模冲突，导致八国联军进中国。

义和团战争、八国联军进中国，最直接的后果就是中国政府在列强要求下必须进行政治改革，必须在观念上与世界一致，所以《辛丑条约》签订前后，中国开始了新一轮政治变革，以地方自治、司法独立、新教育发展为主要内容。应该说，1901年开始的新政尽管存在许多问题，但其在中国政治上的积极意义不应被低估。

1901年新政触及了政治改革，但是这场改革依然局限于政治的末节，并非制度根本，因此等到1904年日俄战争，中国官绅眼见着日本在不到十年时间相继打败欧亚大陆两个庞大帝国，真的是不寒而栗，惊慌失措。

中国究竟应该向何处去？这一问题又一次摆在了中国人面前。1905年，是中国政治发展的关键。在孙中山等革命党人看来，清政府已毫无希望，中国人应该像俄国人那样觉醒，那样革命，推翻清廷，重建中国。

日本在日俄战争中的胜利，俄国紧接着发生的变革，深深影响了革命党人。流亡在全世界的中国革命党人在那一年会聚东京，朝圣般地学习日本，发誓改变中国，不惜代价。

革命高潮，日本的胜利，俄国的变革，也在影响清政府。即使在家天下体制下，也不能说清廷统治者就对未来前途不考虑。形势比人强。于是，清廷派出大臣出洋考察宪政。翌年秋，以宪政为主导的政治变革迅速推进。

应该承认，中国人自从甲午战争后便开始探索，直至终于承认君主立宪是适合中国的政治选择。君主立宪就是宪政，就是将君主的权力用宪法去约束。1908年，清廷颁布《钦定宪法大纲》明确了这些原则，按照规划，经过九年时间逐年筹备，一个与东西洋各立宪国大致一致的政治架构就会从蓝图变成现实。

遗憾的是，《钦定宪法大纲》颁布当年，强势领导人光绪帝、慈禧太后在一天之中相继去世，接替他们的是摄政王和隆裕太后。如果仅从年龄上说，摄政王、隆裕太后组合比慈禧太后当年与恭亲王搭档的叔嫂组合还年长，但在任何人看来，摄政王、隆裕太后这个组合都是一个弱势班底。

弱势班底没有办法掌控政治变革的大局，很快摄政王被迫同意立宪党人缩短立宪年限的要求。这不仅破坏了“计划政治”的约定与规则，为后来的变数开了一个先例，而且使复杂的政治变革变成了儿戏，既然九年立宪的约定可以缩短，那么为什么不能立即立宪呢?

弱势的摄政王、隆裕太后这一叔嫂组合没有办法回应立宪党人的要求，也没有办法掌控皇族和满洲贵族。1911年，当政治改革如火如荼进行之际，原本值得庆贺的第一届责任内阁，竟然被弄成了皇族内阁、亲贵内阁。

知错就改，善莫大焉。问题在于，摄政王并不认为皇族内阁以及稍后的铁路干线国有化政策错了，所以全国混乱僵持了大半年，直至四川总督府门前流血，直至湖北新军发难，方才有机会打破这种僵持。

按理说，南北和谈仍给清廷留有机会，但是僵持到最后，满洲贵族依然在权力分享上不愿妥协。国体变更，走向共和，成为1911年年底中国唯一的政治选择，清帝退位，创建民国，两千年的帝制竟然如此轻松就成为过去。

然而，两千年的帝制不是那么容易就结束，一个全新的共和制度也不是那样容易就确立。但在经历了共和之后重回帝制，更是死路一条。所以等到袁世凯复辟帝制，短短一百天，就将自己送上了绝路。

袁世凯帝制复辟引起了中国知识人的沉痛反省。1915年，陈独秀等人发现，如果不能建构一个新的思想文化基础，中国就不可能真正走向现代。于是，陈独秀等人创办《新青年》，一个全新时代就此开始。

1895年—1915年这二十年，是中国三千年未有之大变局时期，是“历史三峡”的一段。二十年大变革浓缩了几千年的中国历史，其中的经验、教训，至今仍值得细细思索，认真总结。

大变革时代官范、官德与官箴

就历史背景而言，我们今天依然处在一个大变革时代。我们今天的成就是这个大变革时代的恩赐，我们今天还存在的问题，也是因为这个大变革时代还没有走完。在这样一个被称为“历史三峡”的大变革时代，中国社会中坚——士大夫——干部阶层应该拥有怎样的官范，信奉怎样的官德，崇尚什么样的官箴，确实值得我们重新思索。

治人与治于人

中国具有悠久的历史文化传统，积累了无与伦比的文明遗产，中国文明的奥秘我们至今或许都没有完全解读，但中国文明确实保障了这个国家从黄河流域向四面扩散，构建了一个庞大的文明共同体。

在中国与西方正面接触之前，中国文明遇到过来自周边文明的挑战，甚至包括来自印度佛教文明的挑战，但中国文明都成功化险为夷、化危为机，开创新局。佛教文明的引入，促使中国文明华丽转型，成功构建中国文明新形态，所谓宋明理学，其实已不是中国文明原初形态，不是孔子那时的老模样。但宋明理学确实让中国文明达到一个全新境界，是中国文明的逻辑结果。

印度佛教文明能被中国文明比较没有障碍地接受，当然与佛家文明的农业社会基础密切相关。中印两大文明说到底都是农业文明的产物，所以印度佛教的进入没有改变中国社会结构，没有导致中国社会转型。

但随后而来的西方文明就不一样了。明清之际传入中国的西方文明是工业革命的产物，是工业化、商业化色彩的文明形态。工业文明与中国的农业文明原本并不存在冲突，中国接纳西方文明，不过就是在农业文明基础上增加一个工业的、商业的文明因子而已。然而中国并没有很快用加法完成这个转变，中国的忧虑是工业文明会用减法替换掉农业文明。几百年过去了，现在可以看到这个忧虑太过了，所以中国在过去几十年大度吸收了西方的工业文明、商业文明，给中国带来了一个全新的面貌。

工业文明、商业文明的进入，并不会替换掉中国的农业文明，但一定会改变中国的社会结构，一定会对中国的官僚阶层提出不一样的要求。

在农业文明状态下，中国的官僚队伍就是替皇上办事，就是牧羊。所谓州牧，说的就是这个意思。

◎ 晚清时期的官员

用通俗的话说，放羊就要让羊吃饱、吃好。牧民，就是让老百姓过得好，安心、满意，不造反。所以，传统中国职业官僚阶层，就是孔子说的，学而优则仕。用孟子的话说，就是劳心者治人，劳力者治于人。

孔子、孟子的说法都不错，传统社会的官僚阶层皓首穷经期待的就是鲤鱼跳龙门，就是金榜题名，这就是仕途的开始。那个时代的官范没有别的，就是替皇上办事，就是“放羊”。所以那时最重要的思想家董仲舒解释什么是民的时候，就明白地说，民就是眠，就是睡着不醒。老百姓不需要参政权、发言权，老百姓只需要吃饱吃好，只需要风调雨顺。

工业文明、商业文明就不一样了。工业文明、商业文明，基本上依靠纳税人支撑国家机器的运转，老百姓不再满足于吃饱吃好，老百姓成为纳税人，官僚阶层的地位相应地也发生了改变，他们不仅要治人——履行管理的职能，而且还要治于人，受到纳税人的监督。

君子之德风

所谓大变革时代，就是说这个时代还不是一个真正意义上的现代社会，也不是一个真正意义上的传统社会，是从传统向现代的转换时期，因而在这个时代新旧杂陈，旧中有新，新中有旧。

在传统社会，官僚士大夫阶层是社会中心，是社会中坚，是社会进步发展的引领者。那个时代的政治，按照孔子的设想非常简单，就是凭借这些社会中坚的道德垂范。

通读《论语·为政》二十四章，孔子认为中国政治的核心就是率先垂范，为政以德。所谓“居其所而众星共之”，所谓“思无邪”，所谓“道之以政，齐之以刑，民免而无耻，道之以德，齐之以礼，有耻且格”，所谓“君子周而不比，小人比而不周”等，其实都在说中国古典背景下的从政要诀，这个要诀非常简单，就是“先行其言而后从之”。这是孔子的真诚告诫，也是传统社会历代统治者和士大夫官僚阶层时刻谨记的圣贤教诲。

“君子之德风，小人之德草，草上之风必偃。”这就是说，官僚士大夫阶层作为社会中坚，既是牧羊人，也是道德示范、道德楷模，老百姓以官僚士大夫阶层言行为标的，为诉求。这是传统社会牧羊人的基本要求。

传统社会要求君子政治，要求官僚士大夫阶层谨言慎行，率先垂范，这不仅因为那时传播手段落后，没有独立的、专业的狗仔队，而且还因为那时只是一个又一个家天下，官僚士大夫都在给皇上打工，吃皇粮，他们公共生活之外的私生活当然也就没有多少必要曝光。回望两千年中国传统社会，除了圣君，就是贤相，好像两千年历史就是被圣君贤相包办似的。两千年被揭露出来的不堪人物，无论如何没有办法与我们现在这个时代比。这显然是不真实的。

现代社会，不论是东方还是西方，不论是古典还是现代，政治家，即便不是政治家的公众人物，都有一个如何示范社会、引领社会的问题。大变革时代的官德还是传统社会的那些原则，即率先垂范，成为引领社会的楷模，道德的楷模。

◎ 审理案件的清代官员

帝制的终结

甲午战争后，清廷朝野上下很快重建了维新共识，着力克服先前三十多年洋务新政埋头经济、不问政治的偏向，开始有限度地进行政治改革，地方自治、民间经济，政府管控之外的社会逐渐发育和成熟，一个前所未有的新阶级即中国民族资产阶级就在政府和外国资本的夹缝中艰难成长。

一个新生阶级

民族资产阶级是中国社会的新生阶级，在过去两千年帝制时代从来没有出现过。帝制时代主要是自然经济，一家一户小农经济是其主要特征。至于政府，也不过是皇帝和他周边的利益阶层，全国上下各级官吏，其实都是替皇帝打工，吃着皇粮，替朝廷办事。

随着西风东渐，国门被英国军舰强硬挤开。五口通商虽然还是管制经济，但这个门缝已给聪明的中国人一道美丽风景。一部分聪明的中国人充分利用政策空间成了先富阶级，这就是洋务新政时期的大小买办，他们都是利用清廷的对外开放倒腾贸易和替外国人办事挣大钱的“白领”。

先富阶级在最初阶段还是被歧视被侮辱的社会下层，几千年重农抑商的政策导向已使传统中国社会构成了严整的士农工商“四民社会”。商人在传统中国不能说不存在，只是他们在这个结构中始终处于底层。你可以有钱，你也可以斗富，你甚至可以过着很富裕的生活，但是你就是没有政治地位。所以在传统中国，许多因某种机遇发家致富的人总是想法捐个官换取一点政治地位，或做点善事给社会留个好一点儿的名声。在此之外，他们无力作为。

传统中国之所以能够如此制约商人阶级的发生发展，说起来也就一个最简单的办法，那就是使商业资本无法转换成产业资本，这个政策的后果就是你无论有多少钱，除了吃喝，除了炫耀，其实没有多少意义。与这个政策相配套，还有一个最重要的政策是不给你确权，不承认你的这些财产来源的合法与正当，你的获取与使用永远都是暂时的，政策或者说皇上随时保留最后的剥夺权。

进入近代不一样了。西方私权观念引进了，商业资本转为产业资本的可能性，也因外国资本大规模投资而放松了管制，甚至为了与外国资本进行交涉，讨价还价，大约从1895年《马关条约》签订后，清廷有意无意放松对商业资本的管制，有时甚至刻意为中国商业资本开放一条小小通道。中国民族资产阶级就在这种夹缝中慢慢成长起来了，至1903年收回利权运动发生，一个新生的阶级逐渐形成。

新生的资产阶级已经不再是传统中国社会的商人，他们在获得了一定的经济地位之后，就要求政治上必须保证他们私产的合法性。民族资产阶级之所以那么热心地投身于地方改革、地方自治、基层社会的自我管控，其实就是一种政治意识的觉醒，是社会日趋成熟的表现。他们的代表有江苏南通的张謇、江浙的汤寿潜、湖北的汤化龙、福建的郑孝胥等。而以理论为民族资本政治权益进行论证的，就是康有为和梁启超。特别是梁启超，此时的他醉心于君主立宪，发誓要将中国从君主专制带入君主立宪。

体制认同中的抱怨与哀鸣

新政发展到1903年前后，又在细微方向上有所迷失。中国究竟是要建立一个强大的君主专制体制，还是建立一个并不一定强大但一定更稳固的君主立宪体制？前者无疑是国家资本主义形态，后者多少带有自由资本主义特征；前者利用行政主导有助于国力迅速提升，但无疑会因皇权因素发生偏差出现失误，后者短期效益或许不如君主专制来得快，分权体制一定会扯皮，但这种扯皮一定有助于减少失误，提升增长质量。中国人的忧虑和争论还没有真正展开时，日俄战争及其后续影响明明白白告诉中国：立宪是唯一可行的正道，君主专制已成往事。中国如果不能很快走上君主立宪的路，那么美国式的民主立宪对中国来说也并非遥不可及，孙文和他的革命党集结日本，绝对不是一场社交聚会，他们的目标很明晰，手段步骤也很具体。在家天下的背景下，清廷的决策简单而功利，既然革命不远，民主立宪不远，既然君主专制已成过去，那就面对现实，开始君主立宪吧。清廷的君主立宪改革，在这之前嚷嚷了很多年，使人觉得很难，甚至不可能，其实只要统治者觉醒，改革就是一念之间，哪有家长不希望自家更富有更和谐，哪有一国统治者不希望自己的国家兵强马壮、国富民强？

清廷的君主立宪改革在1906年一经宣布，中国社会局面根本改观，正在壮大的资产阶级一夜之间转化为立宪党人，激进的革命党人也出现大规模回流，从革命党转变为立宪党，从造反转为建设。

立宪运动的中坚力量就是这些立宪党人，他们不遗余力推动政治改革，在短短几年时间里，各省咨议局开张了，地方督抚面对那些民选议员的咨询开始畏惧了，开始战战兢兢了，中国多少有点儿"官不聊生"了。从朝廷的立场说，立宪改革就是要扩大民众对官僚体系的监督和制衡，就是要消弭来自体制外的抗争，将各种引发体制外抗争的炸弹引爆。中国人的政治激情终因这场改革而被彻底激活。一个成熟稳定的立宪党有利于王朝统治持续稳定。

按照1908年颁布的《钦定宪法大纲》，中国当时所要建构的君主立宪体制并不是虚君立宪，而是像明治天皇、彼得大帝那样，是要建立一个立宪的强势政府。那一年，光绪帝不过36岁，他虽然不一定在寿命上有把握超越康熙大帝、乾隆大帝，但也绝对想不到自己会英年早逝。更何况，光绪帝在十年前就将明治天皇作为目标，他的目的很明确，就是要像日本那样建构一个立宪体制，有一个近乎民选的议会出谋划策，另外还有一个负责任的政府。

然而两年后，光绪帝英年早逝，一个弱势的中央权力组合出现了，这就使立宪党人很忧虑，他们担心弱势的朝廷无法保证他们的利益，更担心弱势的中央无法阻断日本对东三省的野心。特别是在日本吞并朝鲜之后，立宪党人的恐惧日益剧增，亡国的阴影时刻笼罩在头上。亡国了，一切财富都不再，已有的一切都得重新洗牌。基于这种焦虑，汤寿潜、张謇、郑孝胥、谭延闿等人联合江、浙、闽等省绅商成立预备立宪公会，数次发起大规模的请愿运动，希望清廷早日立宪，以一个宪政政府和议会去补充弱势的中央权力中枢。

国会请愿运动是体制内抗争，是在认同体制的前提下要求朝廷加快政治改革以应对危机，这里当然不应排除立宪党人急于分享权力的焦虑，但是无论如何他们都是体制内的健康力量，他们请愿、呼吁，也就是体制认同前提下的抱怨与哀鸣。

别了，皇上

朝廷和摄政王当然清楚立宪党人的意思，知道他们不是孙文革命党那样的反体制力量，因此对于立宪党人的焦虑和呼吁，摄政王在最初的犹豫、拒绝后，很快改变了初衷，同意立宪党人的要求，将先前九年立宪筹备的既定规划修正为五年。

摄政王的改变唤回了立宪党人的信任，1910年岁末和1911年上半年，国内除了那场黄花岗起义，大致上风平浪静，各方政治势力都在静等君主立宪起步，等待那个即将揭晓的责任内阁名单。立宪党那些领袖人物如张謇、汤化龙、汤寿潜、郑孝胥、赵凤昌等，是否想入阁，我们不太清楚，但他们肯定认为君主立宪第一步就是建立一个责任内阁，改变权力生态，防止垄断。

内阁名单不出台，大家还有一个期盼。真的出台了，却是失望。1911年5月8日，清廷按计划公布了第一届责任内阁名单，十三个阁员竟然有九人来自皇室或皇族，这不是一个典型的皇族内阁、亲贵内阁吗？这不是明显的倒退吗？改革前，按照满汉双轨制，来自庶族的大臣怎么也有百分之五十或稍弱，现在竟然只有四人。这怎能不让立宪党人伤心欲绝？更可恶的是，皇族内阁出台第二天，新政府又颁布一个新政策，宣布将全国铁路干线收归国有。无论这个政策的出发点多正当多必要，但从立宪党人、从民族资产阶级立场说，这毫无疑问侵害了他们的经济利益，有国进民退的意思。

对于清廷的这两个政策，立宪党人很愤怒，但他们依然能够保持理性抗争和体制内反抗。湖北省咨议局议长汤化龙等人迅速行动起来，在北京召集各省咨议局联合会第二次会议，猛烈抨击皇族内阁，抨击铁路国有。此后全国各地的抗争运动，到处都有立宪党人的身影。立宪党人的悲鸣是真诚的，这些抗争和呼吁并没有反叛体制，并没有对体制失望，他们之所以去游行去集会去请愿，是因为他们依然相信体制认同体制，否则他们会立即转身成为革命党。然而清廷太无视立宪党人的存在了，以为这些文弱书生终究闹不出什么大名堂。

文弱的立宪党人当然不会起兵造反，但当湖北新军实在受不了朝廷的拖延和鸵鸟政策发动起义时，最先站出来支持新军的，其实就是这些体制内的健康力量，汤化龙、张謇、赵凤昌、汤寿潜这批立宪党人即时应变，在支持湖北军政府的同时，也通电敦促各省咨议局响应。

虽然体制内的抗争演变成起义，但这并不意味着立宪党人这时真的就与清廷彻底闹翻，事实上，此时的清廷还有很大的回旋空间，袁世凯和一大批拥有军政实权的人并不赞同革命、赞同共和，依然劝说各省新军和立宪党人重回君宪轨道。各省新军和立宪党人原则同意袁世凯等人的劝说，唯一的条件就是清廷要进行真正的改革，实行真正的君宪。然而，清廷内部的强硬派实在是不知妥协不知退让，直至中央军的第二十镇主力张绍曾滦州发难，清廷方才下诏罪己，同意改革。

时间在不知不觉中流逝，清廷此时还有机会，立宪党人也没有全部失望，所以袁世凯的内阁很快能够组建，很快能够平息各地的动荡，但在稍后论及议会改革时，皇族中的政治家又无法接受一个民选的议会，无法同意将新议会交给人民去选举。到了这个时候，对立宪党人来说，实行君主立宪的希望越来越渺茫，这批立宪党人别无选择，只好与皇上告别，加入了革命的阵营，成为南京临时政府的主导力量，成为压倒清廷的最后一根稻草。

第四章

昔日的大师风范

新知识人登上政治舞台

甲午战争的结局让中国人蒙羞，是因为中国的综合国力并不比日本弱，中国完全有可能在这场战争中打出气势，获取胜利。然而，中国败了，且败得那样惨不忍睹，这不能不让中国人特别是年青一代义愤填膺，怒不可遏。

中国年青一代新知识人认为甲午之败不只是战术上的，更主要的是发展战略的失败，是中国先前几十年基本国策大政方针上的失败。先前几十年中国只是满足于自己的军事工业的发展，依然顽固坚持自己严重落后于时代的政治体制和政治架构，这才是中国失败的根源。在他们看来，先前几十年的洋务新政只治其标不治其本，中国虽然在经济上获得了一些发展，但这并没有使中国真正强大起来，中国真正的问题是能否从根本上放弃旧体制。这就是梁启超在《变法通议》中说的前此三十余年洋务新政之言变，其实并不是真变，而是假变，是叶公好龙，是补苴罅漏，弥缝蚁穴，所以这个脆弱的发展成就一旦遇到风雨，遇到雷电，就必然原形毕露，同归于死亡。所以，在这批新知识人看来，中国只有彻底放弃旧体制，涤荡旧俗，冲决网罗，重建新制度、新模式、新文明，才有可能重建辉煌，报仇雪耻，重振雄威。

梁启超所说，是那个时代的新知识人的共识，所以当中日和谈刚刚开始的时候，正在京师参加科举考试的各省举人很自然地关注着这场有关中国现实与未来命运的大事变，并尽可能表达自己的政治看法。

在各省举人中，领袖人物无疑是康有为。康有为生于1858年，时年37岁，广东南海人，因此也被时人称为康南海。康有为的家族以理学传家，因而其青少年时代有条件接受比较好的教育，师从岭南名儒朱次琦，潜心于中国传统学术。1878年，康有为辞别朱次琦来到西樵山，在那里与翰林院编修张鼎华相遇相识并成为好朋友。张鼎华为康有为打开了一个全新的世界，使康有为知道中国之大世界之大，引发了康有为对政治对朝廷的关注，从此康有为再不是原来的那个一心只读圣贤书的儒学传人，他的抱负也变成了达则兼济天下。

同一年，康有为因一个偶然机会漫游香港，这个与内地全然不同的新世界，从此激活了康有为对世界对中国的看法，使他开始觉得西方人的治国之道虽然与中国传统有别，但似乎也别有洞天，别有好处，不可一概否定。从那时起，康有为尽释故见，大讲西学，期待将来有机会用西方的思想理念改造中国。他的这些看法和思考都写在他19世纪80年代中期开始创作的《人类公理》及《实理公法全书》等著作中。

1888年，康有为第二次到北京参加科举考试，那一年，光绪帝年满18岁，开始亲政。按照传统中国的政治规律，一朝天子一朝臣，新皇帝总是会与旧时代有些不一样。基于这样的考虑，康有为以为机会来了，时不我待，所以不管那次考试结果如何，他也要集中精力花费时间写一份政治建议书，表达他对中国政治发展的一系列看法，当然也是希望能够偏锋取胜，以此获得朝廷的青睐，获得小皇帝的重视。

康有为第一次上疏的1888年，正是洋务运动发展的高峰时期，那时的中国人差不多都陶醉在发展成就中，以为一个盛世正在来临，或者以为他们正处在盛世中。而康有为在这份上疏中却大谈危机，认为我大清自1884年中法战争以来，其实已陷入发展困境，国势日蹙，正逐步沦为东亚弱国。康有为的这个分析究竟有多少道理有多少根据，不必细究，但这个观点无疑是石破天惊，振聋发聩。这些看法差不多从整体上颠覆了所谓“同光中兴”、所谓洋务新政，因而理所当然引起许多朝臣的反感。

按照清朝既成体制，康有为当然没有权力也没有机会将这份上疏直达天听，他通过关系找到国子监祭酒盛昱，通过盛昱将这份万言书转呈当朝帝师翁同龢，希望翁同龢在方便的时候呈递给皇上，或者方便的时候将这些大概意思说给皇上听听。然而，翁同龢认为这份上疏简直是胡说八道，特别是其中变成法、通下情和慎左右三点建议，认为其用心叵测，当然不会转呈。

翁同龢的拒绝并没有使康有为彻底丧失信心，因为在这个交往过程中，康有为在京城官场中还是获得了不少有益启示，使他知道官场运作的一般规律，知道人际关系在政治运作中的特殊作用。更重要的是，他康有为毕竟通过这份万言书在政治的圈子里崭露头角，使左中右各派政治力量都知道了康有为这个名字。唯一使他感到遗憾的是，由于整天忙着这些体制外政治活动，遂使他在大清国最严厉的科举考试中屡战屡败，这次也依旧名落孙山，没有功名，所以他在瞎忙乎了一阵之后依然回到故里继续复读。按照大清国人才成长的一般道路，他必须金榜题名，才能获得官场门票，才有资格对大清国的政治说三道四。这一晃又是几年过去。

在故乡复读这几年，康有为也是边打工边复读，办了一个学堂，招揽一些学生，过去的研究说他是在营造思想体系，准备干部队伍，这其实都是从后来的立场反观而推导出来的，其实在当年，康有为这样的读书人之所以走到这一步，主要的还是为解除经济上的后顾之忧，从长计议，打持久战，因为谁也不敢说下次考试笃定能考上。

也就是在边打工边复读的这几年，康有为也确实招到了几个才华出众的学生，其掌门大弟子无疑首推与康有为一起入京考试的梁启超。

梁启超，字卓如，号任公，广东新会人，生于1873年，此时不过20岁出头。梁启超绝对算得上神童，1889年中举，其时不过16岁。第二年，他兴冲冲前往北京参加会试，或许是因为骄傲，或许是因为基础不扎实，他在这一次会试中只是长了见识，没有实质性收获。回到广州，一个特殊的机缘结识了康有为，康有为的一席话，使他心悦诚服拜康有为为师，从此他们两人亦师亦友，教学相长，相互搀扶着在科举道路上同行。这就是他们师徒二人为什么在 1895年一起进京考试的原因。

康有为、梁启超师徒此次来京时间为 1895 年3月8日。此时中日战争进入最严酷的阶段，大清国已经放弃了正面抵抗，通过各种关系向日本人屈节求和。李鸿章被任命为头等全权议和大臣，正在准备前往日本马关议和。

康有为、梁启超的本意，是准备集中精力应对考试的，然而正如我们知道的那样，他们师徒二人都是近代中国最热衷于政治活动的人，他们始终对政治抱有高度热情，现在国难当头，他们当然要挺身而出。所以他们一路走来，一直在关心着战局发展，关心着朝廷的一举一动，随时准备建言，而且康有为很自信地认为，朝廷之所以弄到今天这个如此被动的局面，主要的原因就是不听他的话，几年前也就是 1888 年那一年朝廷如果接受他变成法、通下情、慎左右的三点建议，经过这几年的发展调整，清朝肯定不会落到现在这个狼狈的下场。也或许正是因为有了这一点自信和得意，遂使康有为在北京更加密切关注时局关注政治，以致他差不多要忘记自己此次为何而来了。根据康有为的说法，当他将到北京时，战局已经非常严重，北京已经受到影响，达官贵人纷纷外逃，传言朝廷甚至准备迁都。对于这种情形，康有为显得非常自信，他认为中日战争的结果中国不会亡，因为各国终会出面干涉，清国完全还有可能苟延残喘，甚至还有机会重新振作获取新生。在北京的那段时间，正是中日交涉最紧张的时候，康有为不顾考试压力，全部心思关注着中日交涉进程。李鸿章在马关的谈判，严格地说是秘密外交，国内政界知识界对谈判细节不应知情，然而由于李鸿章的谈判在朝廷中有很大分歧，一部分大臣坚决支持朝廷及时止损，不惜代价与日本达成和局；而另一部分大臣则从爱国、民族主义的立场反对这样屈节议和，力主打到底，直至鱼死网破，同归于尽。因此，这样机密的外交谈判在国内也就变得不那么机密了，当李鸿章与伊藤博文达成协议的消息还没有正式传回国内的时候，康有为却通过特殊的渠道获知了这一条约的内容。很显然，向他提前透露消息的人级别不低，而且一定来自反对李鸿章的阵营。

康有为提前获知《马关条约》的内容是在1895年4月15日，也就是李鸿章与伊藤博文第五次谈判的当天。这个提前获知使康有为觉得很有面子很有地位，于是他在获知之后非常亢奋，决意按照这些泄密高官的期待，立即责成大弟子梁启超去鼓动那些正在北京参加科举考试的各省举人联合行动，集体上书，拒绝马关议和。

根据康有为的安排，梁启超首先联合广东举人麦孟华、张寿波、赖际熙等80余人联名上书。湖南举人任锡纯、文俊铎、谭绍裳等数十人得知这一消息后，积极参与，遂于4月22日，将这份联名上书递交给都察院，力言台湾万不可割让。

都察院并没有将这份上书转呈朝廷。然而，一石激起千层浪，以梁启超为首的粤湘两省的联名上书还是在民间引起了极大反响，福建、四川、江西、贵州、江苏、湖北、陕西、甘肃、广西、直隶、山东、山西、河南、云南等省举人闻讯莫不发愤，纷纷效法，连日并递，都察院门口连续数天都是人满为患，水泄不通，这些人都是为了劝阻朝廷议和。台湾省籍举人罗秀惠等人更是在那里捶胸顿足，垂涕请命，痛陈台湾民众正向着京师恸哭，哀求朝廷不要抛弃台湾，不要让台湾民众成为弃儿成为游子。台湾学子声泪俱下感人至深，闻者莫不哀之。

空前的上书运动是康有为一手发动起来的，在这个运动发动起来之后康有为本人也被各省举子的言行感动，以为民气可用，越来越强烈地意识到团结各省举人一起行动远较个人行动更有力量，更有威力。

基于这样的认识，康有为决定发动一次更大规模的集体请愿，争取动员全国十八行省举人一致参加，认为只有这样才能够促使朝廷觉醒，促使当政者觉悟，也才能赶走那班守关的“虎豹”，敲开紫禁城的“帝阁”。在康有为的策动下，梁启超、麦孟华等 82人于1895 年4月30日再次联名上书都察院，请拒和约，另有奉天、河南、江苏、山东、湖北、江西、四川等省举人各联名上书，皆同作拒约之请，士气愤涌，各省举人在都察院门口走来走去，络绎不绝。

同一天，康有为、梁启超还策动联合十八省一千二百多名举人集会松筠庵，讨论拟定一份联合声明交给朝廷，主旨是呼吁朝廷拒和、迁都、练兵和变法，以体制外或民间身份提出化解时局危机的方案，大意是非迁都不能拒和，非变法无以立国。这大约是马关议和达成后有关变法的最早呼吁。松筠庵会议讨论了这份上书的大致原则和思路，郑重委托康有为代为起草。根据这个委托，康有为用了一天两夜的时间奋笔疾书，完成了长达一万八千字的请愿书，然后由梁启超、麦孟华等人连夜誊抄，征集签名六百多人，于5月2日递交都察院。然而，都察院以和约已被朝廷接受批准，无法挽回，而拒绝接收。

康有为起草的这份上书虽然没有在政治层面发挥功能，但由于在京城知识界、官场广泛传播，其影响巨大，康有为自己说是遍传都下，士气愤涌。这种评价或许稍嫌夸大，但也必须承认这份上书确实使康有为暴得大名，一下子成为政治新秀。

这份上书又叫作《上清帝第二书》，是康有为一份重要的政治思想文献，不仅表达了他对甲午战争后中国政治走向的期待和立场，而且反映了他的一系列政治理念。

在这份上书中，康有为坚决反对与日议和，反对割让台湾、割让辽东，担心虽然丢弃台湾非常容易，但其后果非常严重，天下民心势必由此散乱，社稷安危在此一举。他认为，丢弃台湾，不仅使台湾民众觉得朝廷不够意思，更重要的是还会使全国各省人民产生对朝廷的不信任。道理很简单，因为台湾民众始终拥戴朝廷，而朝廷到了关键时期，却因私利而放弃台湾，置台湾民众安危于不顾。朝廷可弃台湾人民，即可弃我；一旦有事，次第割弃，谁能保证自己永远不被朝廷割弃，永远是大清国的臣民呢？民心先离，将有土崩瓦解之患，所以在康有为看来，割弃台湾放弃台民之事小，散天下之民心之事大。由此而打开那个令人恐惧的魔盒，其后果真的不堪设想。这不堪设想的后果，据康有为明说就是列强干涉，列强瓜分，列强看着日本得手必然会认为我大清软弱可欺，必将效法日本在我清国周边生事，法国将觊觎滇、桂，英国将窥伺藏、粤，俄国将视新疆为当然势力范围，德国乃至那些小国诸如意大利、葡萄牙等，恐怕都会打我大清主意。朝廷对列强的要求，只要拒绝，这些国家立即就会变成另一个日本，会采取同样的手段威逼京师，兵临城下。如果朝廷对这些要求来者不拒，一概满足，那么就是自割其肉，手足腹心，应时而尽。朝廷最后能够管制的区域也就只是一块弹丸之地，行省已尽，何以为都畿？这就是真正的国将不国。

康有为的结论是，在目前情形下，言战，可以团结民心，力筹大局，可以图存；言和，则解散民体，鼓舞夷心，鼓励列强向我清国蚕食和觊觎，势必加速国家崩溃与解体。这就是一幅最可怕最灰暗的前景。

中国已处于危难之中，那么有什么办法可以使中国摆脱困境，重塑辉煌呢？为此，康有为在这份请愿书中为朝廷开出一帖良药，这帖良药包括四个方面的内容，即下诏鼓天下之气，迁都定天下之本，练兵强天下之势，变法成天下之治等。按照康有为的判断，朝廷如果能采纳这些建议，那么，近之为可战可和，而必不致割地弃民；远之为可富可强，而必无敌国外患之来。这份上书是中国传统士大夫典型的治安策，是贾谊以来的传统。

所谓下诏鼓天下之气，这更是传统中国政治变革的常规手段，用今天的话说，就是要朝廷郑重其事发布一份红头文件，只是康有为这次建议的是三份，第一份仿历朝历代先贤往圣先例，下诏罪己，激励天下，共雪国耻；第二份是下明罚之诏，宣布决心，表示将严厉惩办那些主和辱国、割地赔款的大臣，严厉追究那些战阵不力、丧师失地的将帅，以及那些调度非人、守御无备的疆吏，以期刷新朝政，一新士气，这实际上是追究甲午战败的责任；第三份文件是下诏求贤，宣布将破格提拔那些有作为、有能力，有胆有识、有谋有略的将帅和封疆大吏，甚至还可以采用一些非常手段，延聘山林隐逸、举贡生监、佐贰杂职，以便使天下之士既怀国耻，又感知遇之恩，为国出力，报效国家。

其实，这三份文件都不是什么新鲜玩意，都是传统士大夫的老招数，只是康有为在这里增加了一些近代因素，使之稍具现实感而已。康有为提出的这些主张，孤立地看当然都显得不得了。其实这些主张有许多也是当时人比较有共识的看法，比如迁都以定天下之本，以重建一个更加强固的政治中心激起国人坚决抵抗的决心，就是当时许多人的共同主张，是一种比较普遍的看法。

根据这种看法，由于京师不时出现危机是中国在马关议和中被动的根源之一，所以康有为在其上书中，列举最近五十年来列强动辄以出兵进攻京师为要挟，索巨款，开商埠，割领土，其实是佯攻首都以索边省。所以，首都已成为列强最容易拿住的一个抵押品。康有为批评过去五十年割天下万里之地，弃数万万人民，以保卫区区一都城的政策至愚至狂，以后事料之，列强知中国不肯迁都为政策底线，必借此对中国进行要挟。所以，中国如欲变被动为主动，就必须将自己担心的弱点弱项隐藏起来保护起来，痛下决心将首都迁往内地，深藏华夏腹地，远离大海，即便列强像过去那样动辄攻下天津、塘沽，即使沿海糜烂，即使攻占了北京，但朝廷深固，不被震慑，犹有办法收拢义勇，聚兵与来犯者决一死战。康有为相信，迁都是拯救时局、毁约再战的唯一办法。

在所谓练兵强天下之势的建议中，康有为认为，清国在甲午战争中失败的原因比较复杂，但将衰、兵弱、器窳则是不争的事实。鉴于这种情形，康有为建议选将之道贵新不贵陈，用贱不用贵。那些老将们基于经验，不思进取，不思改革，清国如欲在未来战争中战而胜之，就必须不拘资格选拔将才，用这些新将领替换那些已明显落伍的旧将领，然后再由这些新将领各自训练新兵若干，以应对未来可能遇到的外患。

康有为还认为，战争当然不是武器说了算，并不是说武器精良就一定能够胜利，但是最起码的装备、武器，还是应该匹配。东西洋各国都进入了热兵器时代，而清国还在使用那些冷兵器，那无论如何也无法获胜。所以，康有为建议将来新练的军队一定要讲究枪炮，讲究装备，注意从东西洋各国购买新式武器和新式装备。

另外，康有为还建议，应该寓兵力于百姓之中，像东西洋各国，除常备军正规军之外，他们还注意战争动员能力的培养，皆以民为兵，寓兵于民，这样当战争打起来之后，军队就比较容易获取源源不断的补充。

下诏鼓天下之气、迁都定天下之本、练兵强天下之势三策，在康有为看来都是为了应对时局而提出的权宜之计，而非立国自强之谋。真正的立国自强之谋，在康有为看来，那就是他的第四策，即变法成天下之治。

变天下之成法，是那几年康有为思考的重心。他认为，清朝的法度主要是沿袭明朝而有所变更，至今已有数百年之久。物久则废，器久则坏，法久则弊。被迫进入近代后，清国的内外环境都发生了很大变化，与大明王朝的时候有着显著不同。方今的清国，被数十强国觊觎，他们纷纷期待进入，期待瓜分，这确实是四千年未曾遇到的大变局。

条件变了，环境变了，那么理所当然，统治手段统治方略也都应该变。康有为说，如果当今统治者仍沿用过去的旧方法去治理天下，那就像盛夏还不愿脱掉棉袄，病情不断恶化而依然使用旧医方一个道理了，其结果当然也就可想而知，也就不可能乐观了。

康有为指出，清国当今变法的根本要义，就是要求朝廷以开创之势治天下，不当以守成之势治天下；当以列国并立之势治天下，不当以一统垂裳之势治天下。如果换成现在的语言说，康有为的意思大约就是希望朝廷要多一些创新精神，改变天朝上国的心态，以平等平视的眼光看待东西洋各国。按照康有为的解释，以开创的精神治理天下，则更新百度，守成则率由旧章。以列国并争姿态参与国际竞争，就不能再像过去时代那样一统垂裳、拱手无为，而必须有创新有创造有竞争。这是大原则，即穷则变，变则通，通则久。以变革的精神见贤思齐，向东西洋各国学习，取人之长补己之短，这样就能够开创新时代，逐步将我清国引领至与东西洋各国一样的境地。

至于具体的变法方案，康有为在这份上书中有许多非常细节的建议，大要有富国六法、养民四法、教民四法等。

所谓富国六法，即钞法、铁路、机器、轮舟、开矿、铸银、邮政等六项。所谓钞法，其实就是重建国家信用体制，由国家发行货币。这样不但可以聚举国之财，收举国之利，而且利用货币手段，扩大商务，筹集军饷。其实就是像西方各国一样重构金融体系。这个思想在1895年确实是比较新的。

至于铁路，在那个时代也算是个新鲜事物，康有为认为朝廷应该改变过去的思想，将铁路建设提上日程，铁路将距离拉近，万里之遥不过一瞬之间，有了铁路，不仅便于运兵、运械，有助于国防，而且便于赈灾，便于漕运，便于行政管理，便于教育文化，便于商业发达，货物周转，便于民众外出谋生，扩大生存空间。而且从文化上说，铁路的建设，必将有助于通言语、易风俗。至于机器，康有为认为也是需要格外注意的新兴事业，机器的发明和使用改变了人类社会的存在方式，大幅提升了生产力，因此政府应该允许和引导民间创设各种各样的机器工厂，大幅提升清国的制造业。政府要学习西方对制造业给予适度保护，保护他们的知识产权，保护他们的发明创造。至于轮舟，也是近代交通工具的重大变革，和铁路具有同等重要的意义，应该大力发展，鼓励官民商贾各界一起动手，共同兴办。

至于开采矿产资源，康有为也有自己的看法，他认为大清地大物博，矿产资源丰富，藏富于地，中国为最。云南的铜、锡，山西、贵州的煤、铁，湖广、江西的铜、铁、铝、锡、煤，山东、湖北的铅，四川的铜、铅、煤、铁等，其储藏量都是不得了的。大清现在是捧着金饭碗找饭吃，所以现在应该尽快大规模创建矿务学堂，培养专门人才，充分挖掘祖宗留在地下的宝藏，发展自己，提升人民的生活品质。

在谈到富国之法中的铸银时，康有为认为，清国现在使用的元宝及银锭，已经很不合乎时代需要了，分两既无一定，形状也不统一，有加耗、减水折色、贴费等区别，有库平、规平、湘平、漕平等分别，轻重难定，亏耗滋多，很不利于商品流通贸易往来。现在各国的货币体制都有很大改革很大发展，重率有定，体圆易握，人情所便，所以便于流通便于使用。而且，近代西方各国皆用本国之银，所以清国也应该向他们学习，自铸银钱，以收利权，由政府掌控货币主权，必然有助于政府预筹巨款，从事建设和国防，有助于稳定与发展。

在谈到富国六法的最后一项邮政时，康有为说，清国现在采用的公牍文移方式还是过于传统、过于守旧，谕旨奏折，还是使用千百年来的驿站方式传递，费工误事误时，资费厚重，远寄艰难。近代西方发明和使用的邮政方式集合各种邮件，用更加合理的方式组合，用更加便捷的方式传递，应时无失，人民称便。所以大清也应该仿照西方国家设立邮政局，并将邮政与铁路统合在一起考虑，相辅相成，相得益彰，这样消息易通，见闻易广，上之利国，有利于政令传递、战争指挥，下之利民，方便人民之间的联系。

除富国六法外，康有为还在这份上书中提出“养民”四法，即务农、劝工、惠商、恤穷等四项内容。

所谓务农，就是拯救农村，振兴农业，帮助农民。随着近代工业甚至是东南沿海一带资本主义的萌芽，传统的中国农业到了近代之后实际上是踏上了一条不断衰微的路，近代中国稍明事理的政治家思想家都在关注着农村拯救和农业振兴，康有为应该说是这群思想家中比较突出的人。他认为，中国农村的拯救和农业复兴，一定要引进西方的科学技术，大规模翻译出版东西洋各国农业技术农业管理新书籍，一定要有更加科学的管理方式和组织方式，一定要像西方近代国家一样注意研究农业新技术新手段，要成立农业方面的各种学会，支持和帮助他们进行各种各样的新尝试和新试验，注意发展粮食生产之外的各种经济作物，诸如养蚕、种棉、畜牧等。农业的振兴应该是全面的振兴，农村的拯救也应该是全面的拯救，帮助农民也应该不分彼此全面帮助。康有为相信，中国走向现代化的过程，已经有了西方经验作为借鉴，那么就不应该重蹈西方老路，牺牲农村，成就城市，而应该是将城市文明的好处逐步向农村传递和转移，让农村更美好。

所谓劝工，与康有为前面在富国之法中说的大同小异。同，都是想方设法鼓励发展工业；异，前面的富国之法中是讲发展制造业等近代工业，这里的劝工指的是鼓励和保护知识创造，奖励创造发明，建议全国上下都应该设立考工院，翻译出版外国制造方面的书籍，培养人才，从儿童开始，分门别类，让他们逐步掌握自然科学技术方面的知识和技能。在政策层面，政府也应该制定鼓励奖励发明的优惠政策，对于所有新发明，给予登记，给予保护，颁发执照，并给予物质上的奖励，维护其专利所应有的权利和权益。

所谓惠商，就是沿着郑观应的思路，注意提升中国的商业竞争能力，保护商业保护商人，保护合法的贸易竞争。康有为指出，凡一统之世，必以农业立国，可以安定民心。到了列国交争的近代，必然以商立国，没有强大的贸易往来，就不可能自立于这个近代世界。古之灭国以兵，人皆知之；今之灭国以商，中国人似乎还不太明白这个道理。以兵灭人，国亡而民犹存，以商灭人，民亡而国随之。大清之所以在过去这些年一再被动，主要还是因为商业不发达，商路不畅通。所以为今日计，康有为建议朝廷应该设立通商院，委派廉洁大臣长于理财者，从国家层面经营商业，经营贸易。各省也应该设立相应机构，比如商会、商业学校等，这样才能以商立国，才能与各国平等对话。

至于所谓恤穷，如果用现在的语言去表示，其实就是慈善，就是救助。慈善、救助的概念，在传统中国就有，只是范围小，主要局限在乡党邻里之间，康有为在这里所提倡的恤穷，当然就是具有近代意义，带有公众救助、公众慈善的意思了。这应该是康有为的创造与贡献，对于中国社会的近代化功莫大焉。康有为说，京城四方观望，乞丐遍地，孤老残疾的人，无人照顾无人抚恤，每天都能看到这些可怜的人废死于道路。那么怎样解决这些问题呢？康有为提出三个思路，一是移民垦荒，积极救助，就是将这些流浪的人收容起来，统一送到那些有待开垦的地方垦荒实边，这样不仅安置了他们，而且有利于扩大国家的富源；二是在各州县普遍设立救助机构，康有为定名为警惰院，收容那些无业游民，择其所能，教以艺业，使他们逐步变成有办法自食其力的劳动者；三是养穷，就是在各州县遍设福利院、老人院、孤儿院等福利慈善机构，救助那些鳏寡孤独、疲癃残疾、盲聋喑哑、断者侏儒等，将这些可怜而又没有办法养活自己的人统一收容，由政府或由善人出资将他们养起来。

康有为的“养民四法”显然注入了不少西方近代因素，不过有些内容在传统中国也有某些萌芽形态，被康有为如此归纳与创造，赋予新的意思与形态，应该说是很有意义很有启发的。此外，康有为在这份万言书中还提出所谓“教民四法”，其与“养民四法”具有相同或类似性质。所谓教民四法，即普及教育、改革科举、开设报馆、设立道学等。

从康有为的教民四法看，如果熟悉康有为之前清国数十年的改革史，就应该承认，除设立道学具有独创性外，其他各法似乎都是先前十几年间洋务思想家曾提出而清政府不及实行的方案，康有为在这里只是继续鼓吹而已。

至于设立道学的基本意思，用康有为的话来说，就是他后来发明孔教的思想萌芽，他希望用孔子教化、儒家理想去抵御西方文明的侵入，这个思想究竟带有多少近代特征，可能还值得怀疑，但在康有为的政治理念中，他个人认为提倡儒家伦理，创建孔教，与学习西方并不矛盾，而是相辅相成、相得益彰的事情。

在改革庶政名目下，康有为提出裁撤冗员、澄清吏治、改革官制等思想，这些思想当然也并不都是他的独家发明，不过应该看到的是，在三年后1898 年的政治实践中，康有为依然是从这几个项目中寻求突破。所以说他的这些思想绝不是一时冲动，更不是简单的机会主义，而是其深思熟虑的结果，因而在后来的政治变动中逐步发挥了一些积极作用。

大时代中的章太炎

章太炎何以成大师

近代中国是继春秋战国之后中国历史上最动荡的年代，大动荡大分化重新组合，因而使近代中国历史画卷多姿多彩，壮丽灿烂，人才辈出，恍若两千年前百家争鸣情景再现。一大批学术大师前所未有集中呈现，这是一个不得了的时代。在这些大师中，最耀眼的大师无疑属于章太炎。

如果从当今中国学术回溯，现在文史哲各重要领域中最活跃成绩最大的人，很可能就是章太炎的第三代、第四代或第五代传人。这就是章太炎的魅力，是章太炎的伟大。

章太炎之所以能在中国学术史上留有这样重要的地位，当然与其学术成就有关。章太炎的学问涉及众多学科，他不仅对传统中国旧学经史子集从少年时代开始就下过苦功，而且处在特殊的转型期，章太炎也对传入中国的西方学问下过功夫，西方人的文史哲学即便不是章太炎的长项，也是他并不陌生的领域。因此，章太炎的学问融合了中西学问之长，是传统学术向现代学术转换的一个关键点。

从现代中国学术发生学看，现代中国文学史的研究比如对《文心雕龙》等历代文论作品的研究，差不多都能追溯到章太炎或其门下弟子；现代中国史学研究，不论是人类起源、中国人种来历，还是从先秦到近代的许多重大问题的探究，都可以追溯到章太炎所提出的问题，或其弟子如吴承仕、朱希祖等人所做的工作；至于现代哲学，没有人会否认章太炎是近代中国最重要的哲学家，他对中西古典哲学的批判与继承，已经成为现代中国哲学史上一笔丰厚的遗产。其还有现代中国学者所不具备的巨大学术贡献，即现代中国语言文字学的研究，其实就是章太炎和他的弟子黄侃、钱玄同等人一起开创的。显而易见，章太炎不仅是传统中国旧学问的殿军和终结者，而且是现代中国新学问的开创者。这是同时代其他伟大思想家、学者所不具备的。

为什么章太炎能够做到这些？首先在于章太炎自幼年时代就因机缘巧合放弃了科举道路，使他得以自由阅读。而他又是一个愿意阅读的人，恰恰又不断遇到合适的指导者。传统说法总是强调“十年寒窗”，其实从章太炎的经历看，他毫无功利心的静心阅读长达二十几年，甚至接近三十年。这和同时代的康有为、严复、梁启超相比当然就不一样了。康有为也曾有过认真读书的时代，但他很早就为了科举考试而无法静心读书；严复更不要说了，特殊的家庭境遇使他少年时代就没有读过多少书；至于梁启超，少年成名，聪颖早慧，这是他的优势，但实在说来也是一种缺憾。章太炎的成功告诉我们：读完所要读的书，然后就可以随意说出你想说的话。读书是人生一个重要组成部分，只有从这个意义上理解才有意义。

章太炎早期独特的人生经历使他有可能穷尽对古代文献的阅读，他所遇到的那些名师也使他有机会有可能接触西方学问，这是与他同时代的人很难同时具备的。但是要想成为横空出世的一代大师，要想给悠久的中国学术带来一场“范式革命”，如果仅仅局限于书斋，比如像同时代的章太炎的师辈俞樾、孙诒让等人那样，章太炎恐怕也难成为我们今天所知道的章太炎。章太炎的成功还有一个因素不可低估，就是他的弟子鲁迅所归纳的，因为章太炎是一个“有学问的革命家”。这是章太炎之所以成为章太炎的关键点。

“有学问的革命家”使章太炎在世俗世界积聚了一般学者无法企及的名声，而且所谓“有学问的革命家”要求章太炎必须对现实世界有个“普世关怀”。我们今天可以对章太炎所从事的“排满革命”进行各种各样的讨论，但是如果将章太炎的“革命”放到当时历史情境中进行考察，我们就必须承认章太炎是在用书斋中的学问引导社会，引导大众。这就不仅为章太炎积聚了人气，而且为其学问从书斋高端向世俗层面转化提供了契机与可能。

章太炎与新史学

中国士大夫向来有立言传世的传统，但千百年来他们却没有几部精心建构体系的精致之作，更没有制造思想体系学术范式的野心和尝试，即便学术成就如郑玄，如韩愈，如二程（程颢和程颐），如朱熹，他们留给后世的大都是感想是随笔，稍有建构体系野心的如刘勰、如刘知几、如章学诚，也不过比郑玄、韩愈等略强些，留有《文心雕龙》《史通》和《文史通义》等。直到近代，到章炳麟（号太炎），方才出现构建体系营造范式的野心，其代表作就是那部影响深远的《訄书》。

章炳麟生于1869年，卒于1936年，浙江余杭人，初名学乘，字枚叔，后因仰慕明末清初大学者顾炎武为人，改名绛，号太炎。章氏家族有着几百年的发展，积累了一定的家业，所以章炳麟的童年过着比较优越的生活，接受过良好的教育。初有他的外祖父引领他阅读传统典籍，后因其患有癫痫而与科举考试绝缘，得以自由阅读，较之同时代同龄人整天忙于科举考试，他无疑学到了许多不一样的东西，这对他后来的学术发展意义巨大。

稍后，学有所成的章炳麟遵从乃父遗命拜大学问家俞樾为师，入诂经精舍，在那里他又潜心攻读了七八年之久，等到1897年离开诂经精舍步入社会，章炳麟28岁，已经实打实地下过二十多年苦功夫，而且不带任何功利目的，这是同时代甚至异代学者都很难具备的条件和机遇。

由于在诂经精舍的日子里他就与东南半壁学术界多有交往，结识了一批学术界大佬或新秀，章炳麟的学问和见识也在业内早有传闻，所以他步入“江湖”的第一站就是到梁启超主持的《时务报》做编辑，这是那个时代的“新青年”比较向往比较羡慕的。

在《时务报》，章炳麟结识了康有为、梁启超、黄遵宪等一大批维新志士，他的才华也受到许多维新志士的欣赏与推崇，只是章炳麟性格太孤僻，他实在看不惯康有为摆谱以圣人自居，看不惯康门弟子阿谀奉承低三下四，为此他与康门弟子闹得不可开交，甚至不惜借着酒劲与之发生肢体冲突。

《时务报》的编辑生涯很快就结束了，此后几年，章炳麟辗转武昌、杭州和上海，先后在一些新式团体或新式报刊中任职，大要都是传递新思想新学术，俨然成为维新时代思想家和新派学者。

孤僻的个性和学问上的自负使章炳麟无法普遍地与同侪友好相处，除几个能够高度容忍他的独特个性给予宽容的朋友外，章炳麟在很多时候其实很孤独，当然由于他的个性和自负的学问，特别是他毕竟得过癫痫病，因而许多人对他的怪异言行见怪不怪，不过冷嘲他为“章疯子”而已，大多数时候相安无事。

疯疯癫癫的章炳麟只是一种行为上的疯癫，在思想上在学问上，章炳麟确实不让人。在那几年，章炳麟在与各方激烈争辩争斗的同时也潜心写作，一大批有洞见有学问根基的论文先后在《时务报》《经世报》《译书公会报》等发表，这就是稍后结集为《訄书》的基础。

《訄书》就是一部论文集，只是这部论文集比较别致，从结集之初就考虑到结构，考虑到了体系。这个过程相当漫长，如果从1897年章炳麟踏进《时务报》报馆算起，至1915年《訄书》被改编成《检论》，这个过程前后将近二十年。二十年中这本书有1900年时的木刻初刊本，稍后又有手校本；1904年在日本出版铅字排版的重印本，至《检论》全面写定，中间所收篇目，各个篇目的具体内容甚至文字，都有大幅调整或改动。这个过程过去被研究者视为“从《訄书》到《检论》”，一个复杂的结集过程，强调其间隐含着非常复杂的思想演变轨迹。

如果从思想史脉络说，《訄书》初刊本问世的时候，正是中国政治局面急剧动荡的一个非常时期，从1895年开始的维新时代到了1898年的政治变革达到顶峰，但是稍后就遇到了康有为、梁启超、谭嗣同等人谋划用武力挟持慈禧皇太后向光绪帝让权的事情。这个计划不慎败露，康有为、梁启超等人流亡海外，谭嗣同、康广仁等六君子被杀。这个事件的真相在当时其实是很清楚的，但由于康、梁等人是以改革者的面貌出现，而清廷因为甲午战败而陷入一个道德困境，现在又因权力冲突杀死六君子，因而维新志士自然占据了道德高地。

对于清廷内幕新闻，章炳麟究竟知道多少是很值得怀疑的。但经过1898年秋天的政治大逆转，章炳麟暂时放弃了与康有为、梁启超的政治分歧，以同情的态度批判清廷，尤其是批判慈禧皇太后，接受康有为的想象，以为那位可怜的小皇帝可能还是不错的，值得利用，建议将光绪帝视为中国的“客帝”，不要太折腾中国的政治架构，让中国平稳过渡到一个新的政治形态上。

章炳麟的“客帝”说只是一种说法，也是他那时还没有走上革命走上排满的象征，只是他所期待的“客帝”即那个小皇帝在经过1898年秋天那场未遂政变的一惊一乍之后真的病倒了，此后一年，中国政治进入一个非常麻烦的动荡期。就在这个动荡期，章炳麟整理出版了他的第一部作品《訄书》。所谓“訄”，就是不得不说的意思。可见章炳麟对这本小册子是怎样自负。

《訄书》初版本是由梁启超题写书名的，由此可知章炳麟先前虽然与康门弟子有冲突，但可能与梁启超还没有闹翻，或者因1898年政治逆转而再度成为朋友。这个初版本列目50篇，最早的《明独》写于1894年，最迟的写在出版前。50篇作品中的《儒墨》《儒道》《儒法》《儒侠》《民数》《平等难》《喻侈靡》《东方盛衰》《蒙古盛衰》《客帝》等11篇曾经在《实学报》《译书公会报》《经世报》《昌言报》《清议报》上发表，只是在辑入《訄书》时又作了一些修改，这些修改大致为文字润饰、译名改写，增补新资料等。

初版本的印数不会太多，但出版不久却又出了一个增补本。这个增补本对于原有50篇并没有删改，只是在书末以《訄书补佚》的形式增加了《辨士》和《学隐》两篇文章。这两篇不见于目录，其页码也与全书不连贯。

从思想脉络看，《訄书》初版本表明章炳麟的思想还处在与“尊清者游”的状态，尽管发生了1898年政治逆转，章炳麟的思想好像还停留在那个维新时代，他在初版本中保留《客帝》等作品，表明他这个时候还没有生发排满革命的思想。

思想家的思想有时走在时代前列，更多时候其实就是时代的反映，被反映的事件真相并不一定准确、不一定对，但思想的变化在很多时候都在政治变动、社会变化的后面。章炳麟在1898年及其之后很长一段时间，绝对相信康有为、梁启超对政治逆转的一般判断，以为这场逆转的根本原因就是清廷内部慈禧太后不满意于光绪帝的独断专行，于是在1898年之后，皇太后总想着废黜光绪帝，重立新帝。1899年的“大阿哥事件”，其实就是慈禧太后这个想法的政治实践。

其实，这些想象是不对的。一百年后重新翻检当年的记录，小皇帝在那一年确实病了，在此后一年间清廷高层鉴于光绪帝的病情，鉴于光绪帝已经不能生育的事实，开始为他寻找继承人，至少可以在光绪帝病重的时候替代参加一些礼仪性的活动。这就是“已亥建储”，也就是通常所说的“大阿哥事件”。

从善意去理解，为光绪帝寻找一个继承人慢慢培养，即便这个大阿哥将来接班也不是什么大不了的事情，这不仅因为光绪帝总会生病总会老去，而且即便从光绪帝不能生育，必须培养接班人的立场说，也是一种正常行动。然而在那个特殊的年代，朝野之间缺乏起码信任，外国人也不明就里，再加上皇族内部权力分配不均衡，比如主管外交事务的皇族庆亲王奕劻似乎对皇族会议选择了端王的后人心有不满。于是乎，内部纷争闹成了外部冲突，原本只是民间活动的义和拳、大刀会等被利用，中国政府与外国之间的僵持也在升级恶化，终于演化成1900年的义和团战争。

在这场因内政而引发的外部冲突中，章炳麟并没有闲着。他先是与孙中山等人一样，想到策动两广总督、汉人高官李鸿章反正，重建汉族人的国家。当这个希望近乎破灭之后，章炳麟又和容闳、严复、唐才常等人在上海成立“中国国会”，继而剪去象征着清朝顺民的辫子，由“与尊清者游”走上排满革命，正式与孙中山等革命党人建立联系。至此，章炳麟的思想发生了剧烈变动，并很快在《訄书》修订本上有所反映。

《訄书》修订本的整理出版时间还有争论，但在章炳麟与邹容结为兄弟之后，这一点应该没有问题，因为这个新版本不仅在篇目上有很大调整，而且其封面题字也由梁启超换成了邹容。

这个新版本有“前录”两篇，一篇是《客帝匡谬》，另一篇为《分镇匡谬》，表明章炳麟已经正式放弃“客帝”思想，不再认清廷为合法政府，也同时放弃了对汉族高官特别是地方督抚大员走上地方自治的期待，不再对清廷抱有任何幻想。

除两篇“匡谬”外，修订本收录作品63篇，初版本的篇目有保留有调整，也有增补。大致上说，《訄书》修订本更多地强调了学术性和经典性，呈现出这一作品构建独特学术体系的努力和尝试，这对中国传统学术特别是史学转型起到了非常重要的作用，有着重要启示。

我们现在已经不太清楚章炳麟的外语能力，尽管他在那个时代也曾与他人合作翻译过一些东西学作品，比如《社会学》。但他的外语工具肯定没有办法与留学西洋的严复比，不过值得注意的是，章炳麟对东西学的理解似乎不在严复之下，他和严复、梁启超等人在这方面不相上下。但是如果将他们放在中国学术传统转型这个学术脉络中进行考察，我们不难发现章炳麟的贡献远在康有为、严复及梁启超之上。

章炳麟将他所理解的东西学具体运用到了中国学术的整理上，并由此建构了中国现代学术的新体系，他既是传统中国学术的终结者，又是现代中国学术成立的开启者，他不是像严复那样将西方思想文化一般性地传入中国进行鼓吹，而是将这些西方的理论运用到对中国学术的具体分析、重新解读上。《訄书》中的许多篇章如《原变》《原人》《族制》《公言》《颜学》《王学》《订实知》等，虽然其讨论的问题还是传统中国学术的旧问题，但由于章炳麟将达尔文的进化论、生存竞争等理论不动声色地运用到了里面，因而他在这些篇章中得出了与传统解读很不一样的结论，对新史学的发生具有重要启发指导意义。

按照章炳麟的解读，包括人类在内的一切生物都是由微生物进化而来的，进化的动力就是生存竞争，这种竞争既有生物与环境之间的竞争，也有物种与物种之间的竞争。人与其他物种的差别在于人能群，即能够组成社会，因而人类能够在各种生物竞争中脱颖而出，成为万物之灵。章炳麟的这些解读中除达尔文的影响外，很明显也具有荀子、韩非等中国古典思想的印痕，所以比较容易被新知识分子接受。这对于重建中国历史解释体系至关重要。

章炳麟对中国史学转型的另一个贡献就是为重新评价中国历史与人物树立了一个新的标准，这个标准既不是中国史学的正统与异端，也不是简单照搬西方现代价值理念，而是处在一种更加实在的情理分析的层面。这是《訄书》对后来新史学的深刻影响之一。比如在对儒家以及孔子等人的思想价值的分析方面，章炳麟在《订孔》《原学》《学变》等篇中，将孔子视为古代中国的一个大历史学家，认为孔子对中国文明的巨大贡献不是什么先圣什么至圣，而是整理了《春秋》，启发了诸子，既保存传播了古代文化，也为后世思想的开启准备了一定的条件。由此，章炳麟又对儒家之外的墨家、道家、法家、名家、兵家、游侠等进行系统研究和阐释，重新建构了一个具有现代特征的中国思想史脉络，胡适后来的《先秦名学史》《中国哲学史大纲》以及等而下之的各种思想史、哲学史，其实都带有很明显的章炳麟思想印痕，都或多或少与《訄书》中的诸多篇章有着直接或间接的关联。所以如果说胡适等人的中国哲学、思想研究具有现代史学典范意义的话，那么这个典范的起点其实应该从《訄书》中去寻找。

在现代中国新史学构建方面，《訄书》还有一个重要示范，就是将西方刚刚兴起不久的文化人类学理念运用到中国史学研究上，从体制、方法等方面彻底改变了传统史学叙事、资政的简单功能。在《訄书》中的许多篇中，比如《序种姓》《族制》《方言》《订文》等，作者运用文化人类学方法详尽考察了各个种族之间的差异及其各自的历史脉络，明确提出了“历史民族”的范畴，这不仅对于现代民族国家的构建起到了积极影响，而且极大丰富了中国历史学的研究方法和表达方法，历史不再只是帝王将相家谱和英雄事迹，同时也是一个民族共同体逐渐成长的过程，从这一进程中可以看到民风民俗社会教化的演化，可以体会一个种族或者一个民族智慧甚至是体能、体制方面的变化。章炳麟在《訄书》中的这些研究或许还非常幼稚或浅薄，但无疑为后来的中国史学开启了新通途。

《訄书》在现代中国学术特别是新史学建立方面贡献巨大，其及门弟子黄侃、朱希祖、钱玄同、吴承仕，以及三代弟子范文澜、周予同等，其实都是参照章炳麟的《訄书》构建各自的学术体系，只是由于《訄书》文字太过古奥，晦涩难懂，除章门弟子口耳相传深得要旨外，别人很难弄清《訄书》的价值和意义，更没有办法像胡适等新派学者那样聪明地利用这笔学术资源。

走进丛林：严复的愤怒与哀号

在甲午战争中，有一个人虽在北洋任职，但没有参加战争；他虽然没有参加战争，但在战场上浴血奋战献出生命的人中，却有不少是他的同学或学生，这个人就是严复。他既在战局中又在战局外，在局外，他不是一个纯粹的旁观者，他的愤怒、哀号和呼唤，来自真真切切的生命体验和感受；在局中，他对中国的失败、北洋的倾覆有深刻的反省，着力寻找其中的奥秘，并试图为未来中国搭建一条通道，那就是走进丛林，遵从丛林法则，彻底放弃王道政治，紧紧抓住霸道政治，用力去说话，而不是用道德示范，物竞天择，适者生存。中国人终于在生死存亡的关键时刻接受了严复提供的进化论，此后一百多年，不论中国在政治上发生怎样的变化，但中国人始终没有怀疑，壮大自身是唯一的凭借和正途。

（一）探究西方发展的动力

严复之所以在甲午战争爆发后能够敏锐地提出进化论的思想主张，而且深刻影响此后一百多年的中国历史进程，是因为他在那之前差不多三十年的时间里，孜孜不倦地探究西方走向富强的根源、背景与动力，这为他后来的思想展开准备了基础和条件。

严复生于1854年，至甲午战争爆发，刚刚度过不惑之年。他的出生地和早年成长的地方是福建福州，那儿可是中国东南沿海最重要的港口之一，即便在中原王朝闭关锁国的年代，那里也始终没有中断与域外的贸易往来和文化交流，有时即便这些交流是非法的，但确实是一个客观存在。所以，近代中国早期的洋务人才、海军人才，多来自福建，来自福州，这大概也可从一个方面证明那儿的开放程度。

长达十余年的太平军反清运动被平息后，清政府有条件静下心来考虑建设与发展了，于是鉴于过去二十多年内外战争的经验教训，闽浙总督左宗棠于1866年6月给清廷上了一个奏折，建议在福州设立船政局，发展近代海军，朝廷接受了左宗棠的建议，但很快将他派往陕甘，因为那里又发生了回民起义。

接替左宗棠创办福州船政局的是原江西巡抚沈葆桢。沈葆桢是林则徐的女婿，也是福建侯官人，与严复是老乡。

沈葆桢接手福州船政事务后，立即为“求是堂艺局”组织一次招生考试，严复就是在这次考试中以第一名脱颖而出。求是堂艺局一年后更名为船政学堂，严复也自然成为船政学堂的学生。

在进入船政学堂之前，严复已经追随几位当地名儒读过几年书。按照乃父的意思，他应该在科举道路上一步一步前行，直至鲤鱼跳龙门，光宗耀祖。然而不幸的是，他的父亲在1866年那场霍乱中去世，家境突变，严复只好放弃原来的梦想，进入这所不要钱还会给点补贴的学堂学习海军。

不论严复对海军生涯是否有兴趣，福州船政学堂那段经历对他来说都是非常难忘的。这段生活使严复第一次走出先前狭小的人际圈子，融入一种社会的集体生活中。更重要的是，船政学堂完全按照西方近代海军制度进行设置和管理，所学内容重在英语和自然科学，学习方法也不像传统学问那样从书本到书本，而是注重实践，在战船上练习掌握战船。所以短短几年时间，严复不仅在生活习惯上有了很大改变，即便在行为方式、思维方式上也似乎更加倾向于西方化。这应该是一个少年的必然转变。

◎ 严复少年时就读的福州船政学堂

福州船政学堂请有不少西洋教官，然而在中国本土学习西洋文化总是显得有一层隔膜，要戳破这层隔膜，就必须派遣学生到西方国家去，到人家的土地上直接体验。清政府既然已经下定决心要学习西方，走上富强，那么就必须走出这一步。1872年，经容闳建议，曾国藩、李鸿章支持，清政府同意选派詹天佑等30名幼童赴美留学，这是近代中国向外派遣留学生的开始。中国从盛唐以来的输出国到近代变为输入国，不过中国由此也真正步入世界的轨道，尽管后来有过不少反复和曲折。

幼童出国留学只是中国走向世界的第一步。紧接着，沈葆桢就以福州船政大臣的名义建议朝廷以幼童赴美成例，派遣福州船政学堂学生分赴英法两国深造。朝廷很快批准了沈葆桢的建议，严复、刘步蟾、林泰曾、蒋超英、方伯谦、何心川、林永升、叶祖理、萨镇冰、黄建勋、江懋祉、林颖启等驾驶专业的30名学员被选送至英法两国继续学习海军。1877年3月31日他们在留学生监督李凤苞的率领下，放洋长行。

严复这一批留学生与赴美留学的幼童不同，他们已经在国内接受了十多年的系统教育，英语等语言工具也较幼童更齐备，所以他们到了欧洲之后并没有幼童进入美国之后的惊奇和震撼，比如一些幼童很快开始信仰了西方宗教，这引起了清政府极大的不安。严复这些人只是在通过自己的实地考察，验证他们先前所学的书本知识是否可靠，探究书本中无法表达的文明精神。根据安排，严复和方伯谦、何心川、萨镇冰、林永升、叶祖理等六人进入英国格林尼茨海军学院继续学习海军，学习内容主要是技术层面的，诸如测绘海图、防守港口、行军布阵等，对于这些内容，严复他们在国内已有相当根基，学起来并不感到困难。

除正常的专业学习之外，严复更关注西方社会发展和政治体制，探究西方究竟在哪些方面与中国不一样，何以然，见贤思齐，取长补短，也就知道中国应该在哪些方面向西方学习，在哪些方面应该有根本改变。所以严复在英国留学那几年，尽最大可能了解英国社会，研究西方文化，到议院观察议员们怎样议政，到法庭观察审判官怎样判案，他渐渐领悟到西方诸国之所以富强，公理日伸，其根本点是西方人建立了一个能够保证社会公平正义的司法制度和政治制度。

大约是因为严复不像是一个专业的海军将领，或者说他不安心于

◎ 严复在英国就读的格林尼茨海军学院

当一名海军将领，他的思考总是带有一种政治家哲学家的味道，因而他的上司特别是驻英法公使郭嵩焘觉得让严复当个海军将领怪可惜的，于是有意安排他多学点海军技术层面之外的东西，以便将来返回国内担任教学职责，培养更多的海军人才。

在郭嵩焘等人格外关照下，严复是那一批出国学习海军的12名学员中唯一没有到军舰上实习的人，他节省下来的这些时间，主要用于补习海军教官应该知道的学问，以为将来传授生徒之资。

1879年暑假，严复结束了在格林尼茨海军学院的学业，按照学院计划应该到英国军舰集中实习一年，然而正在这时严复接到奉调回国的命令，于是结束了在英国两年多的留学生涯，于同年9月返回母校福州船政学堂当教习。一年后，奉调至天津参与创办北洋水师学堂，开始了他的教书生涯。北洋水师学堂是北洋大臣兼直隶总督李鸿章于1880年8月19日申请朝廷创办的，校址位于天津城东八里、大直沽东北的东机器局旁，1881年落成，所以严复也算是北洋水师学堂元老级的人物了。

学堂创办之初的总办是吴赞诚，吴赞诚先前曾任福州船政大臣，而严复回国任教母校，其实就是吴赞诚动议的，所以他在就任北洋水师学堂总办的同时，也将严复一并带到天津担任教习，由此亦可看出他们两人应该有着不错的关系，严复在那最初的一段时间里应该心情不错。

还有一种说法是，严复的才华深得陈宝琛赏识，以为器识闳通，天资高朗，陈宝琛将严复推荐给李鸿章，于是李鸿章下令将严复调到刚筹备的北洋水师学堂。严复从福州船政学堂来到了北洋，其实就成了李鸿章的部属，成了李鸿章的人。

或许正是这样一种比较特殊的背景和人际关系，严复在北洋那些年大约对李鸿章有很高的期待，总希望能够像他的那些福州船政学堂的同学或留学英国的同学一样，受到李鸿章的栽培与提携。然而，严复在北洋水师学堂十几年，辛辛苦苦，兢兢业业，从教习做到总教习（大约相当于后来的教务长），主管整个学堂的日常事务，但在行政级别上却一直上不去，在大清官僚体系中只是一个中层官员而已，较他那些在军界的同学甚至学生，似乎都低了一点。所以在甲午战争前几年，我们看到一个非常奇怪的现象，对中西学术都有很深研究的严复，却用了大量时间去复读圣贤书，先后四次参加科举考试。

参加科举考试屡试不成，也不是一件丢人的事，问题是严复以40多岁的高龄参加考试，竟然无法金榜题名，你说这能不让他格外郁闷吗？所以他当时就对早年误入歧途学习西方文化表示后悔，说是“当年误习旁行书，举世相视如髦蛮”。再伟大如严复

◎ 学习文化课程的北洋水师学堂学员

者，其实也有一种酸葡萄心理，他确实有学问，也确实奋斗了，但是就是考不上，于是他在后来就非常尖刻地批判这个考试制度，认为这个制度设计本身有问题，而不是我严复不行。

严复的认识当然是对的，但是严复自1885 年第一次回乡参加考试，至1893 年第四次回乡考试，前后花了那么多精力，结果还是考不上，你说他心情怎么能好呢？严复为什么执着地要通过考试证明自己呢？除了他这个海归有学问没学历这一原因，其实主要的还是因为他在北洋当差不是很顺心，而这一点对他在甲午战争后的思想演变起过非常微妙的作用。严复在北洋十几年，他把自己当成李鸿章的人，也确实兢兢业业做好自己的事情，在本职工作上似乎还没有听说过有什么失误。问题是中国的政治体制，像严复这样的小吏看的不是工作业绩，而是与领导的关系，而严复在这一点上似乎由于自己的清高由于自己的学识，与李鸿章的那些门下客处得大概并不是太好，至少并不太密切，即便李鸿章对严复没有什么负面看法，但也不会积极主动提升严复的地位。所以他在后来，在李鸿章因甲午战败而成为众矢之的时，也有点落井下石的味道，他痛批李鸿章，甚至通过关系谋划转投张之洞。

李鸿章没有像重视严复的那些海军同学那样对待严复，据说也不是什么人从中使坏，而是严复自己行为有点失检。李鸿章平生最痛恨的就是吸食鸦片，可严复就是好那么一口，且终身不戒。就凭着这一条，严复都很难被李鸿章这样的领导看上。

性格决定命运。严复大概就不是一个当官的命，尽管他最终当上了水师学堂总办，也算是校长的位置了，但实际上并不是一个正经的官位。问题是严复不知道自己没有当官的命，他总是在和自己的命运抗争，总是希望弄个正经的官当当。然而他的性格与官场格格不入，所以他后来除应付学堂日常事务外，就将许多精力用在读书上，这大约应了中国古人“无聊便读书”的宿命。

（二）严复发飙

严复在北洋水师学堂默默忍受内心煎熬，用他自己的话形容，那就是味同嚼蜡，真的有点干不下去了，然而干不下去又怎么办呢？如果在官场没有背景没有奥援，也不是你想去哪儿就能去哪儿的。

然而，正当严复在北洋当差苦闷无比的时候，中日战争不期而至。这场战争不仅改变了中国历史进程，而且整个改变了严复的人生道路。中日两国几乎同时面对西方压力，也几乎同时做出学习西方的反应，只是两国学习西方的力度不同。中国有着悠久的历史传统，不认为西方近代以来的东西具有绝对的价值，而是认为那些东西都是西方工业化的产物，是末而不是本，在根本立足点上，中国不比西方差，中国所缺少的只是末，所以中国从走上现代化道路的那一天开始，就是既要学习西方，又时刻挑剔西方，总觉得西方的东西并不完美。

日本则不同。日本在过去千年中以中国文明马首是瞻，从来没有怀疑过中国文明的价值和有用性，然而面对西方压力时，日本人发觉时易世变，先前很灵光的中国文明似乎已经严重落伍，无法面对西方文明的挑战。于是，日本毫不犹疑转身向西，脱亚入欧，发誓要在东亚建立一个西方化国家。一百多年之后看，日本确实获得了成功，确实在东亚建立了一个很西方的国家。当然，在中日甲午战争爆发的时候，日本的西化运动也才只有二十多年的时间，离真正的西方化还有很远的路要走，所以，这时的日本离后来意义上的世界化还有很远的距离，且带有浓厚的封建和军事霸权的遗留，日本此时只是相信了西方近代以来的丛林法则：物竞天择，适者生存。此时的日本是世界宴席上的迟到者，它发觉自己的迟到后，不是向大家道歉来迟了，而是贪婪地要补上迟到少吃到的东西，于是日本人在 19 世纪晚期对土地资源、市场的期待，要远比那些老牌资本主义更贪婪，胃口更大。

特殊的地理环境制约着日本的发展，但其日益增长的野心促动着日本向大陆膨胀，而要迈上大陆，就必须征服台湾和朝鲜半岛，这是日本踏上大陆，与列强在欧亚大陆进行全面竞争的关键。朝鲜半岛和台湾，从中国的立场看，是一道天然屏障；但从日本的立场看，那就是阻止日本人登陆的第一岛链。

日本当然不甘心被锁住，所以日本在近代历史上多次设法挑战中国，找到机会就想冲上大陆，占领台湾和朝鲜半岛。日本对中国的一举一动密切关注，寻找一切可能的机会实现其疯狂的梦想。

1894年，中日开战，然而中国军队根本不是日本军队的对手，中国海军在丰岛海战中吃了一个大亏，损失惨重，紧接着，以淮军为主体的清军在朝鲜陆地上几乎不堪一击，望风而逃，直奔鸭绿江，直奔国内，日本军队一鼓作气，紧追不舍。待到9月17日，中日两国海军又在黄海决战，邓世昌、林永升等壮烈殉国，北洋海军蒙受巨大损失。

严复没有想到中国军队是这样不堪一击，时局竟然在这短短的时间里发生这样的根本转折。根据严复所得消息，自朝鲜战火点燃后，告急电报日数十至，李鸿章自知此次危机可能没那么容易化解，于是也精心布局，认真应对。9月12日，命总兵刘盛休铭军十二营开往朝鲜，提供增援。按照计划，刘盛休部将从鸭绿江之大东沟登岸，丁汝昌率“定远”“镇远”“济远”“靖远”“致远”“经远”“来远”等11艘战舰自大连至大东沟，护送铭军前往朝鲜。9月16日，日本舰队司令海军中将伊东亦率11艘战舰到了大东沟，第二天，双方自中午12时战至下午5时许，日军大胜，清军大败，“致远”“经远”“超勇”“扬威”四舰沉没，管带邓世昌等战死，剩余的战舰力尽而退，撤至旅顺。

对于大东沟海战的失败，作为北洋水师学堂总教习，严复当然有自己的关切和判断，他根据随军助战的德国人汉纳根提供的情况，说是北洋军械局张士珩在战前不肯给各舰配置足额的弹药，致使中国战舰到了对打时，根本不能应手，错失战机，否则大东沟之战至少可以击沉日舰七艘或更多。对于北洋的腐败，严复非常痛心，他在写给友人的信中表示，小人之贻误军国大局，也真的不可小觑。张士珩是李鸿章的外甥，他之所以敢于贪赃，无疑是他自认为有这样的后台和大背景。这种事情，如果在平常不出事也就罢了，一旦到了战时，出了大事故，即便是亲儿子也保不住。

◎ 大东沟海战

所以在战后追究责任时，张士珩被诉盗卖军火罪，非法得利数十万两赃款，而且更可恶的是，张士珩的买家竟然还是日本人。北洋如此腐败，焉有不败之理？这怎能不让严复愤怒。严复将愤怒的矛头引向李鸿章。他认为，中国之所以在这场战争中一再被动，均源于李鸿章用人有误。最初是听信武断独行的袁世凯，对朝鲜时局、日本谋略判断有误，致使中日诉诸武力，落入日本人圈套，陷于被动。其次，信其婿张佩伦对淮军内部人际关系的分析，让乖巧听话的同乡卫汝贵挑大梁，命其率骑兵、步兵六千人进驻平壤，原本准备在那儿进行一场会战或决战，然而卫汝贵不仅不积极抗敌，反而贪污军粮军饷，致使全军大哗。待到快要与日军进行决战时，卫汝贵竟然一路狂奔逃亡沈阳。严复认为，李鸿章更不应该重用其外甥张士珩，李鸿章对自己的外甥究竟是什么样的德行，不能说一点都不知道，对于张士珩的贪婪他应该有所了解，他这样重用私人，结果张士珩贪赃枉法，致使军火短缺，炮台皆不足以毙敌，葬送战局。严复指出，李鸿章以自己一生的勋业，徇此四五个私人的情面，从而使国家蒙此大难，李鸿章除了以死谢国，还有什么颜面苟活于这个世界上呢？

由于甲午战争前期失败，严复大约彻底改变了对李鸿章的看法，他似乎不再像过去那样对李鸿章有什么期待，所以在战争还进行中，他就向陈宝琛提出一个重要建议，希望陈宝琛致信张之洞，劝其抓紧筹款，尽量多地向西方国家订购军火，以便北洋不支，李鸿章不支，张之洞能够迅速取代李鸿章，掌控大局，挽回颓势。严复由愤怒转为失望，由失望开始为国家也为自己寻找退路，准备离开北洋，转投南洋，追随两江总督兼南洋大臣张之洞。

当中日战争依然在持续时，严复对战局及其相关事务的演变发展依然给予密切关注，随时给予点评，只是这种点评并不公开，而是在“朋友圈”中进行。

严复认为，中日战争发展到今天这种样子，已经远远超出最初的预料，平壤溃败后，东三省已成无险可扼之区。现在东三省将失，门户荡然，京师一无可恃，从各省征集来的新兵毫无训练，与原有的八旗、绿营一样，不过是一群乌合之众。这简直就是拿战争当儿戏，真不知道这艘中国之船将漂流向何方。

对于朝廷的动向，严复高度关注，但很少认同。严复指出，朝廷在战争尚未爆发时，一味听从那些不负责任的主战言论，责备李鸿章不积极备战一味主和；现在到了不得不和的时候，朝廷又显得惊慌失措。根据严复的看法，局势之所以弄到现在这样尴尬的局面，主要在于朝廷君臣上下平时对洋务、外交绝不留意，致使临事之倾，如替人坠管井，茫然没有头绪，不知出处何在。中国之所以在这场战争中一错再错，处处被动，不是日本人智慧高超，手段狡猾，实中国人谋之不臧，既错误地估计了形势，又错误地制订了计划，战前以为中国真的很强大，自我虚张声势，以为战胜日本易如反掌。战争爆发后，朝廷又是一错再错，所用必非人，所为必非事。而朝廷内部那些空谈高论的人尤其可笑，他们一再弹劾李鸿章，大事小事胡说八道，捕风捉影，无一语中其要害。结果这就使李鸿章更加蔑视天下之无人，推诿挟制，已经没有任何办法对其约束了，李鸿章从此成为朝廷的真正主宰，谓战固我战，和亦我和，假如朝廷真敢对李鸿章动手，那么问题可能更大，中国甚至可能会因此而发生大变故。现在战争局面越不可收拾，而李鸿章之意气愈益发舒，越觉得他自己了不起。这在严复看来，才是中国的真正悲剧。一场甲午战争，彻底改变了严复对李鸿章的看法，这显然与其李鸿章部属的身份很不相称，大约由此亦注定了其后来的思想进路。

严复比较独特的言论在他的朋友圈子里引起了相当大的反响，因而，究竟中国应该怎么办，似乎大家也都愿意听听严复的意见。10月3日中午，李鸿章的翻译兼机要秘书，也是严复的老同学罗丰禄专门跑来谈时事，表示想听听严复对于时局变动的看法。严复说话直来直去，毫不掩饰，他认为在目前情形下，最大的要招就是“治标”，就是救急。他表示，战争既然已经爆发，假如他位于一省督抚的话，那么他能做的就是借洋债，募洋将，购洋械，想方设法打败日本，至少也要最大限度地减少中国的损失。

对于严复的这些说法，罗丰禄表示认同，但马上又说，如果真的这样做，也非李鸿章莫属。罗丰禄对李鸿章虔诚崇拜、高度迷信，他无法想象离开李鸿章的中国会怎么样。

与罗丰禄的判断不一样，或者根本相反，严复认为，李鸿章表面上看是洋务新政的领导者，其实他的洋务新政，是不求洋务真才，借洋债则对洋人不信，募洋将则对这些洋将的能力根本不知，购洋械则被各种各样的贪官污吏从中侵蚀，所以他们即便能够有救急治标之心，也无挽救危局、拯救中国的能力和条件。

战场的连续溃败使朝廷惊慌失措，失败主义思想在朝野持续蔓延，许多人认为中国军队特别是北洋海军既然这样不堪一击，大清国指望着北洋海军重振雄风似乎毫无希望。因而，有许多人认为既然迟早都会失败，迟早都要议和，那就不如早和，及时止损，宁愿现在吃点亏，事后认真振作，或许还能失之东隅，收之桑榆，大清或许不致就此沉沦，就此陷入万劫不复之境地。

对于这种失败主义情绪，严复给予严厉驳斥，他认为所谓事后认真振作的想法不外乎苟延残喘，偷活草间而已，事后振作，恐必难期。为什么这样说呢？因为中国吃亏根本不是从现在开始的，中国从一开始似乎就走上了一条错误的路径，所以在这条错误的路径上，中国不可能有根本改变。严复认同这样的看法：后病深于前病，后著不及前著，这就是中国目前的困境。由此，严复不自觉地想到易代更革之事，想到或许还有更危险的事情发生，有着悠久历史文化传统的中国难道就此发生根本转折，几千余年文化传统难道就此扫地以尽？严复的困惑越来越严重。

按照严复的心情，此时他已经无法继续认同李鸿章在这场战争中的所作所为，他的看法甚至与李鸿章的主张刚好相反，严复甚至意识到自己无法继续在北洋待下去，所以他一再通过陈宝琛了解张之洞的动向，暗示自己对张之洞的好感和仰慕，这显然是准备弃北洋而转投南洋了。

随着战局的发展，严复的心情越来越沉重，对李鸿章的批评也越来越严厉。10月25日，日军第一军败宋庆所部刘盛休军；10月26日占安东九连城。宋庆率部退守凤凰城，刘盛休所部败走岫岩，凤凰城无险可守。三天后，中国军队继续败退，日军不攻而占凤凰城。11月6日，日军第二军相继攻陷金州、复州。

日军连战告捷，中国军队步步退守，九连、凤凰二城接连陷落，日军在旦暮间轻取金、复二州。中国在战略上越来越被动，而日军则如鱼得水，越战越勇，日军北上则可与从东而来的日军合围袭击奉天，南下则可直接威胁旅顺口。旅顺口原本为清军重要防地，然而现在其地驻军已被调离，防守显然不足。更重要的是，留守在那儿的清军船坞总办道员、营务总办龚照玙在严复看来原本就是一个市井小人，他不可能为国家为战局不顾一切在那儿坚守。后来的事情证实了严复的判断，龚照玙还没有看到日本人的进攻，但闻金州失守，竟然置诸军于不顾，乘鱼雷快艇仓皇逃亡烟台。严复认为，旅顺不守，则北洋海军不败自废，而且门户既失，堂奥自惊，日军无须长驱就可轻取京师。中国大局到了11月初，实际上已经岌岌可危。

岌岌可危的战局牵动着严复的神经，深化了他对中国之所以一败再败而不觉悟的认识。他认为，自中日战争爆发以来，中国的问题日渐暴露，所练军队基本上不能用于实战，要说半年来的战绩，中国军队自开战以来，也只有大东沟一战，还能差强人意，多少维护了中国军人的荣誉，推求厥咎，中国在战场上连连失误，大半皆错失先机，绸缪之不讲，调度之乖方，李鸿章真的是无法辞其责。这是严复对李鸿章此时的一个基本看法。

但是对于那些乘机弹劾李鸿章的人，严复也无法认同。11月7日他在友人处得见10月5日张謇、文廷式等科道诸公弹劾李鸿章的一份奏折，其目的就是要将李鸿章赶下台，大致说日本不足为中国患，事势危殆，皆因李鸿章昏庸骄蹇，丧心误国，若将李鸿章罢免转而提升湘楚诸人若刘坤一，则中日之战局必然发生根本转变。对于这样一种盲目的乐观，严复不愿苟同。他的看法是，朝廷怎样处置李鸿章，可能都不算过，因为李鸿章在这场战争中所负的责任实在太大，而张謇和文廷式这样的指责则不足以服其心，且刘坤一究竟是怎样一个人，这是大家都知道的，真的让他取代李鸿章负起战争全局的责任，可能还不如李鸿章，其结果不足以夷大难，徒增一曹人献丑而已。

在严复看来，中国在这场战争中一再失误、一再惨败的根源不在军事布局和谋略，而在制度在用人。国家多年来习惯了用旧方法旧手段提拔人才，在很多情况下，朝廷实行的是一种逆淘汰的人才选拔机制，徒以高爵重柄分授庸奴，而那些拥有真才实学、具有真本事的人，可能因不跑官、不买官、不闹官等原因而沦落草野或民间。于是，当战争爆发，环顾朝野上下，朝廷内外，二十二个行省无一可用之人，以此亡国，谁曰不宜？朝廷委派恭亲王督办军务，显然是对李鸿章的军事布局有所不满，有所调整，但是京师士大夫对于时务懵然，不知中国问题病根所在，徒自头痛说头，脚痛说脚，没有定见，没有立场。现在虽然我清国不想打了，也打不了了，我欲求和，而日人则以为时机未到，不愿答应。中国只好束手待死，一筹莫施。中国出路究竟何在？严复还是把所有期望都押在张之洞身上，以为张之洞有总督两江之命，力完气新，极足有为，果其措施得宜，则或许是中国的未来希望。只是张之洞此时也必须谨慎从事，拼命踏踏实实去做，或有望头，不然随风而靡，又是一个过路人。

严复对张之洞的期待有着不可明说的意思，那就是离开北洋转投南洋，这层意思严复没有说破，但他在信中的一再流露和提示，似乎已被陈宝琛理解，陈宝琛肯定将严复的这层意思向张之洞作了转达，张之洞大约也有一定的表示，所以严复又在回复陈宝琛的信中竭力赞赏张之洞，认为张之洞素为公忠体国之人，想必在未来一定会有一番经纬。但他又谦虚地表示自己爱莫能助，请陈宝琛不要太多地说到自己了。这种暗示其实很明显，就是要让陈宝琛予以引荐。

（三）走进丛林：一个影响深远的倡导

严复在关注战局关注朝廷动向的同时，更关注的是怎样从根本上重建中国体制，怎样弥补中国文化的缺陷，怎样重构一个新文明，为中国寻找一条走向世界的坦途。所以到了1894 年11月初，当中国转向与日本求和后，严复逐渐放弃对日常事务的关注，拿出更多时间阅读西洋书籍，也似乎有了不少新鲜感受和认识，日趋觉得世间唯有此种是真实事业。在这种阅读思考中，严复的思路越发清晰。严复的初步判断是，西人笃实，不尚夸张，而中国人非深通其文字者，是很难弄明白西学精华的，且西学讲究驯实，不尚空谈。不可顿悟，要想将这些学问弄明白，必须下狠功夫，秩序以进，层累阶级，而后以通其微。于是，严复在甲午战争强烈刺激下，转身向西寻找救国救民的真理，并以西学为根据作狮子吼，唤醒国人。

有了这样的想法，严复就少了许多顾忌，而且他虽然人还在北洋，但其心思早已转向南洋；他虽然还是李鸿章的部属，但已经能够更加大胆地批评李鸿章，这大约因为陈宝琛从中沟通，张之洞可能已经对严复有所表示，只是正式的手续还没有来得及办理而已 ，所以他在这个特殊的历史时期大胆放言高论，不经意成就了一个名震全国的意见领袖。

1895年2月4日，严复在天津《直报》开始连载发表他毕生第一篇政论文章《论世变之亟》，探讨中国在经历了三十年洋务发展，经济实力、军事实力和国家动员能力都有大幅提升后，为什么不仅没有打败东邻日本这个小岛国，反而被其所制，其中的奥妙究竟何在？

严复认为，中日之战对中国具有非同寻常的意义，在某种程度上说，是自秦朝以来中国历史的大转折大转变，这个转变对中国究竟意味着什么，严复表示并不知道，但他愿意推测的是，这个转变其实就是中国冥冥之中不可捉摸的“运会”。所以说中日此次构难，究其由来，也并不是一朝一夕之演变而是由来已久，是中国传统文化的必然结果。

根据严复的看法，中国在甲午战争中的失败，有着多重复杂原因，但最主要的原因无疑是中国人的思想传统，这个传统在过去或许是有效的，但在面对西方文化的冲击时，则显得力道不够，因为着力点不同，结果也就不一样。严复曾明确指出，中西文化有着显著不同，其最大者，莫过于中国人好古而忽今，西方人力今以胜古；中国人以一治一乱、一盛一衰为天行人事之自然，西方人则以日进无疆，既胜不可复衰，既治不可复乱，为学术政治教化之极则。由于严复对中西学术都有很深的研究和理解，所以他可能是近代中国最早将中西文化进行对比研究的先驱。他的这些价值判断正确与否当然还可以继续讨论，但其将中西文化视为相对峙的两个极端，可能开启了后来的一系列讨论。

中西文明的差别是一个客观存在，当中西并不交通或者说交通并不紧密的时候，人们并不能看出其问题。然而到了近代，到了世界经济日趋一体化的时候，中西方文化上的差异就变得尤为明显，如果不能得到很好的调适，就极有可能影响中西政治、经济、文化等方面进一步的交流。

近代以来，中西文化之间的交流已有很多年了，从 1840 年起算，中西之间的交流也有半个多世纪了，只是这半个多世纪，由于中国人始终有被打败的悲情，所以并没有很好地认识到西方文明的长处和弱点，所提出的许多问题实际上都是似是而非，并不能切中西学的根本精神。严复指出，与中国人讨论西方政治，常常苦于难言其真。由于中国人存彼我之见，不察事实，辄言中国为礼仪之邦，西方为野蛮未开化之区，这显然是一种文化偏见，是一种文明自大和傲慢。其实，说到底，也是一种文化自卑，因为总是担心别人瞧不起自己，所以自己给自己鼓劲，或者像鲁迅后来所描述的那样，是一种文化上的自慰。

按照严复的看法，中国在过去几十年没有看到西方文明的精神本质，是这种悲情遮蔽了中国人的眼睛，中国人错误地认为西方文明的强大就是其物质文明的超前，只是西方人较中国人更会算计而已，更为机巧而已，而在精神层面上，西方人还是过去那些等待中国教化的夷狄。严复强调，这种看法是根本错误的，其错误主要是只看到了西方强大的表象，不知这些东西只不过是形而下之粗迹，即便看到西方在科学上怎样进步，怎样精致，这些依然不是西方文明的本质，不是西方文明的命脉所在。西方文明的命脉，简单而言就是两句话：于学术则黜伪而崇真，于政刑则屈私以为公。

严复指出，西方人所信奉的于学术则黜伪而崇真，于政刑则屈私以为公，道理并不复杂，其最初起点与中国人的道理也并无二致，中国人也是这样说这样做的。中西之间的差别，只是西洋人按照这两条去做，往往通行无阻，而中国人在这两条上往往不能坚持到底。对于这样一种差异，严复也有一个简单明了的判断，就是自由与不自由决定了两者之间的差异。

基于甲午战败的强烈刺激，严复在发表了《论世变之亟》之后，一发不可收，根本不再顾忌自己体制内的地位和身份，连续发表一系列文章，猛烈抨击中国旧传统，评判中国旧文化，呼唤维新，呼唤救国，为中国搭建一条通往富强文明的康庄大道，那就是严复独具思想创造的“三民”主义，即开民智、新民德、鼓民力。

严复“三民”主义的提出，主要见于其《原强》，其理论上的依据，就是西方近代的格致新理，就是达尔文的进化论，尤其是斯宾塞的群学即社会达尔文主义。从这个意义上说，不论严复译的《天演论》开始于哪一年，如果从思想史的意义上进行观察，严复1895年发表《原强》时，就已经深受社会达尔文主义的影响，已经在考虑借用社会达尔文主义的丛林法则去拯救中国。

在严复看来，中国的问题虽然千头万绪，但是归根结底只是一个“人”的问题。中国至于今日，其积弱不振之势，不待智者而后明，深耻大辱，不可讳言。

严复认为，日本以寥寥数舰之舟师，区区数万之众，一战而剪清国最亲之藩国，二战而陪都戒严告急，三战而夺清国最坚固之海口，四战而覆清国三十年国力建成的北洋海军。现在，和议不成，而京畿且有旦暮之警。清国之所以沦落到如此惨境，是清国民不知兵而将帅乏才，是人才短缺所造成的。这才是问题的根本与关键。

严复指出，对于人才匮乏，皇上也曾赫然震怒，也曾发奋调整，然而由于清国特殊的政治架构，内之则殿阁宰相以至六部九卿，外之至全国二十二行省督抚将军，乃无一人足以胜任御侮之重任。深山猛虎，徒虚论耳。于是战争进行不足一年，胜败判然。中国之所以沦落到如此地步，在严复看来，就是人才短缺，中国如果继续先前的思路，求人才于有位之人，那无疑缘木以求鱼，是根本不可能的。

中国问题的复杂性还在于，在过去如果朝廷无有用之人，或许能够从草莽中求到，或许有人才有将帅遗留在民间。现在的中国，久已不同于往昔，不仅是朝中无人，即便是草莽原野，业已无可征可用之才了。何以如此，在严复看来，主要是时移世易，先前中国读书人所追求的孔孟之道、礼仪之治，已经严重不合于现在中国的时事需求了。即便在战场上，过去的冷兵器时代的许多战法早被淘汰，而清国依然以这种东西训练士兵、要求将帅，焉有不败之理。更可悲的是，与西方近代国家相比，清国民智已下，民德已衰，民气已困，虽有圣人复出用世，没有数十年上百年上下同德，克服顽疾，学习西方，从基础做起，也无法保证中国能够在后起条件下赶上西方，与世界同步。岁月悠悠，四邻眈眈，中国再稍微耽搁，恐怕就要步印度、波兰等后尘，亡国灭种，成为西方殖民地了。

在许多人看来，严复的描写或许夸大了中国的危机，但在严复看来，人们的这种乐观实是不知外部情形的井蛙之见。严复之所以有这样清醒深刻的危机意识，是因为他从世界眼光全球视野去观察中国处境，当许多中国人还继续陶醉在昔日辉煌时，严复就看到了中国问题，看到中国与西方日益扩大的差距。他指出，今日的西方，远不是过去的夷狄，这不是西方国家积累了多少财富，练了多少强兵，而是西方国家建立了一套良性制度。自其自由平等观之，西方国家则不像中国有那么多忌讳、烦苛与疆弊，西方人在一种良性政治体制下，人人得以行其意，申其言，上下之势不相悬，君不甚尊，民不甚贱，君民犹如连为一体，上下同心，君民一致，因而也就形成战无不胜的团体力量。人知其职，不督而办，事至纤悉，莫不备举，进退作息，未或失节，无间远迩，朝令夕改，而百姓不以为烦，其根本原因，就是西方近代国家建立了一套制度，有一套完整的办事规则。

严复强调，西方国家建立了这套制度和办事规则，也不是圣人凭空制作，而是基于一种学术的考量，有着学理上的依据。而西方近代学术，求之实事实理，层累阶级，以造于至大至精之域，推求其故，严复认为也就只是一句话，即西方学术的根基，是以自由为体，以民主为用。中国社会如果不能接纳吸收西方文明“以自由为体，以民主为用”的根本精神，不能建造与西方社会一样或者说相近的社会形态，那么人们怎能指望中国有办法有可能与西方在同一竞技场上一决雌雄，分出胜负呢？这就是斯宾塞社会有机体理论的精华，就是社会达尔文主义的基本原则。

基于社会达尔文主义的基本原则，严复认为当时的中国不能头痛医头，脚痛医脚，必须标本兼治，上下其手：不治其标，则无以救目前之溃败；不治其本，则虽治其标，而不久亦将自废。这就是严复标本兼治的基本看法。

标是什么呢？严复认为，就是收大权，练军实，如俄国那样建立一个强大的中央政权和强大的军队。至于其本，严复认为就是民智、民力和民德。他的判断和推理是，果使民智日开，民力日奋，民德日和，上虽不治其标，而标将自立，为什么这样说呢？道理很简单，那就是丛林法则，就是物竞天择，适者生存。

至于在民德、民智和民力这三者之中，严复认为一定要分出先后或轻重缓急，而民智为最急。所谓富强，不外乎就是利民，就是提升人民的生活品质，而提升人民的生活品质，更多的时候并不是从外部强加给人民，而必自民之能自利始；能自利自能自由始；能自由自能自治始；能自治者，必其能恕，能用絜矩之道者。简单来说，就是中国人只有实现了自治，才能获取自由；只有获取了自由，才能实现自利；只有实现了自利，才能使国家走向富强，才能自立于世界民族之林，使国家成为一个正常国家，使人民成为正常的人民，才不会被西方人视为异类视为怪物。

基于这种思想认识，严复在发表《原强》之后，又发表了一篇真正意义上的战斗檄文即《辟韩》，对传统中国知识人高度崇拜的中古圣人韩愈给予严厉批判，认为韩愈所宣扬的圣人观、君主观、臣民观等都有问题，从现代学术立场看，都是违反人性违反人伦，是一种非道德的观念，也是一种严重阻碍社

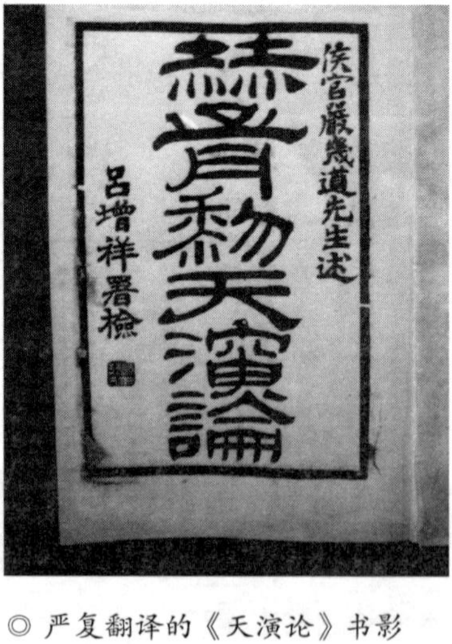

◎ 严复翻译的《天演论》书影

会进步的思想主张，不合乎近代政治的自由平等理念，是一种愚民政治。严复认为，君主的设立只是社会发展中一个不得已的措施，因为在一个社会中，总是会发生相互欺诈、相互掠夺之类的事情，而一般百姓虽然是社会产品的直接生产者，但他们的个体力量不足以抵御外来掠夺和欺诈，于是人们择其公且贤者立而为君。其意不外乎就是让这些君主出面保护百姓平和的生产、平和的生活，是人们选择了君主，用劳动养活了君主，而不是相反。

在严复看来，西方近代国家不断走上强盛，主要在于西方社会尊重人民的选择，其民尊且贵；而中国社会之所以不断走向衰微，主要在于中国社会太不尊重人民的选择和尊严，中国之民，其卑且贱。那么用这样不同的两群人去打仗，其结果不言而喻，西方人为公产公利而战，中国人为其主而斗。驱赶一群奴隶去和贵人决斗，怎能不望风披靡、一溃千里呢？中国之所以在甲午战争中一败涂地，其根源就在于一般中国人不知为谁、为何而战。

中国人的奴隶性是渐渐养成的，而在这渐渐的养成过程中，以八股文为主要特征和主要内容的科举教育体制又是近代中国一切罪恶的根源。严复根据自己的切身体验，在稍后发表的《救亡决论》中明白表示，天下理之最明而势所必至者，如今日中国不变法则必亡是已。然则要变法，那么究竟从哪里着手呢？曰：莫亟于废八股。严复指出，不是说八股本身害了国家害了朝廷，而是八股盛行使天下无人才。八股之害，根据严复的归纳，至少有这样几个方面：一是锢智慧，二是坏心术，三是滋游手。任何一个国家如果有这三条中的任何一条，差不多都要亡国，而中国竟然三者兼有却尚未亡国，那真是一个奇迹，所以近代中国逐渐走向衰落走向失败，也就不足为奇了。今天要救国要救亡，那么第一步就应该痛除八股而大讲西学。这就是严复在甲午战争后得出的结论，严复因此被视为近代中国向西方寻找真理的重要代表人物。

严复的这些看法在1895年的中国思想界无疑是震天惊雷，引发国人对传统对科举制度的怀疑和思考，许多对中国未来充满关爱的读书人慢慢意识到，严复对中国文明的批判，对西洋文明的推崇可能是对的，现在的中国所面对的就是一个弱肉强食的丛林，东西洋各国已经完成他们最原始的资本积累，他们需要外部市场，中国必然成为被争逐的猎物。在这种情况下，中国只有遵循优胜劣汰适者生存的丛林法则，只有暂时放弃中国人的王道理想，走向富强，用“力”而不是“理”去和东西洋各国说话。这一点对后来中国影响太大了，以至于严复本人稍后都觉得自己的这些说法是不是有点太过了，是不是离人类应该遵守的一些底线太远了，所以他在后来很长时间似乎有点悔意，并喋喋不休地谈论中国传统和东方文明的现代价值，期待人们对他先前的鼓吹能有个比较柔性的理解和全面的认识。

（四）君宪先锋严复

两千年的君主专制曾给中国带来稳定和辉煌，但是进入近代以后，家天下的君主专制越来越不适应中国需要。1894年的甲午战争、1904年的日俄战争，前后不到十年，一个君主立宪的“小日本”相继打败中国与俄国两个巨大的君主专制国家。这个残酷事实不能不引起中国人心灵上的巨大震动。走向君宪，成为那一代中国人的唯一政治选项。然而到了1911年，当君宪主义即将成为事实时，一个规模不大的军事哗变，竟然在一夜之间掀翻了一个具有两百多年历史的庞大帝国。其中的原因究竟是什么？这是必然还是偶然？一百年来众说纷纭莫衷一是。其实，我们可以听听老牌君宪主义者严复的分析，他的那些独特看法没有强烈的意识形态色彩，对于清廷、袁世凯、革命党、康有为等，均有批评有分析，相对来说比较中立客观。

在近代中国，严复是被作为思想启蒙者载入史册的。他在甲午战争后向中国人翻译介绍《天演论》，从理论上为先前几十年只重视物质增长的“中体西用”背书，认为中国所面对的问题就只在经济形态上落后于西方，中国最迫切的问题就是经济增长和社会体制变革。至于其他比如政治架构，严复在那个时代并不认为已成为中国发展的障碍，也不认为其已成为非常迫切的问题。

基于这样的认识，严复在1895年之后的维新运动中虽然积极介入，也传播了许多西方新思想，但是他好像并不能认同康有为、梁启超、谭嗣同等人的许多观点，我们从他那篇著名的《拟上皇帝万言书》中，发现其主张就是一种君主主导下的政治渐变。只要变化的方向对，就不要操之过急，耐心地走下去，终归能够走上东西洋立宪各国共同的路。即中国不要标新立异超常规发展，总显得急不可耐、步履匆匆，一个政治上成熟的大国就要显现从容优雅的风度。对于康有为、梁启超等人在1898年的急切，严复向来不以为然，认为正是这对师徒的乱来，最终葬送了大清两百多年的江山。严复当年的设想是，假如康有为、梁启超不去鼓励那个少年天子匆匆忙忙进行政治变革，而是两宫和睦渐进改良，那么要不了多少时间，大清的政治必能有所改善，等待慈禧太后百年，等待小皇帝再成熟一点，许多问题应该不会继续成为问题，应该能够迎刃而解。

严复的思考当然不是事实，1898年之后的中国在经历了几年彷徨徘徊后，终于在1901年重回新政轨道。特别是到了1904年，中国在经历了日俄战争的强烈刺激后，派遣五大臣出洋考察各国宪政，中国从君主专制向君主立宪转型的过程正式开启。这是中国政治的实质性进步，因而严复和那时主流社会的人们一样，很快从1898年之后的政治冷漠转为政治热情，迅速转变成一个君宪主义者，真诚相信君主立宪是当时中国政治上的唯一出路。

对于清廷的君宪主义呼吁，严复给予积极的回应，并利用自己的专业知识为君宪主义运动提供理论支援和学理依据。他在那一年（1905年）先后数次在上海青年会演讲西方政治学，对世界上已有和现存的国家类型给予细致点评，认为要救亡，就必须将中国从君主专制改为君主立宪，因为只有在立宪体制下，民众才能通过议院轻而易举地完成和平变革，实现政府更迭而不危害皇室利益，皇室也就可以在君主立宪体制下万世一系，永享国祚。

严复对君宪主义有很高期待，认为在当时的历史文化背景下，君宪主义是中国的唯一出路，君宪主义可以将中国从孤立状态中拯救出来，君宪主义也是世界潮流，然而对于君宪主义的内涵究竟是什么，严复的理解与思想界主流，与清廷的举措似乎有同有异，并不完全一致。严复指出，君宪主义并不只是政治架构的改革，对于当时的中国来说，君宪主义落到实处，就是要提升教育，普及教育，陶铸国民，改革司法，最大限度防止革命的发生，防止暴力冲突。

对于满汉冲突，严复始终认为是革命党人在理论上的一个虚构，并不是历史的或现实的真实。他认为，孙中山和革命党人所鼓吹的什么民族主义，其实只是一种狭隘的种族主义，这种主义不仅无法拯救中国，反而会将中国拖到一个无底的深渊。严复强调，中国国情确实具有不一样的地方，如果听任一些革命党人的种族主义敌对情绪走向极端的话，那么不仅当政的满洲人没有办法抵抗，甚至毫无防卫的力量，即便是蒙古、新疆、西藏等周边族群也都很难找到自己的归宿，他们无法与纯粹的汉人一道组织一个广袤的无法驾驭的共和国家，因为这里有种族仇视、仇杀以及感情、习俗、宗教乃至法律上的差异与障碍。当中国不得不进入共和国家时，周边族群的可能出路就是将广袤地域和众多人民转投某一大国而独立。这种事情一旦发生，“分裂中国”的老问题就来了。那么，这就不是中国的出路，而是中国的灾难、中国的毁灭。所以严复始终如一地坚定反对革命，反对种族主义、民族主义宣传，认为只有君主立宪可以维系中国这个多族群多种族的国家。

然而，中国政治发展还是沿着严复预言反向发展，革命甚至一度成为重要选项。对于这一点，严复并没有刻意攻击革命党和孙中山，他认为君宪主义危机发生和排满主义强盛，其主要根源在于满洲贵族的无能和自私。

根据严复的分析，君宪主义之所以在光绪帝和慈禧太后相继去世不久陷入危机，之所以发生武昌起义和全国范围的响应，主要有这样几个原因：第一是因为摄政王及其大臣的极端无能；第二是因为心怀不满的新闻记者们给中国老百姓带来了无数偏见和误解；第三是因为秘密会党和在日本的反叛学生革命事业筹划酝酿已久；第四是因为在那之前几年间长江流域饥荒频仍，以及商业危机引起的恐慌和各个口岸的信贷紧缩。

在严复所分析的因素中，最重要的在严复看来就是第一条，是摄政王及其大臣的自私和无能。严复指出，清廷在十多年前接受德国和日本人的建议组建一支现代化的军队是对的，将权力尽可能地收归皇室收归中央也不算太错，只是满洲王公在做这两件事情时没有从国家根本利益进行考量，而是带有非常自私的倾向。政府以三分之一的收入改编军队，却没有将这支军队改造成国防军，而是弄成了皇室私家卫队，以为这样一来就可以将壮丽的城堡建筑在磐石之上。摄政王自封为大元帅，让他的一个兄弟统率陆军，让他另一个弟弟统率海军，摄政王天真地以为这样至少不愁没有办法对付那些汉族的叛逆子民。摄政王做梦也没有想到恰恰是他所倚仗的东西有朝一日会转而猛烈地反对他，因为他不知道他所倚仗的东西的根基已被数百个新闻记者的革命宣传瓦解了。

根据严复的分析，君宪主义在中国成功的机会是巨大的，但是倒霉的盛宣怀和他的铁路干线国有化政策为各地不满的民众抗议清政府提供了口实和机会。要是朝廷知道如何对付四川人民，事情或许会好办些。而清廷除了懦弱、自相矛盾，无所作为，结果导致四川暴乱。革命党人那时在为各省咨议局的联合而工作，并在新军中加强了活动，于是武昌失守，军人哗变。

军人的介入使问题的处理变得百倍困难。前往武昌镇压哗变的新军敢于第一次起而抗争，宣称中国人不打中国人，暗示自己与南方新军是同种同族，甚至北方的军队也杀机毕露，发动兵谏，霎时间将悉心经营两百多年的帝国推向绝境。

在军队压制下，清廷被迫退让，于10月30日下诏罪己，发誓要永远忠于服从即将召集的国会，发誓不让任何皇室成员进入内阁；宣布对所有政治犯甚至那些反对皇上的革命者实行大赦；宪法由议会制定，并将被无条件接受。这三条的宣布太重要了，但是也确实晚了。严复非常遗憾也非常痛心地表示，如果一个月前做到这三条中任何一条的话，中国的历史都不会这样发展下去，清帝国依然会是中国历史上最伟大的王朝。然而历史现象往往重演。这和18世纪末路易十六所作所为如出一辙。所有这些都太迟了，没有明显效果。所谓宪法十九信条，在严复看来根本不是宪法，这不过是将专制政权从皇帝手里转移到国会，根本无法给中国带来持久稳固，因而不是进步。

对于清廷这次空前的政治危机，作为资政院钦选议员，严复忧心忡忡，但对中国由此变为共和政体，则无论如何不愿认同。严复的担心只有两点，一是中国国民程度不具备，中国要想走上共和道路，至少需要三十年的积累和训练；二是中国如果由此强行进入共和，必将引发新一轮边疆危机，且种族之恨相为报复，必将贻害全体中国人。

基于这样的认识，严复在袁世凯出山之后竭诚帮助清廷化解危机，以随团代表身份前往武昌、上海参加南北议和，劝说黎元洪和南方革命党人重回君主立宪道路，反复解释只有君宪主义才能从根本上为中国开辟一个新时代。

严复的劝说在一定时间段起到了相当作用，黎元洪和武昌革命党人确实在会晤时表示可以考虑重回君宪体制，只是要求清廷必须彻底改革，不能再耍什么新花样假招子。对于这一点，严复也感同身受，认为重回君宪主义的前提当然是清廷彻底改革悔过自新。他对清廷的建议是，根据文明进化论规律，最好的情况是建立一个比目前的政府高一等的政府，即保留帝制，但受适当的宪法约束，应尽量使这种结构比过去更灵活，使之能适应环境，发展进步。可以废黜摄政王；如果有利的话，可以迫使幼帝逊位，而遴选一个成年的皇室成员接替他的位置。

形势比人强。当严复提出这些建议不久，南北各方达成和解协议，清帝退位，优待皇室，五族共和，由袁世凯出任中华民国大总统。这一切虽然不是严复的理想，不是他的君宪原则，但事已至此，这些妥协似乎也是一个可以接受的选项。因而，没过多久，严复欣然接受中华民国大总统袁世凯的任命，接管京师大学堂，毫无眷恋地抛弃君宪主义，坦然进入一个全新时代。

梁启超对科学的期望与失望

梁启超（1873—1929），字卓如，号任公，近代中国最重要的启蒙思想家和新学术的开创者，毕生倾情于现代科学，为中国人建立现代科学意识和理念做出了巨大贡献。更值得提及的是，梁启超不是一位空谈家，他既然相信现代科学是拯救中国的不二法门，那么他便身体力行，依据子女性之所近，将9个孩子分别培养成才，其中长女思顺（1893—1966）为诗词研究专家；长子思成（1901—1972）为现代中国最著名的建筑学家、中国科学院院士；次子思永（1904—1954）为现代中国最著名的考古学家、中国科学院院士；次女思庄（1908—1986）为著名的图书馆学家；四子思达（1912—2001）为经济学和工商管理学家，长期在银行和工商管理部门任职；幼子思礼（1924—2016）为当代中国最著名的火箭系统控制专家、中国科学院院士，先后领导和参加了多种导弹和运载火箭的控制系统研制试验。一门三院士，这不仅在中国历史上空前绝后，即便在人类历史上似乎也不多见。

（一）对现代科学的期望

在梁启超的时代，西方思想文化潮水般地涌入中国，逐渐浸润了国人的心智。然而由于传统文化的深刻影响，士大夫阶层虽然对于中国的落后、挨打感到震惊与痛心，虽然也发出向西方学习的哀鸣，但是就其总体而言，士大夫阶层总是有点儿瞧不起西方的思想文化，特别是科学技术，或者以为那些东西就其根源来说，可能都是中国古代传到西方的，这就是“西学中源”说；或者以为西方的思想文化特别是科学技术，不过是用，不过是末，其价值无法与中国文化之体、之本相比，因而处在中国社会转型期的士大夫阶层从根本上瞧不起西方的思想文化、科学技术，以为那不过是奇技淫巧、雕虫小技。

梁启超则不然。梁启超少年时代也深受中国传统文化精神的影响，11岁成秀才，16岁成举人，以少年科第，且于时流所推重的训诂辞章之学，颇有所知，固不免沾沾自喜。然而他遇到了南海康有为，康有为独特的政治见解和学术看法如“大海潮音，作狮子吼”，从而使梁启超先前所形成的学术看法顷刻瓦解，对他来说犹如冷水浇背，当头一棒。梁启超后来在《三十自述》回顾这一思想转变时指出：“辛卯，余年十九，南海先生始讲学于广东省城长兴里之万木草堂，徇通甫与余之请也。先生为讲中国数千年来学术源流、历史政治、沿革得失，取万国以比例推断之，余与诸同学日札记其讲义，一生学问之得力，皆在此年。”梁启超对西方思想文化、科学技术有了初步了解。

1895年《马关条约》签订前后，梁启超追随乃师康有为联章上书清政府，要求自上而下进行变法，并结合新派知识分子成立强学会，购置一批欧美史地、风情、人文、道德和科学技术方面的著作，以广识见，去成见，营造向西方学习的氛围。翌年，梁启超参与创办

《时务报》，更是不遗余力地号召中国向西方学习，尤其是在科学技术方面，认为“舍西学而言中学者，其中学必为无用；舍中学而言西学者，其西学必为无本。无用无本，皆不足以治天下”。

通过对西方思想文化的研习，梁启超接受了那个时代最为时髦的进化论思想，并以这个思想作为观察世界和改造社会的理论工具，认为“世界万物莫不变，昼夜变而成日，寒暑变而成岁；大地肇起，流质炎炎，热熔冰迁，累变而成地球；海草螺蛤，大木大鸟，飞鱼飞鼍，袋兽脊兽，彼生此灭，更代迭变而成世界；紫血红血，流注体内，呼炭吸养，刻刻相续，一日千变，而成生人。故上下千岁，无时不变，无事不变。变者，乃古今之公理。”基于此种进化思想，梁启超不仅确立了变法维新的政治理念，自然也比较容易树立起科学人生观。

由康、梁发动并得到光绪皇帝支持的维新变法运动在经历了100天的热闹之后归于沉寂，谭嗣同等六君子罹难，康、梁以及那些政治追随者不得不流亡国外，梁启超亦不得不由政治明星退为学术明星，这使他有足够的时间与精力致力于西方文化的传播，也使他无形中增加了对西方科学文化的理解与认同。在他1898年之后流亡国外的作品中，有相当一部分是介绍欧美近代科学家的学术思想与学术成就的。像卢梭、培根、笛卡儿、达尔文、康德、亚当·斯密、孟德斯鸠以及亚里士多德、柏拉图、苏格拉底、休谟、瓦特、牛顿、斯宾塞、富兰克林等，梁启超都有长短不等的文章予以介绍。他的《格致学沿革考略》分上古、中古及近古三个时期，简明扼要地评述了化学、物理学、生物学、医学、地质学、数学、天文学、机械学等学科的演变历史。这对于促进国人的科学认识与科学精神的发展，无疑起到了重要的作用，梁启超也成为西方科学文化在近代中国最重要的传播者之一。

（二）破除“科学万能”的迷思

梁启超不是职业科学家，他对科学的兴趣也只是局限于科学文化方面，而且一旦条件成熟，梁启超的政治热情远远大于其对科学文化的热情，“好攘臂扼腕以谭政治”，所以科学以及科学文化都成了他在参政之余的雅兴。

在经历了辛亥革命、袁世凯时代以及前后两次政治复辟之后，梁启超的政治兴趣大减，深感在政治上已经不可能有所作为，于是，于1917年年底毅然辞去段祺瑞内阁的财政总长，脱离官场，向心学术，决心以著述效忠于国家社会。

潜心于学问大约一年，第一次世界大战结束，善后会议即将在巴黎召开。这即将到来的大事件无疑唤醒了梁启超对现实政治的兴趣，他和他的研究系同人谋划漫游欧洲。一来，是想自己求得一点学问，且看看这空前绝后的历史惨剧如何收场；二来，梁启超和国人一样，都正做着正义人道的外交梦，以为巴黎和会将要实现公理战胜强权的梦想，真是要将全世界不合理的国际关系根本改造，立个永久和平的基础。为了实现这点理想，梁启超决定以私人资格到巴黎活动，向各国政要以及世界舆论申诉中国的立场，也算尽一份国民责任。

经过一番紧张筹备，梁启超偕刘崇杰（外交）、丁文江（工业）、张君劢（政治）、蒋百里（军事）、徐新六（经济）等于1918年12

月28日离开上海，开始了长达一年之久的欧洲游历。

战后的欧洲，满目凄凉，遍体鳞伤，过去的繁华早已被战火吞没，到处是断壁残垣、荒烟蔓草，绝好风景的所在，都被弄成狼藉不堪了。更令人触目惊心的是，欧洲大陆遍布着林林总总的新坟，坟头上插着密密麻麻、成千上万的十字架。面对战争的破坏，梁启超感慨万千，认为自然界的暴力远不及人类，野蛮人的暴力更是没有办法与文明人相比。现在所谓光辉灿烂的文明，究竟将来作何结果，越想越令人不寒而栗。

梁启超认为，第一次世界大战给西方文明造成的破坏是空前的，实际上整个欧洲都笼罩在世界末日、文明灭绝的悲观主义情绪之中。欧洲应该向何处去，东西文明的价值究竟应该如何评估？这一问题被再一次提到了学术界的面前。针对这些问题，梁启超的看法是，欧洲的问题一方面固然由于机器的发明与使用，导致生产力集中等变化；另一方面也因为生计上的自由主义成了金科玉律，自由竞争的结果，终于导致出这些恶劣现象。除此之外，19世纪中叶以来畅行的生物进化论和以自己为本位的个人主义这两股思潮的推波助澜，也是欧洲问题发生的原因之一。梁启超指出，欧洲人之所以失去了安身立命的所在，之所以陷入悲观主义的境地，就在于欧洲人过于相信“科学万能”，以为科学可以解决一切问题。他说，这回战争中各种发明日新月异，可惜大半专供杀人之用。现在点电灯、坐帆船的人类，实在看不出有什么特别舒服之处。

欧洲问题的根源是否如此姑且不论，然梁启超的认识实际上是在以今日之我否定昨日之我，是将批评的矛头指向了自己早年所信奉的社会进化论以及对现代科学的认知，是对科学的反动。

基于这种认识，欧游归来的梁启超一反常态，反对将科学凌驾于一切事物之上，主张重新认识中国传统文化的价值，向西方推广重视精神生活的东方文化。他在《欧游心影录》中指出：当时讴歌科学万能的人，渴望着科学成功，黄金世界便指日出现。如今功总算成了。一百年物质的进步，比从前三千年所得还要加几倍。然而，我们人类不但没有得到幸福，反而带来了许多灾难，好像沙漠中迷路的旅人，远远望见个大黑影，拼命向前赶，以为可以靠它向导，哪知赶上几程，影子却不见了。因此无限凄凉失望。影子是谁？就是这位科学先生。欧洲人做了一场科学万能的大梦，到如今却叫起科学破产来。第一次世界大战带给人们心灵上极大的震撼，当时不止梁启超一人，举凡对人类命运略表关注的东西方学人，都在思考着西方近代以来的科学除了给人类带来无穷的好处，是否也有值得反思、值得重新审视的问题。他们一个普遍的看法是，以科学为主要内容的西方文化似乎已经到了山穷水尽的境地，而以精神文明为主要特征的东方文明似乎正好可以用来补西方文明之穷，这一点在梁启超那里的表现，就是他比较审慎地提出了东西文化融合的看法，只是他仍然没有像稍后的梁漱溟那样狂妄地要以东方文明、孔子之道去拯救西方，拯救人类。但是，也正如梁漱溟后来所表白的那样，他之所以敢于如此明白地主张，实在是受了梁启超欧游感想的启发。因此，不管梁启超在《欧游心影录》中所表达的文化理念真实意义如何，他对西方文化的怀疑，对东方文明的期待，实际上不仅背离了他前期的信仰，而且开启了稍后所谓东方文化派的先河。

（三）对玄学的期待

1923年2月14日，张君劢在清华学校作了题为《人生观》的讲演，认为人生观有不同于科学的特点：科学是客观的，人生观是主观的；科学为理论的方法所支配，人生观则起于直觉；科学从分析方法入手，人生观则是综合的；科学为因果律所支配，人生观则为自由意志的体现；科学起于对象之相同现象，而人生观则起于人格之单一性。因此，人生观没有客观标准，人生观与科学是不相容的，科学解决不了人生观问题。科学可以说明自然现象，却管不着人类的精神现象。人生观问题的根本解决，决非科学所能为力，唯赖诸人类之自身而已。这显然是将法国哲学家伯格森的生命哲学与中国的宋明理学糅合在一起，刻意宣扬自由意志，而将科学逐出人生观的领地了。

张君劢与梁启超有师生之谊，他在陪同梁启超漫游欧洲的时候，也与梁启超一样深切地感受到了西方物质文明的破产，与乃师梁任公一样开始怀疑科学的功能与地位，以为科学并非万能。所以，张君劢以反对科学万能为宗旨的这个演讲，在某种程度上说正与梁启超的思想主张契合。

对包括科学在内的一切保持适度的怀疑原本是一种科学的态度，然而张君劢的演讲实质上已经不是对科学的适度的怀疑，而是在宣扬一种非常有害的思想主张。所以，当张君劢的演讲发表之后，他的好友丁文江读了不禁“勃然大怒”。

丁文江与梁启超也有师生之谊，他与张君劢一起陪同梁启超漫游欧洲，不过，由于他受过良好的科学训练，稍后又是中国著名的地质科学家，所以他从根本上不能认同梁启超、张君劢的“科学破产”思想倾向。丁文江认为，如果科学像张君劢所说的那样，并不能支配人生观，那么科学还有什么用处？他们两人面对面地辩论了两个小时，但谁也说服不了谁。于是，为了拯救被“玄学鬼附身”的张君劢，更为了提醒没有被“玄学鬼附身”的青年学生，丁文江迅即在《努力周报》上发表《玄学与科学——评张君劢的“人生观”》一文，严厉批评张君劢的主张，竭力为科学辩护，认为第一次世界大战的结果并不能证明科学破产。无论如何，人生观都要受到科学的公理、定义及方法的支配。凡是心理的内容，真理的概念推论，无一不是科学的材料。科学方法不但是求真理所必需，也是教育同修养的最好工具。人类今日最大的责任与需要不是在人生观上排斥科学，为玄学留下一块空地，恰恰相反，是把科学应用到人生问题上去。

面对丁文江的反驳，张君劢又撰《再论人生观与科学并答丁在君》长文，分上中下连载于北平《晨报》副刊，就其所谓自由意志的人生观作了进一步的阐释，昌言重建“新宋学”以解决中国人所面对的人生困惑。

丁文江、张君劢二人的相互辩难，引起了舆论界的重视，学界名流胡适之、吴稚晖、王星拱、唐钺、朱经农站在丁文江的一边，坚持“科学的人生观”；而张东荪、林宰平、瞿菊农、屠孝实则赞同张君劢的“新宋学”。

学界的喧嚣自然引起不甘寂寞的梁启超的注意，不过由于丁文江、张君劢二人都与其有师生之谊，都是他的追随者，而参与讨论的学界中人，也大多是其朋友，所以颇显“老辈”的梁启超似乎无法尽情讨论，担心论战伤了各方的和气。他在同年5月9日发表了一篇《关于玄学科学论战之“战时国际公法”——暂时局外中立人梁启超宣言》，希望各方平心静气地加以讨论，万不可有“越轨的言论”。他为论战各方制定的两条“战时国际公法”是：

第一，问题一定要集中，针锋相对，剪除枝叶；

第二，措辞一定要庄重恳挚，万不可有嘲笑或谩骂语。

稍后，耐不住寂寞的梁启超正式参战，宣称他不是加在哪一边去参战，也不是想斡旋两造做个调人，尤其不愿也不配充当“国际法庭的公断人”。他表示他不过是一个观战的新闻记者，把所观察得来的战况随手批评一下便了。于是，梁启超于5月29日发表了《人生观与科学——对于张、丁论战的批评》，以“长者”的身份对论战两造各打五十大板。

对于张君劢的观点，所谓人生观不能用科学方法解答，依梁启超自己看来，十有八九倒是要用科学方法解答。他还认为，“君劢尊直觉，尊自由意志，我原是赞成的，可惜他应用的范围太广泛而且有错误”。

对于丁文江，梁启超批评他“过信科学万能，正和君劢之轻蔑科学同一错误”。他还指出丁文江的可惜的地方。

批评了论战的两造之后，梁启超全面阐述了自己对“科学”与“人生观”的看法。他首先为人生观与科学这两个概念定义。

人生观：人类从心界、物界两方面调和结合而成的生活叫作人生；我们选一种理想来完成这种生活，叫作人生观。

科学：根据经验的事实，分析综合，求出一个近真的公理，以推论同类事物，这种学问叫作科学。

用这种概念看待科学与人生的关系，梁启超的答案是：人生问题有大部分是可以而且必须用科学方法来解决的；却有一小部分，或者还是最重要的部分是超科学的。换言之，人生关涉理智方面的事项，绝对要用科学方法来解决；关涉情感方面的事项，却是绝对的超科学。情感表达出来的方向很多，内中至少有两件的的确确带有神秘性，就是“爱”和“美”。梁启超强调，“科学帝国”的版图和威权无论扩大到什么程度，这位“爱先生”和那位“美先生”依然永远保持他们那种“上不臣天子，下不友诸侯”的身份。

梁启超对张君劢、丁文江的主张都进行了批评，也提出了自己的这种主张。其实，他把人的理智与情感截然分开，认为理智受科学支配，情感超乎科学，否认科学是对客观物质环境的反映，这恰恰暴露了他的主观唯心主义思想倾向，暴露了他对科学的忧虑以及对玄学神秘主义的亲近。表面上的折中主义终究无法掩盖其思想本质上的玄学鬼。

（四）对科学的失望

当梁启超毫不客气地批评张君劢、丁文江，直接介入科学与玄学论战的时候，不论我们是否赞同他的思想主张，但我们都能明显地感觉到他的自信与孤傲。这是一流学者的美德。

然而世事难料。介入科学与玄学论战后不久，向来以身体状况良好而自豪的梁启超年仅50岁，却因心脏不太好而一度闭门谢客。第二年，其妻李蕙仙因癌症病逝，使梁启超受到沉重打击，半年以来，耳所触的只有病人的呻吟，目所接的只有女儿的涕泪。丧事初了，爱子远行留学，中间还夹杂着时局混乱，变乱如麻，风雪蔽天，生人道尽。块然独坐，几不知人间何世？平日意绪活泼、兴会淋漓的梁启超，顿觉了无生趣，嗒然气尽。

长年累月的勤奋工作早已使梁启超的身体严重透支，而爱妻的长别终于诱发了他体内存在的病灶。稍后，梁启超发现小便带血，其实就是尿毒症。但他为了不给家人增加负担，密不告人，期望稍事休息能够好转。笃信科学的梁启超犯了科学的大忌，一年后他的病情加重，不得已于1926年年初住院检查。

基于近代科学理念，梁启超向来笃信科学，其治学之道，亦无不以科学方法从事研究，故其对西洋医学一向极坚信，对于其病情毅然一任协和医院处置。其友人中有劝其赴欧美就名医诊治者，有鉴于其肾病尚未完全确诊，不必割治，辞却一切事务专心调养；有劝其别延中医，谓有某人亦同患此病，曾服某中医之药而痊愈者。众论分歧，莫衷一是。而梁启超则信心十足微笑曰："协和为东方设备最完全之医院，余即信任之，不必多疑。"一切听任协和专家处置。

协和专家通过对梁启超病情会诊，认定右肾上生有一个瘤子，遂决定为其实施手术，并于3月16日将右肾全部切除。瘤子切除之后并没有止住便血，显然西医的诊断可能有问题，至少是不准确的。全部切除的治疗手段也过于草率，协和的专家通过病理检查，并没有在切除的右肾中发现病变。换言之，即便尿毒症的诊断不误，那么手术也是失败的，即将好肾切除了，将坏肾予以继续保留。这显然是重大医疗事故。

对于协和的失误，梁家人表示愤怒，并希望能够通过法律予以解决。对于家人的想法，梁启超表示不能同意，他在《晨报》上发表《我的病与协和医院》，公开为西医科学辩护，希望人们不要因为个别病例误诊而全面否定西医的科学性。梁启超还叮嘱家人，在其去世后，将遗体捐给协和医院进行解剖，务求病原之所在，以供医学界参考。

协和医院的误诊对于毕生坚信科学救国、对现代科学充满无限期待的梁启超，固然是莫大的讽刺；而梁启超对此能够如此大度宽容，也使我们看到了他对科学的信仰与忠诚。不过有一点值得注意的是，向来笃信西医的梁启超，在出院之后便请中医治疗。

经中医的治疗与调理，梁启超的病情时好时坏。至1928年春，梁启超血压不稳，便血间有，心脏亦在萎缩，于是重新回到北京协和医院，接受西医的治疗。医生不断为他输血，并加强营养，身体渐又好转。出院后，梁启超辞去清华研究院的教职，回天津家中静养。但他总是静不下来，又着手编辑辛弃疾年谱。9月24日，编至辛弃疾52岁时，突然痔病大发，3天后入京就医。稍好后，出院回津，时有发烧，心情苦闷。10月12日，甚觉无聊，又伏案作辛弃疾年谱，写至“辛61岁时，朱熹去世，辛亲往吊唁，作文以寄哀思”，梁启超录此文中四句，即“所不朽者，垂万世名。孰谓公死，凛凛犹生。”这最后的绝笔，犹如梁任公的自我写照，似乎在自述自己身后的感受，因此当他写完最后一个“生”字时，他那支巨大的毛笔便再也扶不起来了，时在午后3时许。

11月27日，梁启超被送往北京协和医院抢救，但收效甚微。1929年1月19日午后2时15分，近代中国一颗璀璨夺目的学术巨星永远闭上了眼睛，年仅56岁，正值一个学者的黄金岁月，倘若天假以年，以梁启超的才华与勤奋，他一定会为后世中国留下更加丰厚的文化财富。

严复眼中的康梁师徒

晚年的严复，闲来无事，不免时常想到他一生中所接触过的人物。在那几年中，他通过不同的方式评过许多与他共过事的人物，如康有为、梁启超、袁世凯、黎元洪等，似乎都被严复用不同的方式点评过。而其中点评最多、评价也最为苛刻的当数梁启超。梁启超在近代中国历史上的地位的真正确立，不是由于他在思想见解上的贡献，而是由于他捕捉时代信息的敏锐嗅觉、笔端常带激情的宣传性文字以及他作为一个不完全的政治家的活动。特别是他那些宣传鼓动性的文字，不仅在一定程度上促进了近代中国的急剧变化，而且深深地影响了整整一代中国人，不论这些人后来的政治倾向如何，他们无不敬佩梁启超的文字。后来成为中国共产党领袖的毛泽东在青年时代曾对梁启超主编的《新民丛报》"读了又读，直到可以背出来"。郭沫若也认为："平心而论，梁任公地位在当时确实不失为一个革命家的代表。他是生在中国的封建制度被资本主义冲破了的时候，他负戴着时代的使命，标榜自由思想而与封建的残垒作战。在他那新兴气锐的言论之前，差不多所有的旧思想、旧风气都好像狂风中的败叶，完全失掉了它的精彩。二十年前的青少年——换句话说，就是当时有产阶级的子弟——无论是赞成或反对，可以说没有一个没受过他的思想或文字的洗礼的。他是资产阶级革命时代的有力的代言者，他的功绩实不在章太炎辈之下。”这个评价大体符合历史真相。

毛泽东、郭沫若的回忆，无疑更多地强调了梁启超思想影响的积极方面，而且侧重于梁启超一生中最辉煌的那些年代。事实上梁启超的影响是多方面的，只是接受者由于不同的需要而产生了不同的感受。向来被视为颇为自负的“文化保守主义”学者的梁漱溟回忆道：“《新民丛报》一开头有任公先生著的《新民说》，他自署曰‘中国之新民’。这是一面提示了新人生观，又一面指出了中国社会应该如何改造的；恰恰关系到人生问题、中国问题的双方，切合我的需要，得益甚大。任公先生同时在报上有许多介绍外国某家学说的著作，使我得以领会近代西洋思想不少。他还有关于古时周秦诸子以至近世明清大儒的许多论述，意趣新而笔调健，皆足以感发人。此外有《德育鉴》一书，以立志、省察、克己、涵养等分门别类，辑录先儒格言（以宋明为多），而任公先生自加按语识。我对于中国古人学问之最初接触，实资于此。虽然现在看来，这书是无足取的，然而在当年却给我的助益很大。这助益，是在生活上，不徒在思想上。”梁漱溟在充分肯定梁启超思想影响的同时，也多少流露出一点并不满足的情绪。

这种不满足，或者说不满意，在深受梁启超影响的后辈学子中并不是孤立的现象。胡适在《四十自述》中回忆说：“我在澄衷一年半，看了一些课外的书籍。严复译的《群己权界论》像是在这时代读的。严先生的文字太古雅，所以少年人受他的影响没有受梁启超的影响大。梁先生的文章，明白晓畅之中，带着浓挚的热情，使读的人不能不跟他走，不能不跟着他想。有时候，我们跟他走到一点上，还想往前走，他倒打住了，或者换了方向走了。在这种时候，我们不免感觉一点失望。”很显然，胡适的失望主要是由于梁启超有的时候裹足不前，有的时候却又变化多端。

对于梁启超的影响，不同的人基于自己的政治倾向和生活经历可以有不同的反应及感受，但从上述代表各种倾向的典型回忆中不难看出，他们虽然一致承认梁启超的思想具有极大的影响力，但出于对中国未来发展的不同思考，他们并没有把梁启超思想的前后变化放到梁启超所处的急剧变动的近代中国的实际背景中来观察，而更多的是以自己的理想去苛求梁启超。换言之，他们对梁启超缺乏起码的同情与理解，因而他们无法认识梁启超的真实形象，更不要说准确地解释梁启超毕生变化的真实心迹了。

梁启超多次变化的真实心迹及其变化给中国带来的实际后果，我们已无从复原，但透过与梁启超有一定的联系，而在大部分时间又与梁启超保持一段距离、冷眼旁观的严复，我们或许能够获得另外一种较新的感受。

严复承认，在近代中国的历史上，梁启超确实拥有巨大的影响力，但是，这种影响并不是将中国导向发展繁荣的道路。而恰恰相反，在某种程度上说，正是这种影响将中国推向灾难沉重的深渊。严复写道：“吾国自甲午、戊戌以来，变故为不少矣。而海内所奉为导师，以为趋向标准者，首屈康、梁师弟。顾众人视之，则以为福首，而自仆视之，则以为祸魁。何则？政治变革之事，蕃变至多，往往见其是矣，而其效或非；群谓善矣，而收果转恶，是故深识远览之士，愀然恒以为难，不敢轻心掉之，而无予智之习，而彼康、梁则何如？

于道徒见其一偏，而由言甚易。南海高年，已成固性。至于任公，妙才下笔，不能自休，自《时务报》发生以来，前后所主任杂志，几十余种，而所持宗旨，则前后易观者甚众，然此犹有良知进行之说，为之护符。顾而至于主暗杀、主破坏，其笔端又有魔力，足以动人。主暗杀，则人因之僩然暗杀矣；主破坏，则人又群然争为破坏矣。敢为非常可喜之论，而不知其种祸无穷。往者唐伯虎诗云：闲来写得青山卖，不使人间造业钱。以仆观之，梁任公所得于杂志者，大抵皆造业钱耳。今夫亡有清二百六十年社稷者，非他，康、梁也。何以言之？德宗固有意向之人君，向使无康、梁启，母子固未必生衅，西太后天年易尽，俟其百年，政权独揽，徐起更张，此不独其祖宗之所式凭，而亦四百兆人民之洪福。而康乃踵商君故智，卒然得君，不察其所处之地位为何如，所当之沮力为何等，卤莽灭裂，轻易猖狂，驯至于幽其君而杀其友，已则逍遥海外，立名目以敛人财，恬然不以为耻。夫曰'保皇'，试问其所保者今安在耶？必谓其有意误君，故为太过，而狂谬妄发，自许太过，祸人家国而不自知非，则虽百仪、秦不能为南海作辩护也。"

将清朝的灭亡统统归因于康、梁，未免过于夸大了个人在历史上的作用，大有英雄史观之嫌。但严复的本意，无疑是在说明梁启超的主张一变再变给中国带来的并不都是积极后果，而是扰乱了社会发展演变的中国传统文化秩序，超越了社会的实际承受力，"不知其种祸无穷"，遂引发了此后一连串本不该发生的那些重大政治变故。

至于梁启超一变再变的根本原因，是否如梁氏经常自诩的那样，是以今之我难昨之我，今日为是，昨日为非，是紧跟时代潮流呢？对此，严复予以彻底的否定。他认为，梁启超一变再变的根本原因不在于他追随时代潮流改变原来某些不合理的想法，恰好相反，梁启超几乎从来没有一个坚定的正确立场，即使某些主张可能并非错误，却也往往因其多变而被淹没，大抵任公操笔为文时其实心救国之意浅，而俗谚所谓出风头之意多。庄生谓："削瞶知人之过，而不知其所以过"；法文豪虎哥（Victor Hugo）谓："革命风潮起时，人人爱走直线，当者立靡"；德文豪葛尔第（Goethe）戏曲中有鲍斯特（Dr Fawst）者，无学不窥，最后学符咒神术，一夜召地球神，而地球神至，阴森狞恶，六种震动，问欲何为，鲍大恐屈伏，然而无术退之。嗟呼！任公既以笔端搅动社会至如此矣。然惜无术再使吾国社会清明，则于救亡本旨又何济耶？这就从根本上否定了梁启超一变再变的合理性。

在近代中国的历史上，虽然像梁启超那样"以笔端搅动社会"使中国一变再变的人为数不多，但这些人操笔为文时究竟有多少爱国心，又有多少出风头的潜意识，确实是值得我们重新思考的。在急剧变革的那些年代里，洋务、维新、新政、革命等不断变换花样的主张与口号，哪一个没有看到中国问题的症结呢？然而，哪一个又持之以恒地坚持下去了呢？如果从这个意义上来反思近代中国的历史，那么让我们感到不无遗憾的是，近代国人不是没有找到解救中国的根本出路，而是社会中坚如梁启超这些知识分子们太不甘于寂寞，出风头的花样太多，从而使近代中国一个又一个实验都没有得到结果而中断。

梁启超和近代中国一大批知识分子何以如此？严复承认，如果仅仅如前，从个人人格上加以说明未免过于肤浅和庸俗。他认为，梁启

◎ 康有为、梁启超师徒合影

超之所以一变再变，除了个人心理素质方面的原因，还应更多地从中西文化冲突的广阔背景中来寻找。“康、梁生长粤东，为中国沾染欧风最早之地，粤人赴美者多，赴欧者少，其所捆载而归者，大抵皆十七八世纪革命独立之旧义，其中如洛克、米勒登、卢梭诸公学说，骤然观之，而不细勘以东西历史、人群结合开化之事实，则未有不熏染颠冥，以其说为人道唯一共遵之途径，仿而行之，有百利而无一害者也。而熟意其大谬不然乎？（此说甚长，留为后论。）任公文笔，原自畅遂，其自甲午以后，于报章文字，成绩为多，一纸风行海内，观听为之一耸。又其时赴东学子，盈万累千，名为求学，而大抵皆为日本之所利用。当上海《时务报》之初出也，复尝寓书戒之，劝其无易由言，致成他日之海。闻当日得书，颇为意动，而转念乃云：‘吾将凭随时之良知行之。’（任公宋学主陆王，此极危险。）由是所言，皆偏宕之谈，惊奇可喜之论。至学识稍增，自知当过，则曰：‘吾不惜与自己前言宣战。’然而革命、暗杀、破坏诸主张，并不为悔艾者留余地也。至挽近中国士大夫，其于旧学，除以为门面语外，本无心得，本国伦理政治之根源盛大处，彼亦无有真知，故其对于新说也，不为无理偏执之顽固，则为逢迎变化之随波。何则？以其中本无所主故也。”

对中西学术文化都有深刻理解的严复，对梁启超的评价可能相当接近历史真相。当西方文化潮水般地涌进中国的时候，梁启超这样的人确实走在时代的前列，每每较为敏锐地追随西方思潮。当然西方文化也不是铁板一块，其内部诸种流派的分歧也甚为明显，因此，在严复看来，梁启超等人对西方的理解不仅相当浅薄，而且差不多停留在西方十七八世纪的水平上，对西方最新的思想动态、学术贡献则不甚了了。同时，由于近代以来，中国传统文化每每受到责难，故而梁启超这班新人物对中国的旧学也缺乏真切的感受。正是这样两个方面的原因，才最终导致梁启超往往“逢迎变化之随波”，而没有也不可能有一以贯之的宗旨和主张。

在晚年的严复心目中，梁启超一变再变的实在意义除了给中国带来无穷的灾难，似乎没有任何值得肯定的地方。严复的这种评价，一方面或许有助于认识梁启超思想的真实面目，另一方面则取决于严复此时的悲观主义情绪。

辛亥革命爆发之后，严复的反应相当复杂，他既对清王朝的灭亡感到痛心与惋惜，认为在国人共和程度不够的情况下强行共和，除了导致灾难性的后果，不会有多少积极意义。“往者不佞以革命为深忧，身未尝一日与朝列为常参官，夫非有爱于觉罗氏，亦已明矣。所以哓哓者，即以亿兆程度必不可以强为，即自谓有程度者，其程度乃真不足，目不见睫，常苦不自知耳。”换言之，在严复看来，不是革命本身值得反对，而是革命的条件尚不充分具备。但是既然革命已经发生，严复在某种程度上也不得不接受这个既成事实，并期望由这一事实所演化的后果尽可能地向好的方面转化，“自革命破坏以还，一跃而开所谓共和文明之治，其摧剥老物，盖百倍于往时”。虽然现状不甚令人满意，但严复期望在不久的将来有强人出来收拾残局，或可望使中国尽快恢复秩序与和平。

严复带着这种沉重的心情度过了辛亥革命之后的最初日子，待到袁世凯接替孙中山出任中华民国临时大总统时，严复觉得中国可能要重建秩序，虽然对袁世凯的能力表示一定程度的怀疑，但他仍对袁世凯寄予厚望，“外交团向以项城为中国一人，文足定倾，武足戡乱，即项城亦以自期；乃今乱者即其最为信倚之军，故外人感情，大非往昔，即项城亦有悔怯之萌。威令不出都门，统一殆无可望，使其早见及此，其前事必不尔为，以不佞私见言之，天下仍须定于专制，不然，则秩序恢复之不能，尚何富强之可跂乎？旧清政府，去如刍狗，不足重陈，而应运之才，不知生于何地，以云隐忧，真可忧耳”。严复期望袁世凯拿出真本事，收拾残局，重建秩序。

实在说来，严复对袁世凯的期望，与梁启超当时的想法并无二致。当袁世凯刚刚就任临时大总统的时候，梁启超就为袁世凯出谋划策，建议袁世凯在遵循共和原则的前提下，参用开明专制。他说：“政党之论，今腾喧于国中。以今日民智之稚，民德之漓，其果能产生出健全之政党与否，此当别论。要之，既以共和为政体，则非有多数舆论之拥护，不能成为有力之政治家，此殆不烦言而解也。善为政者，必暗中为舆论之主，而表面自居舆论之仆，夫是以能有成。今后之中国，非参用开明专制之意，不足以奏整齐严肃之治。夫开明专制与服从舆论，为道若大相反，然在共和国非居服从舆论之名，不能举开明专制之实。”梁启超除了语言上比严复的主张更为露骨，在实质上，二人的思想倾向并无差别。而且，他们二人都参加了袁世凯的政府，确曾真诚地期望帮着袁世凯使中国政治走上“轨道”“替国家做些建设事业”。

按理说，严复在与梁启超基本政治倾向比较一致的情况下，对梁启超的评价应该褒多于贬。然而，实际情况则不然。我们看到，此时严复心目中的梁启超，似乎依然一钱不值。他写道，至于今日，事已往矣。（康、梁）师弟翩然返国，复睹乡枌，强健长存，仍享大名，而为海内之巨子，一词一令，依然左右群伦，而有清之社，则已屋矣，中国已革命而共和矣。徐佛苏之妖言，大虑终无可忏。黄台瓜辞曰：“种瓜黄台下，瓜熟子离离，一摘使瓜好，再摘使瓜稀，三摘犹为可，四摘抱蔓归，康、梁之于中国，已再摘而三摘矣。耿耿隐忧，窃愿其慎勿四摘耳。”对康、梁评价之低，恐怕无过于此了。严复此处对梁启超的责难，主要是指梁启超在辛亥革命之后，尤其是在反对袁世凯帝制复辟过程中的作为。严复认为，袁世凯帝制自为固然为一大罪责，但揆诸事实与情理，似乎也有可以原谅之处，尤其重要者，帝制事件之所以发生，也未尝没有梁启超的责任。他说：“平情而论，即任公本身即为其证，好为可喜新说，尝自诡可为内阁总理，然在前清时不论，其入民国，一长司法，再任币制，皆不能本坐言以为起行，至为凤凰草大政方针，种种皆成纸上谈兵，于时世毫无神补，宅偿去位，此虽上在位，志不得行，然使出身谋国，上不知元首之非其人，下不知国民程度之不及，则其人之非实行家，而毕生学问皆为纸的，不灼灼彰明较著也哉！虽然，任公自是当世贤者，吾徒惜其以口舌得名，所持言论，往往投鼠不知忌器，使捣乱者得借为资，已又无术能持其后，所为重可叹也！”言下之意，梁启超辛亥革命后的种种主张与设想不仅不合乎中国国情，而且是徒然添乱，于社会无补。

即使以梁启超一生中最为后人所称道的反对袁世凯帝制复辟的护国战争而言，严复也持一种否定态度。他认为："盖当国运飘摇干犯名义是一事，而功成治定，能以夷顽梗，使大多数苍生环堵有一日之安，又是一事。"事实上，当君主共和之争初起时，"此曹所争，不外权利，至于共和君主，不过所一时利用之口头禅。醉翁之意，固不在酒。"主张帝制，与反对帝制，虽然从表面上看阵线分明，其实质并没有根本性的差异，"两家宗旨，皆非绝对主张共和，反抗君宪，而皆谓变体时机为未成熟"。因此，在严复的心目中，梁启超"挥泪反袁"，与其说是为了共和理想，不如说是为了再次争风头，争权利，"揭开窗户说亮话，人人争权利耳"！严复认为，袁世凯帝制自为固不可取，但当其被迫取消帝制之后，聪明的政治家应当以此为契机，为中国的未来发展重新规划，而不应矫枉过正，或乘机争权夺利。他说："夫袁氏自受委托组织共和以还，迹其所行，其不足令人满意者何限！顾以平情冷脑，分别观之，其中亦有不可恕者，有可恕者，何则？国民程度如此，人才消乏，而物力单微，又益之以外患，但以目前之利害存亡言，力去袁氏，则与前之力亡满清正同，将又铸一大错耳。愚以谓使国有人，而以存国为第一义者，值此袁氏孤危戒惧之时，正可与之为约，公选稳健之人，修约法，损其政权，以为立宪之基础，使他日国势奠安，国民进化，进则可终于共和，退则可为其复辟（此时亦不相宜），似较之阳争法理、阴攫利权，或起于个人嫌隙之私，似有间也。"不管严复在帝制复辟中起过怎样的作用，恐怕他这一分析都击中了梁启超等所谓反帝制派的要害。

在严复看来，反对袁世凯帝制复辟无疑是正义之举，但更重要的是后来者应当吸取袁世凯的教训，尽快恢复秩序，重建和平。否则，乱始乱终，实祸天下，主观意识与客观效果实际背离，正义之举并不一定都获得良好的结果。“任公、松坡与唐、任辈倡义西南，以责洹上之背约，名正言顺，虽圣人无以非之。所不解者，袁氏自亡后，不急出以把持国柄，除苛解娆，以建设共和不倾之国体，尔乃陁然隤然，一听元二乱党所欲为，以此成麻痹不能进行之政局。然则当日起事，因未尝原始要终，自诡作如何之收束，而只以感情意气，或有所不便于己，而反抗之，名为义首，实祸天下。嗟乎！若今日之政局，真《诗》所谓‘譬彼舟流，不知所届’者矣。此非不佞私言也，试观西文各报，半年数月以来，于民党固无恕词，而亦有只字片词赞颂梁、蔡所为者乎？则旁观心理可以见矣。”严复对梁启超、蔡锷的指责，原则上说并不一定能够成立，但这毕竟于传统的评价之外向我们提供了另外一种思考的路线，即帝制的反对者是否真正深切理解中国国情，中国的未来前途是否只能在共和、君主这两个极端上？凡此种种，恐怕都值得我们重新研究和探讨。甚至连严复所提供的那种折中方案，恐怕也未必就是中国未来发展的最佳选择。比如他说：“故吾辈于其国体，一时尚难断定，大抵独裁新倾之际，一时舆论潮热，自是趋向极端，而以共和为职志；数时之后，见不可行，然后折中，定为立宪之君主。此是鄙意，由其历史国情推测如此，不敢谓便成事实也。”后来中国历史发展的事实已充分表明，这一主观愿望亦并不合乎中国国情。

透过严复对梁启超理论与实践两个方面的评论，梁启超在近代中国历史上似乎一钱不值，除了爱出风头，自诩太过，并无实际本领和对中西社会文化的真切理解。很显然，这个评价并不合乎历史事实。“梁启超现象”在近代中国之所以发生和持久地存在，固然有梁启超个人素质与品格方面的原因，但更重要的是，近代中国社会的过渡性质和急剧变化者的政局需要梁启超这样的人。而且，严复在其晚年对梁启超的评价，虽然否定大于肯定，但其真实用意并不在于指责梁启超一个人，而是透过对梁启超个案的分析，揭示知识分子在急剧变动的社会中所应采取的态度和做法，其真实本意在于责备那些居于社会主导地位的知识分子和政治活动家寡廉鲜耻，私利熏心，不是以国家利益为最高原则，而是以一己之私利、一党之目的为追逐目标，他说：“时事至此，吾于小人匪类，本无可责备，所责备乃贤者耳。松坡、任公皆此例也。当洹上灭亡之倾，合肥不出以组织内阁则已，出则必取志同道合之人，庶几于国有济尔，乃贸贸一任旧约之恢复；二为国会之招；三成调和之内阁。如此盖不待今日之纷纭，吾已决其必召乱矣。年愈耳顺，读遍中西历史，以谓天下最危险者，无过良善暗懦人。下为一家之长，将不足以庇其家；出为一国之长，必不足以保其国。古之以暴戾豪纵亡国者，桀、纣而外，惟杨广耳。至于其余，则皆煦煦妹妹，善柔谨葸者也，老弟前语谓：‘天下惟忘机者，可以息机。此语大须斟酌。’纷纷势利之场，谓以忘机者当其冲，则明火暗潮，将以即息。呜呼！使人性而皆如是，则治术何难之有乎？”严复这里所讲的一些事实，未必皆是，但他对人心的揭示，对强人政治的呼唤，尤其是对“贤者”的责备，恐怕不能说没有一点道理。

在民国最初的那些年里，党争纷起，乱象不已，这里除了政治见解的差异，不可否认还有严复所揭示的“人心”的原因。“中国目前危难，全由人心之非。”这种观感虽有江河日下、人心不古、今不如昔等“九斤老太”式的庸俗抱怨，但实在说来确实也在某种程度上看到了当时中国问题之所在。由此反省，他对梁启超的责备就不单是针对梁启超个人，甚至在某种程度上是包括了他自己在内的一代知识分子。他写道：“时局至此，当日维新之徒，大抵无所逃责。仆虽心知其危，故《天演论》既出之后，即以《群学肄言》继之，意欲风气稍为持重，不幸风会已成，而朝宁举措乖谬，洹上逢君之恶，以济其私，勋赂奔竞，跬步公卿，举国饮醒，不知四维为何事。至于今，不但国家无可信之爪牙，即私人亦无不渝之徒党，郑苏截五十自寿长句有云：‘读尽旧史不称意，意由新世容吾侪。’嗟呼！新则新矣，而试问此为何如世耶？横览宇内，率皆地丑德齐，莫能相尚，求一盗魁不能，长此相攻相感，不相得而已。”人心皆如此，中国前途何在？这既是严复晚年忧心忡忡的现实原因，也是他对梁启超求全责备之真意。

出于求全责备的考虑，严复一方面承认梁启超的思想言论在一定意义上的合理性和存在价值，另一方面也对梁启超的自诩之词和政治主张的现实可能性深表怀疑。他说：“梁任公素日言论，固有可观，惟其人稍患多欲，自诡于财政乃有特长，姑无论其政策如何，而处此中央号令不行之日，又将于何处期成绩乎？”从主观目的上说，梁启超或许是真诚地要为国家做些事情，但他不顾及现实的可能性，虽然在辛亥革命后他由学者而从政，一任司法总长，再任币制局总裁，“但是他除了充当袁世凯的俘虏，对司法界的黑暗究竟有什么改变？

对币制的紊乱究竟有什么整理？”当整个社会秩序尚没有真正恢复的时候，个人的努力毕竟有限。近代中国的全部历史往往总是陷入个人的努力促进社会的变化、社会的现状左右个人的发展这种尴尬的境地之中。

通观严复晚年的私人信札中对梁启超的评价，一方面或许有助于对梁启超其人的重新认识，另一方面则引发我们对知识分子在社会中的作用与地位的重新思考。知识分子既要有积极用世的爱国热情，也应时常反省自身的缺点，不要被极端功利主义的“经世致用”传统蒙骗了自己的眼睛，而应时常以淡泊的心情，学理的态度去面对一切。或许正是基于这种思考，严复才对他的门生说：“吾人不善读书，往往为书所误，是以以难进易退为君子，以隐沦高尚为贤人，不知荣利固不必慕，而生为此国之人，即各有为国尽力之天职。往者孔子固未尝以此教人，故公山、佛之召，皆欲往矣。而于沮溺之讥，则云：‘天下有道，某不与易。’孔子何尝以消极为主义耶？夫陶渊明可谓与世相遗极矣，然读黄山谷《宿彭泽有怀陶令》一首，乃知贤者用心，固非时俗所能妄测耳。须知世局国事，所以至于不可收拾如今日者，正坐此辈人纯用消极主义，一听无数纤儿撞破家居之故，使吾国继此果亡，他年信史平分功过，知亦必有归狱也。”于此，我们看到晚年的严复并非超然物外，两耳不闻窗外事，恰恰相反，他正以其特有的手段和智慧点评人物，批评时政。只是贤者用心，非时俗之辈所能妄测，以为时人不能真正理解他的思想与用心，而期望将来历史学家能够给他一个公正的评价。然而正像他无法真正理解梁启超一样，人们又怎能对他晚年的见解予以准确的阐释与把握呢？